Anuschka Tischer

Ludwig XIV.

Verlag W. Kohlhammer

1. Auflage 2017

Alle Rechte vorbehalten
© W. Kohlhammer GmbH, Stuttgart
Gesamtherstellung: W. Kohlhammer GmbH, Stuttgart

Print:
ISBN: 978-3-17-021892-5

E-Book-Formate:
pdf: ISBN 978-3-17-028968-0
epub: ISBN 978-3-17-028969-7
mobi: ISBN 978-3-17-028970-3

Für den Inhalt abgedruckter oder verlinkter Websites ist ausschließlich der jeweilige Betreiber verantwortlich. Die W. Kohlhammer GmbH hat keinen Einfluss auf die verknüpften Seiten und übernimmt hierfür keinerlei Haftung.

Zum Andenken an Birgit Simon (1967–2013)

Vorwort

Dieses Buch hat mich über mehrere Jahre und damit über verschiedene Lebensstationen hinweg begleitet, und viele Personen haben im Laufe dieser Zeit zu seiner Entstehung beigetragen. Angeregt wurde es von Herrn Professor Dr. Dr. h.c. Klaus Malettke, dessen zahlreichen Studien zur französischen Geschichte mir seit jeher wichtige Impulse lieferten und der mir als junger Kollegin in Marburg wohlwollend die Möglichkeit zu vielen wissenschaftlichen Gesprächen gab. Herr Professor Dr. Christoph Kampmann hat an der Entwicklung seiner Assistentin in Marburg zur Professorin in Würzburg engagiert Anteil genommen. Ihm verdanke ich in besonderer Weise die Perspektive auf Ludwig XIV. im Kontext seiner historischen Konkurrenten und insbesondere Kaiser Leopolds I. Herr Kampmann und mein Assistent, Christian Mühling, haben das Manuskript jeweils aus ihrer eigenen profunden Kenntnis der Zusammenhänge dieser Epoche kritisch gelesen und durch ihre vielen hilfreichen Kommentare zu seiner endgültigen Entwicklung beigetragen. Bei den Genannten und allen anderen, die darüber hinaus zur Entstehung dieser Biographie beigetragen haben, möchte ich mich an dieser Stelle ganz herzlich bedanken! Insbesondere meine Mitarbeiterinnen und Mitarbeiter am Lehrstuhl für Neuere Geschichte in Würzburg und hier neben Herrn Mühling vor allem die Herren Dr. Andreas Flurschütz da Cruz, Daniel Stöhr und Manuel Mildner möchte ich in diesen Dank ausdrücklich einbeziehen, ebenso Herrn Daniel Kuhn, der als Lektor des Kohlhammer-Verlages dem Werdegang des Manuskripts mit viel Geduld zur Seite stand. Ich widme dieses Buch meiner viel zu früh verstorbenen Freundin Birgit Simon, mit der mich seit Studientagen das historische Interesse vereint hat und die den Beginn dieses Buches noch mit großer

Aufmerksamkeit begleitet hat, dessen Fertigstellung sie leider nicht mehr erleben konnte.

Würzburg, im März 2016

Inhaltsverzeichnis

Vorwort	**7**
1 Ludwig – der Gottgegebene, der Große, der Sonnenkönig	**11**
2 Ein junger König zwischen Krieg und Frieden (1643–1661)	**19**
Kindheit und Ausbildung	19
Die Fronde – Ludwigs prägende Kindheitserfahrung	27
Westfälischer Frieden (1648) und Pyrenäenfrieden (1659)	37
Die Heirat mit der spanischen Infantin Maria Teresa (1660)	40
3 Die Sonne Frankreichs, die Sonne Europas: Ludwig XIV. erfindet sich selbst	**51**
Die Sonne Frankreichs	51
Die Sonne seiner Familie	63
Der Sonnenkönig greift nach Europa	70
4 Ein ständiges Streben nach Ruhm	**80**
Das neue Frankreich	80
Der Niederländische Krieg von 1672 bis 1679 und der Beginn der Reunionen	90
Ein gereifter Mann hält Einzug in Versailles	103
5 Der Allerchristlichste König	**116**
Ein König – ein Glaube	116
Der fromme Witwer	131

6	**Der Schrecken Europas**	**143**
	Der »Pfälzische Erbfolgekrieg« (1688–1697)	143
	Frankreich und Europa an der Wende	158
	Der Spanische Erbfolgekrieg (1701–1714)	166
7	**Der König stirbt**	**188**
8	**Ludwig XIV. und die Nachwelt**	**197**

Fazit   **204**

Anmerkungen   **208**

Register   **237**
   Personenregister   237
   Ortsregister   241

1 Ludwig – der Gottgegebene, der Große, der Sonnenkönig

Ludwig XIV. kam am 5. September 1638 auf Schloss Saint-Germain-en-Laye, rund 20 Kilometer westlich von Paris, zur Welt. Seine Geburt war so bemerkenswert, dass ihm die Zeitgenossen den Beinamen »der Gottgegebene« (*Dieu-donné*) verliehen: Ludwigs Eltern, Ludwig XIII. von Frankreich und die spanische Infantin Anna von Österreich, waren bereits seit 23 Jahren kinderlos verheiratet. Die Dynastie der Bourbonen, die erst mit der Erbfolge des 1610 ermordeten Heinrich IV. auf den französischen Thron gekommen war, war somit über einen längeren Zeitraum ohne eine stabile Nachfolge.[1] Frankreich hatte mit dem *Salischen Gesetz* eine klare Sukzessionsordnung. So war bis zur Geburt des Dauphins, wie der französische Thronfolger traditionell tituliert wurde, der präsumtive Thronerbe Ludwigs Onkel Gaston, Herzog von Orléans, ein notorischer Unruhestifter, der seinerseits keinen männlichen Erben hatte. Die nächsten in der Thronfolge stammten aus einer Seitenlinie der Bourbonen: der Fürst von Condé und seine Söhne, die für einen erneuten dynastischen Bruch und einen Politikwechsel mit ungewissem Ausgang gestanden hätten. Nach den langen Religions- und Bürgerkriegen des 16. Jahrhunderts und dem nicht unproblematischen dynastischen Neubeginn mit den Bourbonen waren dies keine guten Aussichten für ein Land, das gerade erst zur inneren Stabilität zurückgefunden hatte und auf die außenpolitische Bühne zurückgekehrt war. Die Geburt des Thronfolgers 1638 erschien dann als ein Zeichen Gottes, der Neuausrichtung Frankreichs schließlich seinen Segen zu geben. Der Junge wurde nach Ludwig IX. dem Heiligen benannt wie sein Vater und die folgenden französischen Könige. Diese Benennung war nicht nur eine Reminiszenz an den jeweiligen Vorgänger, sondern ein Bezug darauf, dass die Bourbonen auf den Thron gekommen waren, weil sie aus einer von

Ludwig dem Heiligen begründeten Seitenlinie abstammten. 1640 wurde die junge Herrscherdynastie weiter abgesichert durch die Geburt von Ludwigs XIV. Bruder Philippe, der den Titel eines Herzogs von Anjou erhielt und nach dem Tod seines Onkels Gaston auch dessen Herzogtum Orléans übernahm.

Selbstbild und Selbstdarstellung

Ludwig XIV., der nach dem frühen Tod seines Vaters bereits 1643 König wurde, nahm in seiner langen Regierungszeit ab 1661 nicht nur alle politischen Entscheidungen in die eigene Hand, sondern er wollte auch das Bild vorgeben, das die Welt und die Nachwelt von ihm haben sollten. Dafür inszenierte er sein eigenes Leben und nutze alle Möglichkeiten der Selbstdarstellung von der Malerei bis zur Architektur, von der Historiographie über das Ballett bis zur Gartengestaltung. Es ist hinter dieser minutiösen Gestaltung kaum möglich, ihn als authentische Person zu greifen. Er ist eine »kulturelle Konstruktion« (Lothar Schilling),[2] eine »Königsmaschine« (*Roi-Machine*, Jean-Marie Apostolidès).[3] Seine Biographie zu schreiben, bedeutet zugleich, »Ludwig XIV. zuzusehen, wie er seine Rolle als König spielt, als erster König der Welt« (*regarder Louis XIV jouer son rôle de roi, de premier roi du monde*, Lucien Bély).[4]

Dennoch ist es dem König nicht gelungen, das Urteil der Geschichte über ihn so zu prägen, wie er sich sehen wollte: Gezielt lancierte man in Frankreich nach seinem Herrschaftsbeginn die Rede von Ludwig dem Großen (*Louis le Grand*). Doch obwohl Ludwig XIV. zweifellos prägend war für seine Zeit und obwohl sein Herrschaftsstil und kulturelles Gepränge ein Modell waren, an dem andere sich orientierten, hat sich dieser Beiname nicht durchgesetzt. Selbst in Frankreich, wo der König die öffentliche Meinung kontrollierte, gedachte man seiner nach seinem Tod immer seltener als Ludwig dem Großen, auch wenn der Beiname bis heute sporadisch Verwendung findet. Es ist jedoch das 17. Jahrhundert, das Zeitalter der drei ersten Bourbonen auf dem französischen Thron, das als »großes Jahrhundert« (*Grand Siècle*) firmiert, weil Frankreich sich in dieser Zeit aus den Bürgerkriegswirren herausarbeitete und

1 Ludwig – der Gottgegebene, der Große, der Sonnenkönig 13

sich heraufarbeitete zur politischen und kulturellen Führung in Europa. Ludwig XIV. dominierte dieses »große Jahrhundert« als König von 1643 bis 1715. Er läutete aber auch bereits das Ende des »großen Jahrhunderts« ein, den Niedergang, der sich bis zur Französischen Revolution 1789 immer weiter fortsetzen sollte. Im Rückblick erschien diese Epoche dann umso größer und glanzvoller. Voltaire konterkarierte seine eigene Gegenwart eine Generation später, indem er ihr das »Zeitalter Ludwigs XIV.« entgegenhielt, ein Titel der bis heute leicht als Lobpreis vermeintlich vergangenen Glanzes und Größe missverstanden wird.

Außerhalb Frankreichs hielten sich die Bewunderung für Ludwig XIV. und die Kritik an ihm allerdings ohnehin frühzeitig die Waage. Seiner aggressiven, überpräsenten Selbstdarstellung setzten andere Herrscher moderatere, oft konkurrierende, Inszenierungsmodelle entgegen. Die gegen den König gerichteten politischen, militärischen und publizistischen Kampagnen kritisierten nicht nur sein Handeln, sondern sie dekonstruierten bereits zeitgenössisch auch seine eigene Inszenierung.[5] Neben dem Mythos Ludwig XIV. entstand so zeitgleich ein Gegenmythos. Im distanzierten historischen Urteil ist die Rolle des Königs in der Geschichte offensichtlich zu zwiespältig, als dass man ihn als »der Große« titulieren würde. Unbestritten sind dagegen seine Wirkung und Prägekraft, die bis in die Gegenwart reichen. Präsent ist er als »Sonnenkönig« (*Roi Soleil*). Die Sonnensymbolik hatte Ludwig XIV. selbst aufgegriffen und damit die führende Position des Kaisers in der fürstlichen Hierarchie in Frage gestellt. Der Titel des Kaisers implizierte traditionell den Vorrang vor allen anderen christlichen Fürsten, eine Rolle, die mit der der Sonne am Firmament in Analogie gesetzt wurde. Doch Ludwig XIV., ein politisch und militärisch starker Herrscher, dessen Position durch eine auf ihn zugeschnittene Staatsrechtstheorie bekräftigt wurde, sah sich angesichts seines eigenen Erbrechts und seiner vermeintlich uneingeschränkten Autorität als französischer König den Kaisern überlegen, die gewählt wurden und sich der politischen Mitsprache der Reichsstände stellen mussten. Herablassend betrachtete er sie als »Wahlfürsten« und »Generalkapitäne einer Deutschen Republik«.[6] Erfolgreich etablierte sich Ludwig XIV. gegen

Leopold I., dem die Sonnensymbolik eigentlich gebührte, als »die andere Sonne«.[7] Dieses Symbol, das, anders als die Beinamen vom Gottgegebenen oder vom Großen, subtil in Bildprogrammen, Ballettkostümen oder Feuerwerksfiguren transportiert wurde, ging schließlich ganz auf Ludwig XIV. über. Zu verhalten hatte Leopold I. die Sonnenemblematik verwendet, zu wenig passte sie zum defensiven Kaisertum, das er repräsentierte. Für Ludwig XIV. erwies sie sich dagegen als perfekt. Prägnant bringt dieses Symbol seine Rolle in der Geschichte auf den Punkt, denn wie die Sonne besaß er eine Strahlkraft, die zugleich wärmte und faszinierte, aber auch blendete und verbrannte.

Titulierungen Ludwigs im Kontext seiner historischen Bedeutung

Ob wir die Titulierung Ludwigs XIV. als *Gottgegebenem*, als *Großem* oder als *Sonnenkönig* aufgreifen, immer sind es Beinamen, die der dynastischen oder herrschernahen Propaganda entspringen. Die Geschichtswissenschaft hat diese zu entschlüsseln und gegebenenfalls zu dekonstruieren. Dennoch machen die verschiedenen Titulierungen Ludwigs eines deutlich: die Entwicklung Frankreichs von einer um Stabilität ringenden Monarchie in den 1630er Jahren, für die bereits die Geburt des Thronfolgers ein göttliches Geschenk war, hin zu einer Führungsmacht in Europa, deren Herrscher eine herausragende Rolle in der Geschichte beanspruchte und einnahm. Dieser Schritt war keineswegs das alleinige Werk Ludwigs XIV., der allerdings das, was andere vor ihm und für ihn aufgebaut hatten, konsequent zu nutzen verstand. Ludwig XIV. war der erste französische König seit rund einem Jahrhundert, der sich wieder völlig auf die Außenpolitik, aber auch auf einen systematischen Staatsaufbau konzentrieren konnte. Frankreich war mit dem Frieden von Cateau-Cambrésis 1559 von der politischen Bühne Europas verschwunden und in den Religionskriegen versunken. Die französischen Könige, die bis dahin ihre Monarchie und deren Rolle in Europa aktiv gestaltet hatten und dabei an der Spitze des Kampfes gegen die habsburgische Hegemonie standen, agierten zunehmend defensiv. Die

1 Ludwig – der Gottgegebene, der Große, der Sonnenkönig

Zerreißprobe erlebte Frankreich, als mit dem Bourbonen Heinrich IV., dem König von Navarra, ein Hugenotte den Thron erbte. Erst nach einem längeren Bürgerkrieg und schließlich der Konversion zum Katholizismus konnte Heinrich IV. 1594 gekrönt werden. Befriedet war Frankreich damit nur an der Oberfläche: In der ersten Hälfte des 17. Jahrhunderts hatten die Nachfolger Heinrichs IV. es immer wieder mit Aufständen unterschiedlicher gesellschaftlicher Gruppierungen zu tun. Heinrichs IV. Sohn Ludwig XIII. unternahm mit seinem Prinzipalminister Kardinal Richelieu eine konsequente Politik der Stärkung der königlichen Autorität, die allerdings das Oppositionspotenzial weiter verschärfte.

In den 1630ern hatten Ludwig XIII. und Richelieu die Opposition so weit im Griff, dass sie an die einstmalige anti-habsburgische Politik früherer französischer Könige wieder anknüpfen konnten: 1635 erklärte Ludwig XIII. seinem Schwager Philipp IV. von Spanien den Krieg und verwickelte Frankreich damit auch in den Dreißigjährigen Krieg: Einen Krieg gegen Spanien von einem Krieg gegen den Kaiser trennen zu können, erwies sich angesichts der Einheit des Hauses Habsburg und der engen Interessenverflechtung der Habsburger Philipp IV. und Ferdinand II. als illusorisch, zumal Frankreich bereits seit 1631 den Krieg Schwedens im Heiligen Römischen Reich finanziell unterstützte. Als Ludwig XIII. 1643 starb, hinterließ er seinem erst 4-jährigen Sohn somit zwei Kriege, aber auch eine Opposition, die vielfach nicht beseitigt, sondern nur unterdrückt worden war und bald erneut hervortrat. Die Minderjährigkeit Ludwigs XIV. wurde zur Feuerprobe für die Position der französischen Krone nach innen wie nach außen. Es war das Verdienst Annas von Österreich, die als Regentin für ihren Sohn fungierte, und des Prinzipalministers Kardinal Jules Mazarin, dass die Krone diese Feuerprobe bestand. Aus dem »gottgegebenen« Ludwig XIV. konnte dann ein König werden, der sich selbst als groß und als Sonne am politischen Firmament sah und dem von anderen eine herausragende Rolle in der Geschichte zugestanden wurde und wird.

1 Ludwig – der Gottgegebene, der Große, der Sonnenkönig

Ludwig XIII., der Vater Ludwigs XIV., starb bereits 1643 und hinterließ den Thron seinem erst vierjährigen Sohn.

Die Herausforderungen, vor denen Frankreich stand, waren in ganz Europa ähnlich: der Wandel der mittelalterlichen ständischen Gesellschaft mit einer wachsenden Bedeutung des handel- und gewerbetreibenden Bürgertums und anderer Funktionseliten; die Verdichtung des modernen Staates mit einem Anwachsen der Bürokratie und der Durchdringung sowie auch Vereinheitlichung des Herrschaftsraumes; ein enormer Geldbedarf, der zunächst aus der Kriegsintensität der Epoche resultierte, aber auch eine langfristige Folge des wachsenden Staates mit wachsenden Staatsaufgaben war; die Auseinandersetzungen um die politische Autorität zwischen dem Monarchen und verschiedenen gesellschaftlichen Einflussgruppen; die konfessionelle Spaltung; die kleine Eiszeit, die in Europa im 17. Jahrhundert ihren Höhepunkt erreichte und zu Ernteausfällen und sonstigen klimabedingten Auswirkungen auf die Gesellschaft führte.

Frankreich auf dem Weg in die Moderne

Auch wenn die konkreten Bevölkerungszahlen unsicher sind und sich während der langen Herrschaftszeit Ludwigs XIV. durch demographischen Wandel und territoriale Zugewinne veränderten, so hat sich doch die mit Pierre Gouberts Klassiker zur französischen Alltagsgeschichte eingeführte Faustformel von »Ludwig XIV. und 20 Millionen Franzosen« bewährt.[8] Frankreich war damit das bevölkerungsreichste Land Europas. Es hatte mehr Einwohner als das Heilige Römische Reich, als Polen-Litauen oder als Russland, die Frankreich alle an Fläche übertrafen. Frankreich war folglich dicht besiedelt, insbesondere gemessen an anderen Territorialstaaten. Dabei war das Land zu über 90 % agrarisch geprägt. Die hohe Bevölkerungszahl und Bevölkerungsdichte hatten Auswirkungen auf die Politik der französischen Krone: In Frankreich hatte der Modernisierungsprozess bedingt durch den Hundertjährigen Krieg (1337–1453) früher als in vielen anderen europäischen Herrschaftsgebieten begonnen. Frankreichs Entwicklung hin zu einem institutionalisierten, in seinen Verfassungsgrundlagen gefestigten, in ersten Ansätzen bereits nationalen Staat, der stetig steigende Steuern erhob, war darum am Beginn der Neuzeit vergleichsweise weit fortgeschritten. Die französischen Könige hatten ihre Autorität beständig ausbauen und zentralisieren können. Zwar stellten die Religionskriege in der zweiten Hälfte des 16. Jahrhunderts diese Entwicklung nochmals ernsthaft in Frage, mit den Bourbonen aber wurde sie konsequent wieder aufgegriffen und weitergeführt. Damit waren die französischen Könige nicht nur vielen anderen Herrschern in der Absicherung und der Durchsetzung ihrer Herrschaft voraus, sondern diese

Dynamik hatte angesichts der Bevölkerungssituation in Frankreich auch wesentliche Auswirkungen auf ganz Europa: Wenn der französische König in seinem Herrschaftsgebiet Entscheidungen oder auch seine Sicht auf Politik und Gesellschaft durchsetzen konnte, so erreichte er damit bereits einen vergleichsweise hohen Anteil der europäischen Bevölkerung. Wenn er Steuern durchsetzte, so standen ihm quantitativ mehr Steuerzahler zur Verfügung als jedem anderen Herrscher. Diese Voraussetzungen trugen mit zur Bedeutung und zur Modellhaftigkeit Frankreichs in der Epoche Ludwigs XIV. bei, wobei das französische Modell aber immer auch mit anderen konkurrieren musste.[9]

Ludwig XIV. nutzte die Strukturen, die er vorfand, konsequent. Kardinal Mazarin, der Prinzipalminister und Ziehvater des jungen Königs, ließ bei seinem Tod 1661 ein nach Innen und Außen befriedetes, aufstrebendes Land zurück. Ludwig XIV. nahm die Zügel nun konsequent selbst in die Hand und trieb die Entwicklungstendenzen hin zu einer starken Krone, einer starken Dynastie und einem in Europa starken Frankreich ins Extrem. Er drängte damit sein Land in neue Konflikte. Hoffnungen auf eine Periode langen Friedens zerschlugen sich, als der junge König Frankreich bereits 1667 wieder in einen Krieg verwickelte, dem in den nächsten vier Jahrzehnten viele weitere folgen sollten. Es sollten Jahrzehnte werden, in denen die Zeitgenossen Ludwig XIV. gleichermaßen zu fürchten wie zu bewundern lernten.

2 Ein junger König zwischen Krieg und Frieden (1643–1661)

Kindheit und Ausbildung

Über die Kindheit und Ausbildung Ludwigs XIV. ist vergleichsweise wenig bekannt, wenn man bedenkt, dass er als französischer Thronfolger geboren wurde, bald darauf König war und damit im Blickfeld der Öffentlichkeit und historischer Überlieferung stand.[1] Überhaupt ist die Quellensituation uneinheitlich: Das Bild des Königs ist geprägt von der zweiten Hälfte seines Lebens. Es war die Zeit, in der er die Blicke unübersehbar auf sich gezogen hatte und als etablierter Monarch in Versailles residierte. Es ist vor allem die breite Quellenbasis dieser Zeit, die das Bild Ludwigs XIV. und seines Hofes mitbestimmt hat, die anschaulichen und unterhaltsamen Texte von literarischem Wert: die vielfach herausgegebenen Briefe seiner 1671 an den Hof gekommenen Schwägerin Elisabeth Charlotte von der Pfalz, die Memoiren des erst 1675 geborenen Herzogs von Saint-Simon oder der Bericht des brandenburgischen Gesandten Ezechiel Spanheim, den dieser nach einem mehrjährigen Aufenthalt in Frankreich 1690 verfasste.[2]

Gerade diese besonders stark rezipierten Texte sind problematisch. Sie befassten sich mit dem König in einer Zeit, als er historisch bereits deutlich präsent geworden war. Das, wofür er nun seit Jahrzehnten politisch und gesellschaftlich stand, aber auch die immer perfektere Inszenierung auf der großen Theaterbühne Versailles flossen in die Wahrnehmungen der Autoren ein, die alles andere als unbefangen waren. Elisabeth Charlotte von der Pfalz oder der Herzog von Saint-Simon betrachteten das Treiben am Hof ebenso wie die Politik Ludwigs XIV. aus einer innerlichen Distanz heraus. Mit oftmals spitzer Feder skizzierten sie ein Geschehen, in das sie nur bedingt eingreifen konnten und das sie durch ihre Darstellung konterkarierten. Elisabeth Charlotte berichtete mit einer Mischung aus Resignation und Verachtung, nahm aber durch ihre unverblümten Kommentare Leser über alle Zeiten hinweg für sich ein. Der Herzog von Saint-Simon, der seine Memoiren erst weit nach dem Tod Ludwigs XIV. begann, konzipierte sie als ein amüsantes, literarisch stark überformtes Werk, in das er neben persönlichen Erinnerungen auch andere Quellen, einschließlich ihm kolportierter Anekdoten, einfließen ließ. Es entbehrt nicht einer gewissen Ironie, dass gerade in späteren, von bürgerlichen Idealen geprägten Epochen ein missbilligendes Urteil über das Zeitalter Ludwigs XIV. nicht selten auf der Grundlage dieser beiden Autoren gefällt wurde und wird, denn beide waren selbst von aristokratischer Überheblichkeit geprägt und schilderten die Welt aus dieser Perspektive heraus. Spanheims Bericht diente dagegen der Information als Grundlage für das politische Handeln seines Auftraggebers. Als Hugenotte und Gesandter einer Ludwig XIV. gegenüber tendenziell eher feindlich eingestellten Macht war aber auch Spanheim alles andere als objektiv eingestellt. Es waren diese und noch so manch andere Zeitzeugen, die über den späten Ludwig XIV. berichteten, der in seiner neuen Residenz das Interesse auf sich zog. Reiseberichte aus Versailles und Reiseführer dorthin wurden eine auch im Druck weit verbreitete Literaturgattung. Die Wahrnehmung vieler Besucher war so bereits nicht mehr unbefangen, und die Berichte der literarisch weniger originellen unter ihnen konnten auf vorgegebene Eindrücke und Formulierungen zurückgreifen.

Ludwig als Projektionsfläche seines Zeitalters

Ludwig XIV. wurde im Laufe der Jahre zu einer Projektionsfläche der eigenen Inszenierung, aber auch der unterschiedlichen Erwartungshaltungen und Absichten jener, die über ihn berichteten. Die vielleicht nüchternste und zugleich kontinuierlichste Quelle, die wir über das Leben des Königs besitzen, sind die Berichte dreier seiner Ärzte, die für den Zeitraum von 1647 bis 1711 zu einem fortlaufenden Journal zusammengefasst wurden.[3] Hier ist nicht der politische Akteur, der energische

Kriegskönig oder die charismatische Persönlichkeit dokumentiert, sondern ein menschlicher Organismus mit seinen Funktionsweisen. Dieses Journal ermöglicht intimere Einblicke in die rein physische Existenz des Königs als man sie bei einem allgemeinen historischen Interesse in der Regel erhalten möchte. Doch in keinem anderen Bericht wird derart deutlich, dass Ludwig XIV. in all seinem Handeln ein normaler Mensch war, der im Alltag mit Magenbeschwerden, Erkältungen, Zahnweh, Blähungen oder Schlafproblemen kämpfte und dem die Medizin seiner Zeit im Krankheitsfall nur sehr bedingt Abhilfe und Linderung zu bieten hatte.

Diese Umstände sollten ebenso wenig aus dem Blick geraten wie die Tatsache, dass Ludwig XIV., auch wenn er als Thronfolger geboren und bereits mit vier Jahren König wurde, er damit nicht bereits jener König war, den wir aus seiner immer perfekteren Selbstdarstellung und den Berichten der zunehmend auf ihn fokussierten Zeitgenossen späterer Jahre kennen. Die frühen Jahre des Königs sind quellenärmer, aber die Quellen sind unbefangener. Ihre Autoren wie die Korrespondenten, allen voran Kardinal Mazarin, die vom französischen Hof berichteten oder Françoise de Motteville, eine Hofdame Annas von Österreich, die der Königin in ihren Memoiren ein literarisches Denkmal setzte, erwähnten den jungen Ludwig XIV. eher beiläufig. Sie waren mit den politischen Ereignissen ihrer Zeit befasst, in denen der König noch eine marginale Rolle spielte.

Denn Ludwig XIV. wuchs in turbulenten Zeiten auf. Frankreichs Kriege und bald auch innere Unruhen absorbierten das allgemeine Interesse. Vielleicht sorgte das besondere Umfeld der Kindheit und Jugend dieses Königs gerade dafür, dass die Atmosphäre, in der er heranwuchs, familiärer und intimer war als die, von der viele andere Fürsten geprägt wurden. Ludwig nahm quasi vom Tag seiner Geburt an repräsentative und zeremonielle Pflichten wahr. Als kindlicher König konnte er zwar nicht selbst regieren, alles aber geschah in seinem Namen. Er selbst wuchs durch aktive Präsenz frühzeitig in seine Aufgaben hinein. Von Kindheit an hielt er Audienzen ab, war in den höchsten Institutionen des Königreichs wie dem Kronrat oder dem Pariser Parlament zugegen und verfolgte die Regierungsarbeit persönlich aus der Nähe. Ludwig und sein Bruder Philippe hatten von Anfang an einen angemessenen Hofstaat, einschließlich Amme und Gouvernanten, später männlichen Lehrern und Erziehern. Der junge König war dabei aber stets von Personen umgeben, die sich gerade inmitten aller Turbulenzen, von denen auch seine eigene Familie während des Aufstands der Fronde betroffen war, um ihn sorgten. Anna von Österreich ließ sich nicht davon abhalten, sich persönlich um ihre Söhne zu kümmern, weder zu Lebzeiten ihres Mannes, der auch nach der Geburt der Kinder ein distanziertes Verhältnis zu seiner Gemahlin behielt, noch als Regentin nach seinem Tod. Auch im politischen Alltagsgeschäft einer kriegführenden Großmacht mit wachsender innerer Opposition pflegte sie Ludwig, als dieser 1647 an Windpocken erkrankte. Anna und Ludwig hatten zeitlebens ein inniges, liebevolles Verhältnis, das nicht unbedingt typisch war für elterliche Beziehungen an frühneuzeitlichen Höfen. Es wurde allerdings auch dadurch befestigt, dass Anna schon während ihrer Regentschaft ihren ältesten Sohn stets in den Vordergrund stellte und langfristig bereitwillig wieder in die zweite Reihe zurücktrat. Das unterschied sie von der Mutter Ludwigs XIII. und Großmutter Ludwigs XIV., Maria von Medici. Diese hatte rund 30 Jahre zuvor nach dem Ende ihrer Regentschaft mit ihrem volljährigen Sohn erbitterte Auseinandersetzungen um die Macht geführt und auch den jüngeren Gaston ermuntert, seinem Bruder, dem König, offen entgegenzutreten.[4] Das Umfeld Ludwigs XIV. dagegen war von Anfang an auf ihn hin geordnet.

Die Rolle des Herrschers

Die Vaterrolle an dem früh vaterlos gewordenen König vertrat Jules Mazarin, der nicht nur die Regierung führte, sondern auch Ludwigs Taufpate war. Mazarins Nichten und sein Neffe wuchsen zeitweilig zusammen mit Ludwig und Philippe auf. 1646 wurde der Kardinal Oberaufseher der Erziehung des jungen Königs. Ludwig und Philippe genossen die gleiche Ausbildung durch die gleichen Lehrer, aber Ludwig wurde schon jetzt zum König erzogen. In dieser Zeit existierte eine Fülle an Literatur zum Ideal des christlichen Herrschers, vor allem die sogenannten Fürstenspiegel, Traktate, die ein Bild davon zeichneten, wie ein Fürst sein sollte. Sie waren keineswegs in der Art von Niccolò Machiavellis *Der Fürst* gehalten, auch wenn die Politik des 17. Jahrhunderts dieser Richtschnur oft zu entsprechen schien. Tatsächlich jedoch stellte der Zeitgeist einem König respektive seinen Erziehern das Ideal eines christlichen Herrschers vor Augen, der Recht und Moral verpflichtet war: Er sollte für das physische Wohl und den Schutz seiner Untertanen und vielleicht noch mehr für ihr seelisches Heil sorgen. Er sollte das Ansehen, aber auch die Rechte seines Landes und seiner Dynastie wahren und zugleich freundschaftlich mit der übrigen Gemeinschaft christlicher Fürsten verkehren.[5] Im politischen Alltag produzierte dieses Ideal nicht selten unlösbare Widersprüche. Einen französischen König statteten das allgemeine Herrschaftsdenken und erst recht die politische Theorie in Frankreich mit der selbstbewussten Gewissheit aus, von Gott an seinen Platz gestellt worden zu sein und als weltlicher Vertreter Gottes nur diesem Rechtfertigung zu schulden. Zugleich stand ein König unter der Belastung, für jeden einzelnen seiner Untertanen verantwortlich zu sein und Gott dafür Rechenschaft ablegen zu müssen. »Schließlich aber: wie wir unseren Untertanen gehören, so gehören unsere Untertanen uns«, brachte es Ludwig XIV. selbst in seinen Memoiren auf den Punkt.[6] Sein einflussreicher Hoftheologe Jacques-Bénigne Bossuet formulierte in seiner systematischen Politiktheorie ganz ähnlich: »Die großen Menschen sind nicht für sich selbst geboren.«[7]

Dem König war keine Zeit geblieben, in diese Anspannung von Überhöhung und Verpflichtung hineinzuwachsen. Er wuchs damit auf und musste sein Maß darin mitten in der Herrschaftsausübung selbst ausloten. Dennoch war er in gewisser Weise noch frei, sich selbst zu finden und zu erfinden: Anders als die Habsburger, die über Jahrhunderte ein dynastisches Rollenmodell aufgebaut und perfektioniert hatten, das dem Einzelnen klare Vorgaben machte und in dem jeder Habsburger erzogen wurde, waren die Bourbonen eine junge Herrscherdynastie.[8] Was für die Dynastie zunächst problematisch war, dass ihr nämlich noch ein Image fehlte, mit dem sie sich präsentierte, war für Ludwig XIV. ein klarer Vorteil: Er konnte die Rolle, die er zeitlebens zu spielen hatte, noch ein gutes Stück weit selbst gestalten und an seine eigene Persönlichkeit anpassen. Die beiden Könige, die ihm bis zur Französischen Revolution noch nachfolgen sollten, hatten sich dann allerdings am übermächtigen Modell ihres Vorgängers abzuarbeiten.

Ausbildung

Die Ausbildung, die Ludwig erhielt, war nicht besonders gelehrt.[9] Er lernte grundsätzliche Fertigkeiten wie Lesen, Schreiben, Mathematik und Zeichnen, außerdem Latein, Italienisch und Spanisch, die Sprache seiner Mutter. Ein Unterricht in Geschichte, aus der sich im 17. Jahrhundert alles Staats- und Völkerrecht herleitete, war selbstverständlich. Nichts aber spricht für ein besonders intensives Studium historischer und rechtlicher Zusammenhänge, obwohl Ludwigs Ausbildung von dem Geistlichen Hardouin de Péréfixe, einem renommierten Geschichtsschreiber, angeleitet wurde. Er publizierte später eine überaus populäre Biographie Heinrichs IV., in der sich das panegyrische Gedenken an den ersten Bourbonen-König auf dem französischen Thron mit der politischen Programmatik seines Enkels verband.[10] Für Ludwig XIV. selbst war ein solcher Umgang mit Geschichte und Recht, der seinen eigenen Zielen und Nutzen diente, ohnehin symptomatisch.

Über den Ablauf und detaillierte Erfolge des Unterrichts, den Ludwig XIV. erhielt, wissen wir kaum etwas. Viel später getroffene Aussagen auch des Königs selbst, die das Bild seiner nur unzulänglichen Ausbildung begründet haben, sind nicht unbedingt verlässlich. Doch Ludwig war gewiss kein Bücherkönig und wollte keiner sein. Als König förderte er Wissenschaft und Literatur, unter anderem indem er die *Akademie der Inschriften und der Literatur* sowie die *Akademie der Wissenschaften* protegierte, die Jean-Baptiste Colbert 1663 und 1666 gegründet hatte. Ludwig XIV. spielte aber keine aktive Rolle in der Wissenschaft oder der Literatur. Es gab diverse Herrscher, die ihn an theoretischer Bildung und Sprachkenntnissen übertrafen. So erhielten die habsburgischen Kaiser des 17. Jahrhunderts durchweg eine fundierte jesuitische Ausbildung. Dies traf insbesondere für Ludwigs jahrzehntelangen Gegenspieler Kaiser Leopold I. zu, der ursprünglich für eine geistliche Laufbahn erzogen worden war. Einige Herrscher traten durch schriftstellerische Tätigkeit hervor, so Jakob I. von England und Schottland, dessen *Basilikon Doron* von 1599, der Form nach ein Leitfaden für seinen Nachfolger, zu den zentralen Werken der politischen Theorie der Zeit gehört und ein publizistischer Bestseller war, der in mehrere Sprachen übersetzt wurde. Andere Herrscher komponierten, unter ihnen auch Ludwig XIII. Auf die persönliche Konzeption Ludwigs XIV. hingegen geht neben seinen fragmentarisch gebliebenen sogenannten Memoiren für den Dauphin als präsumtivem Thronerben lediglich ein Führer durch den Park von Versailles zurück.[11]

Die von Colbert betriebene Wirtschafts- und Wissenschaftspolitik war strikt auf die Zielsetzungen der Politik Ludwigs XIV. und auf dessen Person hin ausgerichtet. Hier zeigt eine inszenierte Darstellung von Henri Testelin, wie Colbert dem König die Mitglieder der 1667 gegründeten Akademie der Wissenschaften präsentiert.

Ein Fürst des 17. Jahrhunderts musste allerdings kein Gelehrter sein, erst recht nicht in Frankreich, wo akademische Bildung nicht zum adeligen Erziehungsideal gehörte. Der Adelige sollte sich vielmehr bemühen, ein *honnête homme* zu sein, ein »anständiger Mensch«, der weniger vertiefte Bildung besaß denn vielmehr einen ausgeglichenen Charakter, der sich in den verschiedensten Situationen so zu benehmen wusste, wie es seinem elitären Stand angemessen war, und der stets seine Ehre und seine Würde wahrte.[12] Der Adelige, der am Hof verkehrte, repräsentierte dort seine Familie und andere Personen, die von ihm abhingen. Der Hof war eine Kontaktbörse, an dem man sich durch angenehme Manieren und vielfältige gemeinsame Sozialpraktiken empfahl. Der Adelige, der in den königlichen Dienst strebte, musste vielfältig einsetzbar sein. Dazu gehörten ein geschmeidiges Auftreten, soziale Umgangsformen und eine breite, aber nicht notwendig tiefe Allgemeinbildung oder spezifische Kompetenzen. Ludwig XIV., der Wert auf den geselligen Umgang und eine gefällige Repräsentation legte, perfektionierte später an seinem neuen Hof in Versailles das Ideal des kultivierten Adeligen, der nach außen zu glänzen verstand. Es war das Ideal, das er selbst lebte und das wie das seines souveränen Königtums ein Ideal war, das als Gegenentwurf zur brutalen und anarchischen Realität der Religionskriege des 16. Jahrhunderts entstanden war.

Ludwig XIV. erlernte die diversen Körpertechniken, die den Adeligen vom einfachen Menschen unterschieden und aufgrund ihrer langjährigen Einübung in jungen Jahren kaum imitiert oder nachgeholt werden konnten: Reiten, Kämpfen, Jagen, Tanzen, Tennis, Lauten- und Gitarrenspiel. Ludwig XIV. nutzte sie im wörtlichen Sinn zur Herrschaftspraxis: Als kriegführender König begleitete er zusammen mit dem Hof die Armee, begab sich aber niemals in der Schlacht selbst in Gefahr. Als aktiver König, der in diversen Arten von Sport, Spiel und Unterhaltung bewandert war, machte er seinen Hof zu einem Ort ständiger Abwechslung und Aktivität und damit attraktiver als die bis dahin tonangebenden habsburgischen Höfe, die vor allem ihre Frömmigkeit zelebrierten. Erst mit zunehmendem Alter sollte Ludwig XIV. sich ihnen darin annähern.

Die politische Regierungsarbeit erlernte Ludwig XIV. ähnlich wie Reiten und Tanzen: in der Praxis, aber unter der Führung eines erfahrenen Ausbilders. Bis er selbst nach dem Tod Mazarins 1661 die Regierung übernahm, hatte der Kardinal für ihn zwei auswärtige Kriege und einen Bürgerkrieg geführt und beendet. Die Turbulenzen, die Ludwigs Heranwachsen begleiteten, wurden ihm damit zugleich zu einer Lehrmeisterin, die ihm nützlicheres Wissen über Politik und Herrschaft vermittelte als es Buchwissen konnte. Als er selbst später Ratschläge für den Thronfolger formulierte, brachte er die Überlegenheit seiner Instruktion, die aus der Herrschaftspraxis kam, gegenüber allen anderen auf den Punkt: »Denn mögen andere über mehr Begabung und größere Erfahrung verfügen als ich, so haben sie doch nicht regiert, nicht in Frankreich regiert«.[13] Die theoretische Reflexion und Rücksichtnahmen auf Traditionen und Gepflogenheiten blieben gerade in den ersten Jahrzehnten der eigenen Herrschaft Ludwigs XIV. zurück hinter dem Instinkt des Praktikers. So setzte Ludwig XIV. neue Standards, die vielfach begeisterten, aber oft auch verstörten und ihm Bewunderer und Nachahmer ebenso wie erbitterte Gegner eintrugen.

Tatsächlich wurde der junge König bereits als Kind schonungslos mit einer politischen Praxis konfrontiert, in der alle Theorie ebenso wie die königliche Autorität schnell an ihre Grenzen gerieten. Der Bürgerkrieg, dem er noch vor seiner Krönung ausgeliefert war, sollte Ludwig XIV. prägen.

Die Fronde – Ludwigs prägende Kindheitserfahrung

Als Anna von Österreich 1643 die Regentschaft übernahm, erbte sie nicht nur die offensichtlichen Probleme der Regierung ihres verstorbenen Mannes, nämlich den Krieg gegen ihren eigenen Bruder, Philipp IV. von Spanien, und gegen Kaiser Ferdinand III., der ebenfalls ein Habsburger war und der Ehemann von ihrer und Philipps jüngerer Schwester Maria Anna. Anna von Österreich wurde auch mit jener Opposition konfrontiert, die Ludwig XIII. und Kardinal Richelieu mit starker Hand ausgeschaltet und unterdrückt hatten. Eine solche Stärke besaß eine Regentschaft für einen minderjährigen König nicht. Der Krieg verschärfte den Widerstand noch: Zum einen trieb er die Verschuldung Frankreichs voran und schuf soziale Konflikte. Zum anderen war dieser Krieg in Frankreich auch grundsätzlich umstritten, denn das katholische Frankreich führte ihn gemeinsam mit Protestanten gegen andere katholische Mächte.

Anna von Österreich selbst hatte sich als Habsburgerin zu Lebzeiten Ludwigs XIII. in einer eher zwiespältigen Position am französischen Hof befunden. Dies galt erst recht nach dem Ausbruch des französisch-spanischen Krieges 1635, zumal sie die Korrespondenz mit ihren Verwandten zunächst heimlich fortgeführt hatte. Der König misstraute seiner Frau. Seine Mutter Maria von Medici hatte ihn als Jugendlichen im Rahmen der von ihr initiierten kurzzeitigen französisch-spanischen Annäherung mit der Infantin verheiratet.[14] Anna wurde zum langfristigen Relikt dieser schnell wieder obsolet gewordenen und schließlich ins Gegenteil umgeschlagenen Politik. Ludwig XIII. wollte ihr nach seinem Tod nicht die Regierung überlassen, zumal die Regentschaft seiner eigenen Mutter während seiner Minderjährigkeit eher ungute Erinnerungen hinterlassen hatte. Doch Anna von Österreich gelang es, das Testament ihres Mannes, in dem dieser einen Regentschaftsrat eingesetzt hatte, nach seinem Tod vom Pariser Parlament, dem obersten Gerichtshof, kassieren zu lassen. Dieser Handstreich sicherte ihr die alleinige Macht, war aber tückisch im Hinblick auf die kommenden Ereignisse, denn das Parlament sollte einer von Annas Hauptkontrahenten während der Fronde werden. Dass es 1643 den Willen eines Königs für nichtig erklären konnte, musste es in seiner selbstbewussten Haltung bestärken, Teilhaber der Macht in Frankreich zu sein.[15]

Anna von Österreich war durch ihre dynastische Herkunft als spanische Infantin einerseits und ihre Heirat andererseits in einer unbequemen Zwitterstellung. Es wäre durchaus verständlich gewesen, wenn sie als Regentin den schnellen Frieden mit ihren habsburgischen Verwandten gesucht hätte. Doch sie entschied sich überraschend deutlich und kompromisslos für die Interessen ihres Sohnes und damit der Bourbonen und Frankreichs.[16] Anders als eine Generation zuvor Maria von Medici, die mit einem eigenen politischen Selbstbewusstsein auftrat, bezog Anna ihr Handeln stets auf ihren Sohn und ließ sich auch entsprechend inszenieren. Die neue Regentin bestätigte Kardinal Mazarin als ihren Regierungschef. Das bedeutete eine Fortsetzung der Politik Ludwigs XIII. und Richelieus, gegen die

Die Fronde – Ludwigs prägende Kindheitserfahrung

Die Mutter Ludwigs XIV., die spanische Infantin Anna von Österreich, übernahm nach dem Tod ihres Mannes die Regentschaft und griff die traditionelle habsburgische Frömmigkeitsinszenierung auf. Hier ist sie von einem Maler aus dem Atelier von Philippe de Champaigne 1646 mit ihren Söhnen, der heiligen Scholastika und dem heiligen Benedikt von Nursia dargestellt, der die beiden Halbwaisen der Trinität empfiehlt.

sich unmittelbar Widerstand regte. Wenige Monate nach Beginn der Regentschaft konnten ein Aufstand unzufriedener Hochadeliger, die Cabale des Importants, und die Ermordung Mazarins verhindert werden.

Bis 1648 allerdings staute sich die Unzufriedenheit von verschiedenen Seiten weiter auf. Es kam zur Fronde, jenem großen Aufstand, der seinen Namen von der kleinen Steinschleuder herleitete, der Waffe von Kindern oder strukturell unterlegenen Gegnern. Tatsächlich bewegte sich dieser Aufstand irgendwo zwischen spielerischer Tändelei und einem Kampf nach Art eines David gegen Goliath. Die Fronde dauerte in ihren letzten Ausläufern bis mindestens 1653, vereinzelt auch darüber hinaus.[17] Es war keine einheitliche Bewegung, sondern verschie-

Kardinal Mazarin (hier ein Porträt Philippe de Champaignes) setzte nach dem Tod Kardinal Richelieus und Ludwigs XIII. nicht nur deren politisches Werk fort, sondern wurde auch zum Ziehvater für den jungen Ludwig XIV.

ne Aufstände mit entsprechend unterschiedlichen Trägern und Motivationen. Insbesondere unterscheidet man die Fronde des Pariser Parlaments, die Anfang 1648 den Beginn der Unruhen markierte, und später die sogenannte Prinzenfronde, die von Hochadeligen getragen wurde mit Mitgliedern des königlichen Hauses wie dem jungen Fürsten von Condé und seinem Bruder Conti an der Spitze. Hinzu kamen andere Aufstandsherde wie der des Parlaments in Bordeaux. Die weitere Bevölkerung schloss sich den Unruhen phasenweise an. In den Provinzen zogen die Hochadeligen ihre Anhänger mit in den Aufstand, so dass die Fronde keineswegs nur Hauptstadt-Phänomen war. In Paris selbst sorgte die Beteiligung der Bevölkerung aber für jenen tumultösen, bürgerkriegsähnlichen Charakter, der den König und die Regentschaftsregierung unmittelbar betraf.

Gemeinsamkeiten und Unterschiede der Fronde

Wenn es eine Gemeinsamkeit der Aufständischen gab, so war es die Unzufriedenheit mit einer langfristigen Regierungspolitik, die die Macht der verschiedenen politischen und administrativen Eliten immer mehr eindämmte: die des alteingesessenen Schwertadels, der die Provinzen kontrollierte und traditionell Einfluss am Hof ausübte, ebenso wie die des relativ jungen Amtsadels, dem zuvor über den Ausbau der königlichen Verwaltung und wachsender Institutionalisierung Bedeutung zugewachsen war. Die Parlamente waren keine Gremien zur politischen Repräsentation, sondern Gerichtshöfe. Insbesondere das Pariser Parlament war aber nicht nur eine judikative Instanz, sondern war auch in den Gesetzgebungsprozess eingebunden, da es alle Gesetze registrierte. Es lag nahe, diese Funktion als Kontrollfunktion und also in gewisser Weise als politische Mitsprache zu interpretieren.

Der französischen Gesellschaft fehlte eine Plattform vergleichbar den Ständevertretungen anderer Länder dieser Zeit, auf der gesellschaftliche Missstände vorgetragen und diskutiert werden konnten: Die entsprechenden Gremien, die Generalstände und die Notabelnversammlung, waren seit 1614 bzw. seit 1627 nicht mehr einberufen worden. Die kriegsbedingten wirtschaftlichen Probleme verschärften die politische und gesellschaftliche Unzufriedenheit, da die Regierung dem Land immer höhere Abgaben abverlangte. 1648 musste der Staatsbankrott erklärt werden. Es war dabei sicher kein Zufall, dass die Fronde erst recht an Dynamik gewann, als im Oktober 1648 der Westfälische Friede geschlossen wurde, der den Krieg gegen den Kaiser beendete. Denn auch wenn dieser Friede für die Regierung einen Reputationsgewinn darstellte, so war doch ein Friede mit Spanien nicht erreicht worden. Dass der Westfälische Friedenskongress sich auflöste, bedeutete, dass ein Frieden mit Spanien und damit eine finanzielle Entlastung in absehbarer Zeit nicht zustande kommen würden.

Die Fronde richtete sich nicht gegen die Krone oder den König, sondern gegen Mazarin. Ihm wurde vorgeworfen, die Autorität des Königs zu usurpieren und dabei die traditionellen Eliten zu beschneiden, die Mitsprache gerade in Zeiten der Minderjährigkeit des Königs beanspruchten. Mazarin, dem gebürtigen Italiener, der erst in den 1630er Jahren nach Frankreich gekommen und dort durch die Förderung Kardinal Richelieus in wenigen Jahren kometenhaft aufgestiegen war, schlug nicht nur Ablehnung, sondern vielfach Hass entgegen. Die gegen ihn während der Fronde publizierten Pamphlete, die *Mazarinaden*, erreichten mit rund 5000 verschiedenen Stücken ein derartiges Ausmaß und eine derartige Qualität, dass man sie als eigene Quellengattung bezeichnen kann. Als die Feindfigur der Fronde schlechthin musste der Ziehvater des jungen Königs sich schließlich 1651 für fast ein Jahr ins Exil nach Brühl im Kurfürstentum Köln zurückziehen. Das Pariser Parlament verfügte einen offiziellen Erlass gegen ihn. Nach Paris konnte er erst zwei Jahre später, im Februar 1653, zurückkehren.

Auch wenn sich die Fronde nicht gegen Ludwig XIV. selbst richtete, so war er doch fundamental betroffen von den Unruhen, die durchaus gegen die Krone hätten umschlagen können. Die königliche Familie hatte mit England, wo zeitgleich ein Bürgerkrieg mit weitaus dramatischeren Konsequenzen tobte, ein warnendes Beispiel vor Augen: Die Gemahlin Karls I., Henrietta Maria, eine Schwester Ludwigs XIII., befand sich mit ihren Kindern im Exil in Saint-Germain-en-Laye. Im Januar 1649 flüchtete Anna von Österreich selbst mit dem König und ihren Anhängern vor den Unruhen aus Paris zeitweilig dorthin. Die Hinrichtung Karls I. von England kurz darauf zeigte, welche Dynamik ein solcher Bürgerkrieg gewinnen konnte.[18] Im Februar 1651 wurde eine erneute Flucht Annas mit ihren Kindern aus Paris vereitelt: Während Mazarin sich auf den Weg außer Landes begab, wurden Anna und Ludwig im Palais-Royal, einem von Kardinal Richelieu in der Nähe des Louvre neu errichteten komfortablen Stadtpalast, in dem sich die Regentin mit ihren Kindern bereits 1643 niedergelassen hatte, eingeschlossen und persönlich bedrängt.

Als Ludwig XIV. am 7. September 1651 für volljährig erklärt wurde und offiziell bekräftigte, dass er sich auch weiterhin auf den Rat seiner Mutter stützen würde, schloss sich das Zeitfenster der Fronde: Die Aufständischen mussten sich entscheiden, ob sie tatsächlich die Autorität eines volljährigen Königs in Frage stellen und damit die Monarchie selbst angreifen wollten. Diese Dimension, die der Fronde die Qualität der zeitgleichen englischen Revolution oder der späteren Französischen Revolution gegeben hätte, lag den Aufständischen jedoch fern. Sie hatten durch ihren Unmut eine Revision der bisherigen Politik der Krone erreichen wollen, scheiterten aber an der konsequenten Haltung der Regentin und Mazarins, aber auch dem Fehlen substantieller Gemeinsamkeiten, die den Aufstand und die Aufständischen hätten zusammenhalten können.

Dennoch folgte der Volljährigkeit Ludwigs XIV. noch ein Jahr des Bürgerkrieges, den vor allem Ludwig II. von Bourbon, Fürst von Condé, genannt der »Große Condé«, zu verantworten hatte: Den mittlerweile 30-jährigen Condé hatten die Geburten Ludwigs XIV. und seines Bruders Philippe von der nicht unwahrscheinlichen Aussicht, einmal den französischen Thron zu erben, auf einen undankbaren Listenplatz in der Thronfolge katapultiert. Auch eventuelle Hoffnungen, nach dem Tod Ludwigs XIII. an der Macht beteiligt zu werden, erfüllten sich nicht. Den Mitgliedern der königlichen Familie wurde der italienische Aufsteiger Mazarin vorgezogen, und an der Tendenz, den hochadeligen Einfluss auf die Politik zurückzudrängen, änderte sich im Prinzip nichts. Der Krieg half der Regentschaftsregierung dabei sogar, hielt er die kampffähigen männlichen Hochadeligen doch im Feld und damit fern vom Hof. Condé errang dabei 1643 mit der Schlacht von Rocroi und 1648 mit der Schlacht von Lens wichtige französische Siege gegen Spanien. Sie stabilisierten die Regentschaftsregierung, sorgten aber auch für eine wachsende Popularität des jungen Prinzen von Geblüt. Condé handelte der Regentin gegenüber loyal und unterstützte sie nach Ausbruch der Fronde militärisch gegen das Parlament. Er trat dabei aber derart eigenständig und selbstbewusst bis an die Grenze zur Unverschämtheit auf, dass er von der Regentschaftsregierung zunehmend als Bedrohung angesehen wurde. 1650 wurde er zusammen mit seinem Bruder Armand, Fürst von Conti, und ihrer beider Schwager, dem Herzog von Longueville, verhaftet.

Die »Prinzenfronde«

Die Verhaftung führte zur weiteren Eskalation, der sogenannten »Prinzenfronde«. Ludwig XIV. erlebte in dieser Zeit, dass auch enge Familienmitglieder wie sein Onkel Gaston oder dessen Tochter, die *Grande Mademoiselle*, auf der anderen Seite standen. Als Condé, Conti und Longueville nach einem Jahr freigelassen werden mussten, war es vor allem Condé, der den Bürgerkrieg vorantrieb, sich aber durch sein diktatorisches Vorgehen bald unbeliebt machte, zumal ihm nach der Volljährigkeit des Königs jegliche Legitimierungsbasis für sein Handeln fehlte. Während alle anderen schließlich ihren Frieden mit Mazarin machten, Conti sogar eine Nichte des Kardinals heiratete, setzte Condé seinen Kampf stur fort. In letzter Konsequenz wechselte er auf die spanische Seite, wo er bis zum Ende des französisch-spanischen Krieges 1659 blieb. Noch in seinen Memoiren brachte Ludwig XIV. seine Empörung darüber zum Ausdruck: »Ein Prinz aus dem königlichen Hause, ein Prinz von großem Namen stand an der Spitze meiner Feinde«.[19]

Ludwig XIV., der am 21. Oktober 1652, endgültig als Sieger nach Paris einzog, wurde von der Fronde geprägt. Dieser erste gesamtfranzösische Bürgerkrieg seit vier Jahrzehnten hinterließ in der französischen Gesellschaft tiefe Spuren und erst recht beim König, der in dieser Zeit vom Kind zum jungen Erwachsenen heranwuchs. Urteilt man nach seinen Memoiren, blieben ihm diese frühen Jahre nachdrücklich in Erinnerung, so auch, dass es am Hof wenige gegeben habe, die ihm »ohne Eigennutz ergeben« gewesen seien.[20] Vieles an Ludwigs XIV. späterem Herrschaftssystem, seiner Politik, aber auch an seinem Umgang mit seiner Familie und seiner höfischen Umgebung ist im Lichte der Ereignisse dieser Zeit zu sehen. Er hatte am eigenen Leib erfahren, was die Auflehnung für die Gesellschaft und für ihn selbst als Person bedeutete. Seit 1650, als er das belagerte Bellegarde in Burgund besuchte, war er immer wieder bei militärischen Aktionen anwesend.[21] Er wurde dabei aber nicht nur früh mit Krieg und Militär konfrontiert, sondern erlebte auch, wie stark allein seine persönliche Präsenz als König eine Situation beeinflussen konnte.

Ludwig XIV. sah in der Fronde im Nachhinein recht zutreffend nicht nur eine Rebellion und einen Angriff auf seine Autorität, sondern ein Konglomerat, in dem auch Ränke und persönliche Interessen mitspielten.[22] Über die Parlamentsfrondeure urteilte er überraschend milde. Er zollte nicht nur den Vertretern des Justizwesens großen Respekt, sondern gestand auch zu, dass das Parlament während der Fronde durchaus in guter Absicht gehandelt haben mochte.[23] Eines aber war für ihn klar: Einen Angriff auf seine Autorität konnte er nicht dulden, und die Fronde stellte einen solchen Angriff dar. Dabei war ihm die königliche Autorität keineswegs Selbstzweck, sondern die Grundlage der Ordnung im Staat. Mit der Niederschlagung der Fronde war für ihn also Unordnung abgewehrt und damit der Nutzen des Staates vorangetrieben.

Die Fronde als Zäsur

Nach dem Ende der Fronde kehrte in Frankreich Ruhe ein. Es war eine relative Ruhe, denn soziale Unruhen in Form von Bauernaufständen nahmen durch die Kriegspolitik Ludwigs XIV. wieder zu. Sie verflochten sich auch mit anderen Widerstandsmotiven, denn die Opposition in Frankreich war keineswegs verschwunden, auch wenn sie bis zum Ende des 18. Jahrhunderts nie mehr so offensichtlich hervortreten sollte wie zuvor.[24] Ludwig XIV. selbst störte den inneren Frieden zudem durch sein hartes Vorgehen gegen die katholischen Jansenisten oder gegen die Hugenotten, die er aufgrund ihres bloßen

Andersseins verfolgte. Die Fronde ist aber ein Markstein zwischen den Religionskriegen des 16. Jahrhunderts und der Französischen Revolution. Sie war der letzte große gesamtgesellschaftliche Gewaltausbruch, nach dem Ende der Fronde herrschte für lange Zeit ein breiter gesellschaftlicher Konsens zugunsten eines starken Königtums und gegen weitere Unruhen, die die Gesellschaft schwächten. Ludwig XIV. hat das Bedürfnis nach einem starken König, der für Ruhe und Ordnung sorgte und der das Land einte, bis in die letzte Konsequenz bedient. Tatsächlich konnte er seinem Urenkel Ludwig XV., der wie er den Thron als Kind übernahm, ein Land hinterlassen, das nicht nur äußerlich befriedet war: Anders als die turbulente Minderjährigkeit Ludwigs XIV. wurde die Regentschaft *(Régence)* für Ludwig XV. ab 1715 zum Inbegriff einer blühenden und heiteren Epoche.

Ludwig XIV. wurde von der Fronde entscheidend geprägt, wovon auch seine Memoiren für den Dauphin ein lebhaftes Zeugnis geben, in denen er die ersten Jahre seiner Selbstherrschaft ab 1661 im Spiegel seiner frühen Erlebnisse reflektierte. Die Fronde prägte Ludwig XIV. nicht nur in seinem Herrschaftsverständnis, sondern vermittelte ihm wichtige Erfahrungen über seine Umgebung und seine Familie. Kardinal Mazarin mag sich während dieser Jahre in Unkenntnis der französischen Gesellschaft und ihrer Gepflogenheiten nicht immer geschickt verhalten haben, aber der junge König hatte in seinem Ziehvater ein brillantes Vorbild, um jenes Taktieren zu lernen, das zum politischen Alltag gehörte.[25] Mazarin behielt inmitten der Unruhen, die ihn selbst bis in seine Existenz bedrohten, einen kühlen Kopf. Er setzte seine Regierungspolitik, die an die Politik seines Vorgängers Richelieu anknüpfte, langfristig ohne Kompromisse um. Beharrlichkeit kombiniert mit diplomatischem Geschick, genau das war es, was später oftmals auch Ludwigs XIV. Erfolg ausmachen sollte.

Mazarin führte die Regierungsgeschäfte bis zu seinem Tod 1661 weiter. Ludwig XIV., der mit 13 Jahren 1651 volljährig geworden und mit 15 Jahren 1654 in Reims gesalbt und gekrönt worden war, wurde in dieser zweiten Dekade der Regierung Mazarins erwachsen und war nun ein König, der allmählich eigene Entscheidungen hätte treffen können und sollen.

Doch er stand politisch weiterhin im Schatten seines Regierungschefs. Es zeichnete sich ab, was später typisch werden sollte für Ludwig XIV.: die sorgfältige Aufteilung des Lebens in höfische Vergnügungen und politisches Alltagsgeschäft. Doch da der König in letzterem noch eher als ein stiller Zuschauer auftrat, wurde er in den 1650er Jahren vor allem als junger Mann wahrgenommen, der zur Jagd ging, der tanzte und spielte und der das Theater und die Oper liebte.[26] Nach seinen eigenen Erinnerungen sah Ludwig XIV. zunehmend viele Dinge anders als Mazarin, überließ diesem aber das Feld.[27] Das war zweifellos eine gute Entscheidung, denn der Kardinal hinterließ seinem Schützling schließlich ein befriedetes, erstarktes und blühendes Frankreich.

Westfälischer Frieden (1648) und Pyrenäenfrieden (1659)

Zu den Leistungen Mazarins zählt nicht nur die Überwindung der inneren Opposition während der Fronde, sondern auch zwei für Frankreich prestigeträchtige Friedensschlüsse, die jene Kriege beendeten, die Ludwig XIII. seinem Sohn hinterlassen hatte. Als Diplomat befand sich Mazarin bei Friedensverhandlungen auf ureigenem Terrain. Allerdings steuerte er die Verhandlungen zum Westfälischen Frieden von Paris aus, wo er von Anfang an mit einer Gegnerschaft konfrontiert war, die bis in die französische Verhandlungsdelegation in Münster hineinreichte.[28] Die Verhandlungen zum Pyrenäenfrieden dagegen führte Mazarin selbst mit einem volljährigen König hinter sich. Im Umgang mit Frankreichs Kriegsgegner agierte Mazarin ähnlich wie gegenüber seinen eigenen Gegnern im Land: Er vertrat das zentrale Ziel, dass die französische Krone aus dem Krieg langfristig gestärkt und im Kräfteverhältnis den Habsburgern ebenbürtig hervorgehen müsse. Dieses Ziel verfolgte Mazarin mit diplomatischer Geschmeidigkeit, aber beharrlich. Er ließ sich nicht von wechselnden Konjunkturen beeindrucken und weigerte sich während der Fronde, als er um das innenpolitische Überleben kämpfte, Spanien aus einer Position der

Schwäche heraus entgegenzukommen. Ob diese Haltung den Krieg nicht unnötig verlängert hat, darüber kann man durchaus diskutieren. Letztlich ist Mazarin als »Mann des Friedens« (*homme de paix*) in die Geschichte eingegangen, weil er keinen Krieg selbst begonnen, aber zwei Kriege erfolgreich beendet hat.[29]

Der Westfälische Friede

Der Westfälische Frieden, den Frankreich und das verbündete Schweden 1648 mit Kaiser und Reich schlossen, brachte der französischen Krone zum einen deutliche Herrschaftserweiterungen: Neben Metz, Toul und Verdun, die die französischen Könige zwar fast seit einem Jahrhundert innehatten, deren Besitz aber erst mit dem Westfälischen Frieden völkerrechtlich anerkannt wurde, vor allem den Sundgau und die habsburgischen Besitzungen im Elsass, deren komplizierte herrschaftsrechtliche Struktur noch Anlass künftiger Auseinandersetzungen werden sollte. Hinzu kamen Breisach und Pinerolo als strategisch wichtige Brückenköpfe rechts des Rheins bzw. in Oberitalien. Außerdem erhielt Frankreich ein Garnisonsrecht in Philippsburg. Als der Kurfürst von Trier dieses 1634 eingeräumt hatte, war er von spanischen Truppen gefangen genommen worden, was zum wesentlichen Grund für die französische Kriegserklärung wurde. Im Westfälischen Frieden wurde nun aber nicht zuletzt auf französischen und schwedischen Druck hin auch festgeschrieben, dass die Reichsstände zusammen mit dem Kaiser wichtige Gestalter der Reichspolitik waren und dass sie als eigenständige politische Akteure auch das Recht auf Bündnisse mit auswärtigen Mächten hatten, sofern diese sich nicht gegen Kaiser und Reich richteten. Es wurde damit reichsrechtlich sanktioniert, was schon lange politische Praxis war. Die Protektionspolitik, mit der sich über Generationen hinweg französische Könige mit Reichsständen gegen das als bedrohlich empfundene Haus Habsburg verbündet hatten, war nun anerkannt. Sie sollte auf der Basis des Westfälischen Friedens ihren symbolischen Höhepunkt im Rheinbund erleben, den Mazarin 1658 Ludwig XIV. mit zahlreichen Reichsständen schließen ließ.[30]

Tatsächlich hatte die französische Protektionspolitik allerdings ihren Zenit längst überschritten. Der französische Diplomat und Vertrauensmann Mazarins, Abel Servien, beurteile bereits während der Westfälischen Friedensverhandlungen Protektionsrechte im Vergleich zur Souveränität als »eher belastend denn nutzbringend«.[31] Er und der Kardinal nahmen in ihren Konzepten die auf aggressiven Territorialerwerb angelegte Politik Ludwigs XIV. vorweg. Das Bündnis von 1658 hatten jene Reichsstände, die damit erreichen wollten, dass sie nicht in den weiter andauernden französisch-spanischen Krieg gezogen wurden, Frankreich nahezu hinterhertragen müssen. Von Seiten der französischen Politik war man in dieser Zeit eher darum bemüht, die Kaiserwahl Leopolds I. doch noch zugunsten eines Nicht-Habsburgers zu verhindern, ein allerdings vergebliches Unterfangen. Auch die Idee einer Kaiserkandidatur Ludwigs XIV. kam dabei auf französischer Seite auf, wurde aber wohlweislich nicht offen verfolgt: Das absehbare Scheitern einer solchen Kandidatur hätte dem zu diesem Zeitpunkt brillanten politischen Ansehen des französischen Königs einen herben Tiefschlag versetzt. Ludwigs eigene Politik sollte bald dafür sorgen, dass auch vom Vertrauen der Reichsstände, das ihm mit dem Rheinbund entgegengebracht worden war, kaum etwas übrig blieb. Die klassische französische Protektionspolitik sollte damit ihr Ende finden.

Der Pyrenäenfriede

1659 schloss Frankreich schließlich nach 24 Jahren Krieg auch Frieden mit Spanien. Obwohl es nach wie vor Mazarin war, der die Regierung ausübte und die Verhandlungen zum Teil selbst führte, konnte sich der volljährige Ludwig XIV. mit dem Pyrenäenfrieden erstmals als souveräner König inszenieren.[32] Krieg zu führen und Frieden zu schließen gelten als die prägnanten Prärogativen von Souveränen, aber angesichts dessen, dass der »Kriegskönig« Ludwig XIV. (Joël Cornette) später vor allem den Krieg exzessiv zur Demonstration seiner Souveränität nutzte,[33] gerät leicht aus dem Blick, dass er den Auftakt tatsächlich mit einem fulminanten Friedensschluss machte. Der Pyrenäenfrieden bedeutete das Ende der spanisch-habsburgischen Dominanz in Europa, auch wenn dies in diesem Moment noch nicht klar erkennbar gewesen sein mag. Der Friede war die Ausgangsbasis für den weiteren Aufstieg Frankreichs bzw. der Bourbonen: Die Angst vor einer »Universalmonarchie«, die man in Europa seit mehr als einem Jahrhundert fast schon reflexartig mit den Habsburgern und insbesondere den spanischen Habsburgern verbunden hatte, richtete sich zukünftig gegen Ludwig XIV., auch wenn in der französischen Politik die Angst vor der habsburgischen Umklammerung noch lange virulent bleiben sollte.[34] Konkret erwarb Frankreich im Pyrenäenfrieden das Artois und diverse weitere kleinere Besitzungen in den Spanischen Niederlanden. Mit der Abtretung des Roussillon und der Cerdagne wurden die Pyrenäen zur Grenze zwischen Frankreich und Spanien. Damit wurde zugleich eine alte Kulturlandschaft politisch zerschnitten, denn die Gebiete gehörten zu Katalonien, das sich im Aufstand gegen Spanien 1640 zeitweilig dem Schutz des französischen Königs unterstellt hatte, dessen Bewohner aber nicht erst 1659 von der französischen Expansion ernüchtert waren.[35] Für Ludwig XIV. hatte der Pyrenäenfrieden schließlich auch persönlich einschneidende Konsequenzen: In ihm wurde seine Heirat mit der spanischen Infantin Maria Teresa vereinbart, die aufgrund der habsburgisch-bourbonischen Doppelhochzeit in der Generation zuvor von beiden Elternteilen her seine Cousine war.

Die Heirat mit der spanischen Infantin Maria Teresa (1660)

Eine Ehe zwischen dem französischen König und der ältesten überlebenden Tochter Philipps IV. von Spanien war schon lange eine Wunschvorstellung in der französischen Politik: In Spanien waren, anders als in Frankreich, Frauen berechtigt, den Thron zu erben. Kardinal Mazarin sprach darum bereits 1646 ganz klar aus, dass eine Ehe mit Maria Teresa für Ludwig XIV. die Hoffnung bedeutete, die spanischen Habsburger in ihren umfangreichen weltweiten Besitzungen beerben zu können.[36] Genau deshalb wehrte Philipp IV. sich entschieden gegen eine solche Ehe. Definitiv ausgeschlossen war sie von spanischer Seite zwischen 1646, als Maria Teresa mit dem Tod ihres Bruders Baltasar Carlos präsumtive Thronerbin wurde, bis zur Geburt eines neuen männlichen Thronfolgers, ihres Halbbruders Philipp Prosper, 1657. Der französische Gesandte Hugues de Lionne unternahm noch 1656 bei Verhandlungen in Madrid entsprechende Vorstöße und scheiterte, obwohl er bereit war, Spanien ansonsten zuzugestehen, was immer es wollte.[37] Es ist folglich spekuliert worden, ob nicht ein französisch-spanischer Friede eigentlich unmöglich war in jener Zeit, in der Maria Teresa auf dem ersten Platz der spanischen Thronfolge stand. Frankreich und Spanien haben jedoch auch nach 1646 durchaus ernsthaft verhandelt, der Friede scheiterte letztlich an anderen Punkten.[38]

Die Ehe als Mittel zum Frieden

Die Ehe, die dann im Pyrenäenfrieden 1659 vereinbart wurde, hat allerdings den Frieden erheblich erleichtert. Nun wurde nicht mehr auf klaren Sieg und Niederlage hin gekämpft und verhandelt, sondern es waren Kompromisse möglich. Ludwig XIV. erhielt mit der Option der Erbfolge einen Wechsel auf die Zukunft, den er schon bald weidlich nutzen sollte. Maria Teresa musste zwar gegen eine hohe Mitgift auf ihre Erbansprüche verzichten, doch ist diese Summe nie gezahlt worden, so dass ihr Ehemann die Verzichtsklausel schon deshalb als hinfällig betrachtete. Mazarin hatte ohnehin schon 1646 einkalkuliert, dass ein wie auch immer gearteter Erbverzicht bedeutungslos werden würde, wenn sich der Erbfall erst stellte. Anna von Österreich dachte als älteste Schwester Philipps IV. trotz ihres Erbverzichts auch über ihre eventuellen eigenen Ansprüche nach, sollte auch Maria Teresa etwas zustoßen.[39] Dazu kam es allerdings nicht, und Anna war eine der stärksten Fürsprecherinnen der Ehe ihres ältesten Sohnes mit ihrer Nichte, die eine erneute Vereinigung ihrer eigenen Herkunftsdynastie, der spanischen Habsburger, mit jener der Bourbonen, in die sie eingeheiratet hatte, bedeutete.

Politisch und dynastisch war die Ehe des 21-jährigen Ludwig mit der gleichaltrigen Maria Teresa ein voller Erfolg. Es war ohnehin nicht einfach, für den französischen König eine in Rang und Alter angemessene unverheiratete katholische Kandidatin zu finden, die auch noch politisch opportun war. Maria Teresa war zumindest unter all diesen Kriterien die perfekte Braut. Ihr Vater Philipp IV. zögerte seine Zustimmung allerdings so lange wie möglich heraus. Die französische Seite baute weiteren Druck auf, indem sie demonstrativ begann, über eine Ehe Ludwigs mit einer seiner anderen Cousinen, Margarete von Savoyen, zu verhandeln. Schließlich aber konnte der Herzog von Gramont im Herbst 1659 als symbolischer Brautwerber des Königs nach Madrid reisen.

Doch auch der Bräutigam selbst musste zunächst mühevoll dazu gebracht werden, sich in die Heirat zu fügen: Ludwig XIV. verband eine tiefe Zuneigung mit Maria Mancini, einer der geistreichen und lebhaften italienischen Nichten Mazarins, mit denen er viel Zeit verbracht und die diversen Vergnügungen seiner Jugend geteilt hatte. Nach einem ersten harmlosen Geplänkel mit Marias Schwester Olympia hatte der König bereits eine unglückliche Liebe zu einem jungen Mädchen aus dem Hofstaat seiner Mutter Anna erlebt, die rasch unterbunden worden war. Seine Liebe zu Maria Mancini war Ludwig XIV. dann nicht mehr so ohne weiteres aufzugeben bereit und dachte sogar an eine Heirat. Eine Heirat des Königs, der den höchsten Rang in Europa hinter dem Kaiser beanspruchte, mit der Tochter eines römischen Kleinadeligen war jedoch ausgeschlossen. Sie hätte nicht nur alle anderen in Frage kommenden Kandidatinnen und mit ihnen verschiedene alteingesessene europäische Dynastien düpiert, sondern Frankreich ins politische Abseits katapultiert. So kalkulierte denn auch Kardinal Mazarin für keinen Moment mit einer eventuellen willkommenen Aufwertung seiner eigenen Familie. Vielmehr sah er in der Beziehung Ludwigs zu seiner Nichte eine Gefahr, die leicht in eine politische Katastrophe hätte münden konnte. Die Bemühungen von Jahrzehnten wären damit zunichte gemacht worden. Nach zähem Ringen akzeptierte auch Ludwig XIV. diesen Umstand.

Seiner Heirat mit der Infantin Maria Teresa ging die Trennung von Maria Mancini voraus, die bald darauf einen römischen Adeligen, den Fürsten Colonna, heiratete und Ludwig

Die Heirat mit der spanischen Infantin Maria Teresa (1660)

Um die politische Ehe mit Infantin Maria Teresa einzugehen, verzichtete Ludwig XIV. auf seine Jugendliebe Maria Mancini, eine Nichte Kardinal Mazarins.

danach nie wieder sah. Nach allem was wir wissen, war es das Argument seines Ruhmes (*gloire*), das Ludwig XIV., für den der Ruhm später die Richtschnur all seinen politischen Handelns sein sollte, bereits als jungen Mann überzeugte, gegen seine Leidenschaft zu handeln und Maria Mancini aufzugeben. Von seiner Trauer und seinem Liebeskummer lenkte er sich ab, indem er die Ausstattung seiner Hochzeitsfeierlichkeiten plante. Auch darin erkennt man bereits den glanzvollen Monarchen, dem der äußere Schein wichtig war und der schließlich der zeremoniellen Inszenierung eine neue Dimension verleihen sollte.[40]

Erstes Zusammentreffen

Im Juni 1660 traf Ludwig XIV. in den Pyrenäen erstmals mit seiner zukünftigen Frau zusammen.[41] Nachdem frühere französisch-spanische Verhandlungen immer wieder von heftigen Rangstreitigkeiten geprägt gewesen waren, weil der französische und der spanische König sich gegenseitig ihre Position innerhalb der europäischen Hierarchie streitig machten, war der Pyrenäenfrieden mit großer Umsicht vorbereitet worden: Nach geheimen Verhandlungen in Paris fanden die abschließenden Gespräche auf der Fasaneninsel im Fluss Bidasoa statt. Hier verläuft bis heute die französisch-spanische Grenze. Hier konnte man verhandeln, ohne dass eine der beiden Delegationen ihr Heimatland verlassen musste. Nach Abschluss des Friedens im November 1659 reisten im Frühjahr 1660 beide Könige mit ihrem Gefolge hierher, um die Übergabe der Braut und die Hochzeit zu inszenieren. Während der spanische Hofstaat in Fuenterrabía (baskisch Hondarribia) auf der linken Seite des Bidasoa residierte, bezogen die Franzosen Quartier im ca. 20 Kilometer entfernten Saint-Jean-de-Luz. Zwischen beiden Seiten gab es ein reges Hin und Her. Insbesondere französische Adelige machten inkognito Stippvisiten bei den Spaniern, um ihre künftige Königin und ihr spanisches Umfeld zu betrachten. Anna von Österreich konnte als französische Königin Philipp IV. und seine Tochter nur an der Grenzlinie treffen, an jener Stelle, an der sie selbst einst als Braut übergeben worden war. Es war für sie nach 45 Jahren immerhin die Möglichkeit, ihren Bruder noch einmal in ihrem Leben wiederzusehen. Ludwig XIV., der bereits ungeduldig versucht hatte, etwas über die Eindrücke der anderen zu erfahren oder Mitteilungen von seiner Braut zu erhalten, konnte bei dieser Gelegenheit inoffiziell einen ersten vorsichtigen Blick auf Maria Teresa werfen.

Am 7. Juni holte der König mit seinem Hofstaat Maria Teresa offiziell ein. Auf spanischer Seite war die Hochzeit bereits am 3. Juni stellvertretend in Abwesenheit Ludwigs XIV. geschlossen worden. Obwohl beide Brautleute sich nicht weit voneinander aufhielten, war es undenkbar, dass die Infantin unverheiratet die Grenze überquerte oder dass der französische König seinerseits einen Schritt nach Spanien hinein machte. Das Zusammentreffen an der Grenzlinie auf der Fasaneninsel drei Tage später ist in einer Abbildung dargestellt, die eindrucksvoll vor Augen führt, wie hier zwei Kulturen aufeinandertrafen, von denen die eine Großmacht im Niedergang, die andere eine im Aufstieg war: Auf der einen Seite der gravitätische spanische Hof des alternden Philipp IV., Männer in gedeckten Farben mit altmodischen steifen Kragen, auf der anderen Seite der prunkvolle und bunte französische Hof, dessen Männer und allen voran der junge Ludwig XIV. in der modischen Rheingrafentracht mit zahlreichen Bändern, Schleifen und anderen Verzierungen fast schon geckenhaft wirkten.

Maria Teresa trug den großen Reifrock, der in Spanien noch lange Bestandteil der Hoftracht blieb, während im übrigen Europa Reifröcke schon seit Jahrzehnten aus der Mode waren. Was seiner Trägerin im passenden Umfeld eine würdevolle Erscheinung verlieh, ließ die Infantin hier eher altbacken, wenn nicht bizarr wirken. Es war kein guter Auftakt, dass Ludwig XIV. die nicht sehr groß gewachsene Maria Teresa die ersten Male in dieser aus französischer Sicht »monströsen Maschine« (Madame de Motteville) sah, die man auf Französisch bezeichnenderweise »Infantinnenwärter« (*garde Infante*) nennt.[42] Die Infantin galt ihren Zeitgenossen keineswegs als hässlich, wie es in späteren Darstellungen immer wieder zu lesen ist. In der steifen Aufmachung des spanischen Hofes bot sie allerdings einen seltsamen Kontrast zu den lebhaften modischen Schönheiten, mit denen der junge König ständig umgeben war. Er selbst hatte sich beim ersten Anblick Vertrauten gegenüber überrascht gezeigt von der von ihm als hässlich empfundenen Frisur und Kleidung, aber er bemühte sich tapfer, die Schönheit dahinter zu sehen. Maria Teresa beurteilte das durchaus anders und fühlte sich in der französischen Mode anfangs unwohl.

46　2 Ein junger König zwischen Krieg und Frieden (1643–1661)

Der französische und der spanische Hof trafen 1660 an der Pyrenäengrenze zusammen, um die Infantin Maria Teresa Ludwig XIV. als Ehefrau zu übergeben (Gemälde von Jacques Laumosnier).

Maria Teresa am französischen Hof

Der Abschied von Vater und Tochter war naturgemäß schmerzlich und verlief tränenreich. Anna von Österreich nahm sich ihrer Nichte und Schwiegertochter aber mit großer Umsicht an und scheint für sie rasch zur Ersatzmutter geworden zu sein. Beide haben sich im Folgenden mehrfach in gemeinsamen Doppelporträts darstellen lassen, was neben der Kontinuität der französisch-spanischen bzw. bourbonisch-habsburgischen Verflechtung auch die innige Beziehung der beiden Frauen zum Ausdruck brachte. Am Tag der Übergabe sorgte Anna dafür, dass Maria Teresa in ihrem Quartier rasch ihrer spanischen Kleidung entledigt wurde und dann nur noch leicht bekleidet mit Ludwig zwanglos zu einem Abendessen zusammenkam. Die beiden konnten sich so in einer lockeren Atmosphäre näher kennen lernen. Maria Teresa hatte Glück, dass einige Personen in ihrer neuen Umgebung, allen voran Ludwig und Anna, Spanisch sprachen, denn sie selbst sprach noch kein Französisch. Für Ludwig ging die Ehe mit der Infantin zwar nicht ohne ein schmerzliches Opfer einher, insgesamt aber war sie ein konsequenter weiterer Schritt in seiner Entwicklung zu einem glanzvollen französischen König als Mittelpunkt seines Hofes. Maria Teresa dagegen musste sich nicht nur an neue Personen gewöhnen, sondern in ein neues Umfeld einfügen, das sprachlich, kulturell und in vielerlei anderer Hinsicht völlig anders war als ihr bisheriges. Von der jungen Frau, die die ersten zwei Jahrzehnte ihres Lebens die gravitätische Zurückgezogenheit der spanischen Habsburger im Escorial zelebriert hatte, wurde nun erwartet, sich in einen jungen, quirligen Hof zu integrieren und sich möglichst pausenlos zur Schau zu stellen und darzustellen. Tatsächlich ist ihr ein solcher Wandel oder eine erfolgreiche Symbiose beider Kulturen nie wirklich gelungen. Das neue Umfeld, das ihr Ehemann gerade erst begann, nach seinen Vorstellungen neu zu gestalten, blieb Maria Teresa, die an dieser Gestaltung keinen Anteil hatte und darin nur eine passive Rolle zugewiesen bekam, in manchem fremd. Die französische Königin selbst war zeitlebens umgeben von spanischen Geistlichen, Hofdamen und kleinwüchsigen »Hofzwergen«. Sie blieb so die sichtbare Repräsentantin einer fremden Kultur.

Am 9. Juni erfolgte dann die erneute Eheschließung in Anwesenheit beider Brautleute in der Kirche von Saint-Jean-de-Luz. Maria Teresa trug den lilienübersäten königlichen Habit mit langer Schleppe, der König schlichtes Schwarz. Die anschließende Reise quer durch Frankreich war eine Gelegenheit, das junge Königspaar in der Weite des Landes präsent zu machen, das seine Könige und ihre Familien sonst kaum noch persönlich erlebte. Demonstrativ machte der Hof auch Halt in Bordeaux, das neben Paris ein Zentrum der Fronde gewesen war. Neben dem äußeren konnte dabei auch der innere Friede inszeniert werden.

Anders als ihr Ehemann scheint die Infantin der Eheschließung mit Enthusiasmus entgegengesehen zu haben. Sie zeigte sich ausdrücklich zufrieden darüber, nicht Kaiser Leopold I. heiraten zu müssen, der im Rahmen innerhabsburgischer Eheprojekte einer von verschiedenen Kandidaten war, die für die Infantin in den vorangegangenen Jahren in Erwägung gezogen worden waren. Leopold heiratete später Maria Teresas jüngere Halbschwester Margarita Teresa, und die Konkurrenz zwischen ihm und Ludwig XIV. wurde über mehrere Jahre auch in prunkvollen höfischen Festen zelebriert, in denen beide jeweils ihre Verbindung mit einer Infantin feierten und damit ihren Anspruch auf das spanische Erbe frühzeitig symbolisch demonstrierten.[43]

Es ist schwer zu sagen, ob Maria Teresa sich tatsächlich von Jugend auf in die Liebe zu einem ihr unbekannten Mann hineingesteigert hat, von dem lange keineswegs sicher war, ob er ihr Ehemann werden würde, oder ob sie sich schlicht voller Optimismus in eine Situation begab, an der sie ohnehin nichts ändern konnte. Auf französischer Seite war man jedenfalls beeindruckt von der Liebe, die die Infantin vom ersten Tag in Frankreich an für Ludwig XIV. zeigte, von dem unbedingten Willen, ihm zu gefallen und es ihm recht zu machen, und von dem Eifer, mit dem sie sich in die Hochzeitsnacht stürzte. Sie betonte, in dem französischen König stets ihren zukünftigen Mann gesehen, ja Frankreich und die Franzosen stets geliebt zu haben – eine Behauptung, die kaum glaubwürdig klingt angesichts dessen, dass sich der französische und der spanische König Maria Teresas gesamtes bisheriges Leben lang im Krieg befunden hatten. Sie erklärte ihre Neigung damit, dass ihre Mutter, die 1644 verstorbene Elisabeth von Frankreich, ihr das Glück, Königin von Frankreich zu sein, in ihrer frühen Kindheit in leuchtenden Farben geschildert habe. Es konnte scheinen, als sei ein Kindertraum gegen alle Widerstände wahr geworden. Die positive Einstellung, mit der Maria Teresa in die Ehe hineinging, und die zuvorkommende Art Ludwigs XIV. gegenüber seiner Frau, die diese unter den gegebenen Umständen bereit war, für Liebe zu halten, verhalfen dem Paar zweifellos zu einem besseren Start als man es unter den Umständen oder überhaupt unter den Umständen, unter denen solche Beziehungen geschlossen wurden, befürchten konnte. Auf französischer Seite brachte man der Infantin großes Wohlwollen entgegen, nicht nur wegen der aufgeschlossenen Art, mit der sie sich ihrer neuen Heimat gegenüber präsentierte: Sie symbolisierte nach 24 Jahren Krieg den Frieden, und sie war die hochkarätigste Ehefrau, die Ludwig XIV. in dieser Zeit hatte bekommen können. Frankreich und die Bourbonen waren damit sichtbar unter den ersten Ländern und Dynastien Europas angekommen.

Maria Teresa wurde bald ernüchtert, da ihr Ehemann sie schon nach kurzer Zeit betrog. Die zahlreichen Affären Ludwigs XIV. sind berühmt-berüchtigt und zahlenmäßig nicht einmal genau zu benennen.[44] Dennoch waren sie streng genommen nicht exzessiv für einen Mann, der mit 22 Jahren gegen seinen Willen mit einer Frau verheiratet worden war, die er sich selbst nicht ausgesucht hatte und auf die er nun nicht willens war, sich zu beschränken. Im Prinzip führte er parallel zu seiner Ehe zwei Beziehungen, die durchaus auf Langfristigkeit angelegt waren: zunächst mit Louise de La Vallière, dann mit Françoise-Athénaïs de Montespan. Moralisch haben den König, der sich mit der katholischen Konfession identifizierte, seine Ehebrüche belastet. Als Ludwig nach dem Tod Maria Teresas 1683 heimlich eine zweite Ehe einging mit einer Frau, die er nun selbst gewählt hatte, wurde er mit 45 Jahren zu einem zukünftig treuen Ehemann der Marquise von Maintenon, die seiner ersten Frau durchaus ähnlich war. Die Mätressen Ludwigs XIV. nahmen weder Einfluss auf seine Politik noch in nennenswerter Weise auf die Kultur. Erst bei der Marquise von Maintenon wird auch ein gewisser Einfluss auf den französischen König vermutet. Ludwig, der sich selbst in seiner Regierung als allein entscheidender Herrscher sah und inszenierte, ließ sich nicht das Heft aus der Hand nehmen, weder in der Politik noch in der kulturellen Inszenierung seines Hofes, die wesentlicher Bestandteil dieser Politik war: Wie die Sonne durch nichts in den Schatten gestellt werden kann, so ließ auch der Sonnenkönig es nicht zu, dass irgendwer ihn in seinem Einflussbereich in den Schatten stellte.

Maria Teresas symbolische und dynastische Funktion am französischen Hof war zentral, zumal sie den Bourbonen rasch einen Thronfolger schenkte. Über diese Funktion aber kam sie, abgesehen von kleinen Impulsen, nicht hinaus. Hätte sich die Erbfolgefrage in Spanien noch zu ihren Lebzeiten gestellt oder vielleicht ein vorzeitiger Tod Ludwigs XIV. sie zur Regentin in Frankreich gemacht, wäre Maria Teresa nach der dynastischen Logik der Politik eine historische Rolle zugefallen, die ein angemesseneres Urteil über ihre Begabungen und Ansichten erlaubte. So aber bleibt die Königin an der Seite Ludwigs XIV. relativ blass.[45] Hof und Politik waren auf ihn hin geordnet. Maria Teresa war in dieser Hinsicht die perfekte Gattin für ihren Mann, denn die Hingabe, die sie von Anfang an zeigte, behielt sie zeitlebens bei. Seinem Sohn schilderte Ludwig XIV. die Mutter in seinen Memoiren durchaus enthusiastisch als eine Frau, die in unerreichter Weise Tugend, Schönheit, edle Herkunft, Zärtlichkeit für ihre Kinder sowie Liebe und Respekt für ihren Mann in sich vereint habe.[46] Zu ihren Lebzeiten blieb er ihr gegenüber zumindest aufmerksam. Ansonsten fristete sie am französischen Hof ein eher marginales Dasein, zumal sie mit dem Tod ihres Vaters Philipp IV. 1665 ihren wichtigsten Bezugspunkt zum spanischen Hof verlor und 1666 mit dem Tod Annas von Österreich ihre wichtigste Vertraute und Verbündete am französischen Hof und die vielleicht einzige Person, die in dieser Zeit noch einen gewissen Einfluss auf Ludwig XIV. hatte. Während Maria Teresa ihr Leben zwischen Kinderkriegen, Frömmigkeitsübungen und schließlich auch am Spieltisch verbrachte, machte Ludwig XIV. sich daran, sich seinen Platz in der Geschichte zu erobern.

3 Die Sonne Frankreichs, die Sonne Europas: Ludwig XIV. erfindet sich selbst

Die Sonne Frankreichs

Am 9. März 1661 starb Kardinal Jules Mazarin, der schon seit langem von schweren Krankheiten gezeichnet gewesen war. Ludwig XIV. zeigte offenen Schmerz über diesen Verlust. Er, dem Hierarchie und Zeremoniell zeitlebens wichtig waren, zögerte nicht, für den italienischen Aufsteiger Trauer zu tragen und Hoftrauer anzuordnen, obwohl dies eigentlich nur für den Tod souveräner Fürsten und ihrer Familien vorgesehen war.[1] Der Tod Mazarins bedeutete für den König neben dem Verlust eines Menschen, der ihn von Kindheit an begleitet und beschützt hatte, aber auch einen Neubeginn und eine neue Freiheit. Nun konnte er selbst regieren und sich auch als der selbst regierende Herrscher darstellen, der den Ruhm des politischen Handelns mit niemandem mehr teilen musste.[2]

Selbstherrschaft Ludwigs

1661 begann die sogenannte Selbstherrschaft Ludwigs XIV., die eng verknüpft ist mit der Idee vom absoluten König. Ludwig regierte künftig ohne »Premierminister«, also ohne einen Mann, der die Regierung ausübte und dabei den Monarchen in den Schatten stellte, wie die Kardinäle Richelieu und Mazarin es in den vorangegangenen Jahrzehnten getan hatten. Dennoch gab es auch zwischen der Regierung Mazarins und der Ludwigs XIV. personelle Kontinuitäten. Ludwig XIV. regierte nicht ohne fähige Männer, die seine Regierung erst zu dem machten, was sie war: Jean-Baptiste Colbert, der Handel und Finanzen, aber auch Wissenschaft und Kultur maßgeblich beeinflusste, die Militärpolitiker Michel Le Tellier und sein

Sohn François-Michel Le Tellier de Louvois oder die Außenpolitiker Hugues de Lionne, Simon Arnauld de Pomponne und Charles Colbert de Croissy, ein Bruder von Jean-Baptiste Colbert. Diesen Namen könnten problemlos weitere hinzugefügt werden. Je nach Amt, individuellen Fähigkeiten und Aufgaben, aber auch nach den unterschiedlichen Phasen der königlichen Regierung war diese von diversen Personen und Einflüssen geprägt. Selbst ein souveräner König konnte in seiner Regierung das System aus unterschwelligen Klientelverbindungen und Loyalitäten sowie offizielle Strukturen von Ämterkäuflichkeit und sozialen Hierarchien nicht einfach außer Kraft setzen, sondern musste sich in einem langfristigen Prozess erst selbst behaupten.

Ludwig XIV. war strikt darum bemüht, sich als Alleinherrscher darzustellen, und ließ sich auch im Spiegelsaal von Versailles durch Charles Le Brun entsprechend allegorisch inszenieren.

Eine erfolgreiche Regierung, wie sie die Ludwigs XIV. in vielfacher Hinsicht darstellte, bedurfte aber auch entsprechender Mitarbeiter. So bietet die Regierung Ludwigs XIV. ein vielschichtiges Bild: Der König regierte mit einem großen Kompetenznetzwerk, anders als Richelieu oder Mazarin, die ihre Position erst erkämpfen und halten mussten und für die darum die Loyalität ihrer Mitarbeiter stets das wichtigste Kriterium war.[3] Ludwig XIV. betonte die Bedeutung fähiger Berater und die Notwendigkeit für einen König, sich beraten zu lassen, ausdrücklich in den Memoiren für seinen Sohn.[4] Doch er allein überschaute und steuerte die Regierung und seinen Mitarbeiterstab. Richelieu und Mazarin hatten die Könige, für die sie regierten, Ludwig XIII. und den noch jungen Ludwig XIV., überschattet. Als Ludwig XIV. selbst die Regierung übernahm, erlaubte er hingegen niemandem mehr auch nur einen sichtbaren Platz an seiner Seite. Der Ruhm der Regierung, allerdings auch die Kritik an ihr, fiel alleine auf den König.

Der Fall Fouquet

Symbolträchtiges Opfer des neuen Regierungsstils war der *Surintendant des Finances*, Nicolas Fouquet, der am 5. September 1661 wegen Veruntreuung verhaftet wurde. Am Ende des 3-jährigen Prozesses hatte Ludwig XIV. sich in einer zähen Machtdemonstration gegen die zahlreichen Sympathisanten seines ehemaligen Regierungsmitglieds durchgesetzt. Die Richter verurteilten Fouquet allerdings nicht wie vom König gewünscht zum Tode, sondern zu lebenslanger Verbannung. Ludwig XIV. wandelte dieses Urteil in lebenslange Haft um. Fouquet, der schon als Nachfolger Mazarins gehandelt worden war, starb 1680 in der savoyischen Festung Pinerolo. Das Amt, das er inne hatte und das ihm zum Verhängnis werden sollte, lässt sich nur unzureichend mit dem eines Finanzministers übersetzen. Die Aufgabe des Amtsinhabers war es, der Regierung das Geld zu besorgen, das sie benötigte. Im Gegenzug konnte er weitgehend unkontrolliert die Einnahmequellen des Staates verwalten und das Amt, das mit der Absetzung Fouquets abgeschafft wurde, für sich nutzen. Nach den bis 1661 gültigen Maßstäben hatte Fouquet alles richtig gemacht und sich sogar in seinem Amt eher verschuldet, um die Regierungsausgaben decken zu können, als bereichert, wie ihm vorgeworfen wurde. Dabei hatte er den sozialen Aufstieg seiner Familie nach dem Vorbild anderer erfolgreicher Männer seiner Zeit vorangetrieben: Er hatte eine breite Klientel aufgebaut, die ihn unterstützte, hatte seit 1653 als *Surintendant des Finances* das durch Kriege und Krisen geschüttelte Finanzsystem vor dem Kollaps bewahrt und sich aus seinem Amt heraus eine politische Machtbasis geschaffen. Er bot sich damit als neuer Premierminister an. Er war aber ein bedrohlicher Konkurrent nicht nur für andere Politiker, von denen vor allem Jean-Baptiste Colbert aktiv an seinem Sturz und seiner Verurteilung mitarbeitete, sondern auch für einen König, der selbst regieren wollte. Ganz im Stil der Zeit repräsentierte Fouquet seine Macht und seinen Reichtum durch Mäzenatentum, Kunstsammlungen und Bautätigkeit. Er zielte damit nicht allein auf Wirkung in der Gesellschaft, sondern signalisierte, dass dem König mit ihm ein potenter Mitarbeiter zur Verfügung stand. Gerade damit aber traf er den Nerv des jungen Monarchen.

Fouquets Verhaftung war längst beschlossen, als er Ludwig XIV. mit seinem Hof am 17. August 1661 zu einem großen Fest in seinem neu erbauten Schloss Vaux-le-Vicomte ca. 50 Kilometer südöstlich von Paris empfing und mit einer Fülle sinnlicher Eindrücke von musikalischen Darbietungen, über Theater, Ballett und Feuerwerk bis hin zu exquisiten Tafelfreuden unterhalten ließ, die von herausragenden Künstlern der Zeit gestaltet waren. Auch wenn die gesamte Darstellung den König in den Mittelpunkt stellte, so war diese luxuriöse Zurschaustellung eines seiner Untertanen ein Affront für einen Herrscher, der selbst auf der Suche nach historischer Geltung war. Ludwig XIV. hat an jenem berühmt-berüchtigten Tag in Vaux-le-Vicomte nicht nur wichtige Impulse für den Ausbau des Schlosses und des Gartens von Versailles und ihre festliche Nutzung und Inszenierung erhalten. Er band künftig auch die von Fouquet protegierten Architekten, Künstler und Literaten wie Louis Le Vau, André Le Nôtre, Charles Le Brun oder Molière an sich und schlachtete darüber hinaus das Schloss und die Sammlungen seines vormaligen Finanzpolitikers bis hin zu den Orangenbäumen aus. Was für Fouquet das Ende seiner Karriere und seines gesamten bisherigen Lebens bedeutete, gereichte dem König, dem er sich hatte empfehlen wollen, in vielfacher Hinsicht zum Vorteil. Dieser spielte dabei die Rolle des

Unter den zahlreichen Mitarbeitern Ludwigs XIV., die hinter seiner »Selbstherrschaft« standen, war der 19 Jahre ältere Jean-Baptiste Colbert vielleicht der bedeutendste, weil er die wirtschaftlichen Grundlagen der königlichen Politik schuf (Philippe de Champaigne 1655).

liebenswürdigen Monarchen, die er zeitlebens perfekt beherrschte, auch Fouquet gegenüber, und ließ ihn bis zum Schluss im Unklaren über sein bevorstehendes Schicksal.[5]

Die Entwicklung eines neuen Regierungsmodells

Wenn es die Zeitgenossen überraschte, dass Ludwig XIV. mit einem Regierungsmodell brach, das sich für die Krone als durchaus erfolgreich erwiesen hatte, so überraschte sie erst recht, mit welcher Konsequenz er seine Selbstherrschaft im Folgenden praktizierte. Nach dem äußeren Eindruck hatte sich der junge König bisher vor allem diversen Vergnügungen hingegeben und war von Mazarin leicht zu lenken gewesen. Ludwig XIV. selbst erklärte diese Zurückhaltung später mit seiner Zuneigung zu Mazarin und dem Wunsch, die nach der Fronde gerade erst wiederhergestellte Ruhe nicht zu gefährden.[6] Tatsächlich war es durchaus geschickt, die Regierung noch eine Weile in den Händen des erfahrenen Politikers zu belassen, der viel älter war als der König und schon aufgrund seiner zunehmenden Krankheiten nach menschlichem Ermessen kein langes Leben mehr vor sich hatte. Als der Kardinal schließlich starb, war der König, der die Regierung nun selbst an sich nahm, erst 22 Jahre alt, hatte aber über einen langen Zeitraum hinweg die Regierungsgeschäfte beobachtet und begleitet, ohne bereits Entscheidungen treffen zu müssen. 1661 nahm er dann die Zügel mit einem disziplinierten Tagesablauf, der die Regierungsarbeit mit höfischer Repräsentation und Divertissements eng vertaktete, selbst in die Hand. Was zunächst nach dem Eifer des Neubeginns aussah, hielt Ludwig XIV. zeitlebens durch. Weder anderweitige Ablenkungen noch persönliche Krisen oder auch Krankheit hielten ihn davon ab. Selbst am Tag einer Fisteloperation ließ er sein Ratsgremium an seinem Krankenbett tagen.[7] Es war diese Disziplin, die das sorgfältig inszenierte Bild vom Selbstherrscher überhaupt erst glaubhaft machte.

In seinen Memoiren betonte Ludwig XIV. den »großen Schmerz«, den er von Kindheit an empfunden habe über jene Könige in der Geschichte, »die sich dem Nichtstun hingaben und sich von einem Majordomus leiten ließen«.[8] Seinem Sohn legte er ans Herz, dass ein Reich sich nur so halten lasse, wie es erworben werde, nämlich durch »Kraft, Wachsamkeit und Arbeit«[9]. Auch wenn er sich dabei selbst stilisierte, so geben seine Schilderungen doch ein klares Zeugnis davon, welche Befriedigung Ludwig XIV. aus der Regierungsarbeit zog und wie sehr er das Privileg zu würdigen wusste, die Geschicke seines Landes und der Geschichte aktiv gestalten zu können.[10] Dass er dies über fünf Jahrzehnte und noch im hohen Alter auch tatsächlich tat, zeigt, dass Ludwigs XIV. Gestaltungswille mehr war als ein nach außen getragenes Selbstbild oder momentaner Eifer. Die Berichte seiner Ärzte zeigen in ihrer kontinuierlichen Berichterstattung, dass der König zwar von guter Gesundheit war, aber nicht so vor Vitalität strotzte, wie es seine Selbstdarstellung mitunter suggerierte. Gerade an diesem Beispiel aber zeigt sich die Hartnäckigkeit seines Handelns, dass er als Mensch von normaler physischer Konstitution auch in Phasen von körperlicher Schwäche nicht von seiner Routine und seinen selbst gesetzten Vorgaben abwich. Man muss zugestehen, dass auch viele andere frühneuzeitliche Herrscher durchaus disziplinierte Arbeiter waren und dass ein weniger begabter Herrscher wie Ludwig XIII. durchaus Größe bewies, wenn er die Regierung in die Hände von Richelieu und Mazarin legte.[11] Ludwig XIV. sticht heraus, weil er den Willen, selbst zu handeln, mit langfristiger Konsequenz verband: Kaiser Leopold I. zeigte sich vier Jahre nach Ludwig XIV. und nach dessen Vorbild fest entschlossen, ebenfalls selbst zu regieren, scheint dies aber nicht in gleicher Weise durchgehalten zu haben oder aber hielt eine derart starke monarchische Selbstdarstellung auf die Dauer zumindest nicht für ratsam.[12]

Die Selbstreflexion Ludwigs XIV. lässt einen Willen zur Tat erkennen. Es ist kaum vorstellbar, dass er jemals hätte ein König werden können, der die Herrschaft, die ihm von Geburt an zustand, einem anderen überließ, wie sein Vater es getan hatte. Ludwig XIV. lebte damit aber nicht nur sein eigenes Bild vom Königtum, sondern er näherte sich dem allgemeinen Ideal des Königs weiter an als viele seiner Vorgänger. Nach Religions- und Bürgerkriegen, nach der Ermordung Heinrichs IV. und zuletzt nach der Fronde war Widerstand gegen die Krone zunehmend delegitimiert. Heinrich IV. und nach ihm die Kardinäle Richelieu und Mazarin hatten Strukturen aufgebaut, von denen aus Ludwig XIV. sich optimal entfalten konnte. Vor allem aber war er die Persönlichkeit, die diese Grundlagen nutzte. Ludwig XIV. entsprach mit seiner Tatkraft dem Wunsch nach einem starken König, wie er in Frankreich in den vergangenen 100 Jahren eher selten regiert hatte.

Theoretische Grundlagen der Regierung Ludwigs XIV.

Das neue starke Königtum Frankreichs kam aber nicht nur aus der Praxis königlicher Regierung, sondern auch aus einer entsprechenden Theorie. Wichtige theoretische Grundlagen der weiteren Herrschaftsentwicklung und des weiteren Herrschaftsverständnisses nicht nur in Frankreich hatte im späten 16. Jahrhundert der Jurist Jean Bodin als Gegenmodell zu den zeitgenössischen Wirren der französischen Religionskriege geliefert.[13] Es war die Theorie vom souveränen Königtum, die zugeschnitten war auf den französischen König, obwohl diese Theorie in Bodins Zeit eher Wunschvorstellung als Realität war. Doch Bodin brachte die zeitweilig brachliegenden Entwicklungstendenzen Frankreichs auf den Punkt und formulierte ein Leitbild, anhand dessen das Land sich weiterentwickeln konnte. Denn Frankreich war trotz zeitweiliger Stagnation im 16. Jahrhundert bereits auf dem Weg hin zum modernen Staat weit vorangeschritten. Jean Bodins *Sechs Bücher über den Staat* (*Six livres de la république*) von 1576 haben als Theorie des souveränen Staates einen festen Platz in der Geschichte der modernen Staatstheorie. Ludwig XIV. war der erste Herrscher, der diesen Begriff von Souveränität konsequent umsetzte, indem er Kriegführung und Friedenschließen, die als signifikante Merkmale von Souveränität gelten, demonstrativ ausübte und indem er alles herrschaftliche Handeln und jeden Ausdruck oberster obrigkeitlicher Zuständigkeit nicht nur in der Praxis, sondern auch in Begrifflichkeit und Symbolik auf sich lenkte: So genügte es ihm nicht, den obersten Gerichtshöfen die Grenzen ihrer Kompetenzen aufzuzeigen, sondern sie mussten auch ihre bisherige Bezeichnung als »souveräne Gerichtshöfe« (*cours souveraines*) in oberste Gerichtshöfe (*cours supérieures*) ändern. Kein Gedanke sollte mehr daran aufkommen, sie seien Teilhaber der Souveränität, die der König allein für sich reklamierte.[14]

Es ist allerdings weniger der allgemeine Begriff der Souveränität, den man mit Ludwig XIV. verbindet, als vielmehr der Begriff des Absolutismus, der für ein Herrschaftssystem steht, für das der französische König als Modell gilt und das in fast jedem Schulbuch zu finden ist. Die historische Forschung sieht diesen Begriff seit langem kritisch, ist er doch nicht zeitgenössisch, sondern wurde in späteren Epochen als Kritik und zur Abgrenzung verwendet.[15] Ludwig XIV. strebte durchaus danach, seinen Willen »absolut« zu machen[16], aber der Begriff des absoluten Herrschers war in der politischen Sprache nicht neu. Er wurde verwendet, um die Souveränität und die Autorität von Fürsten gegen vermeintliche Übergriffe und als unberechtigt angesehene Versuche der Herrschaftskontrolle abzugrenzen. In der Praxis erwies sich dann, in welchem Maße ein Herrscher sich davon tatsächlich lösen konnte. Ludwig XIV. war aber in der Praxis keineswegs »losgelöst«, wie es der Begriff des Absolutismus wörtlich suggeriert. Ein geschlossenes Herrschaftssystem oder eine zeitgenössische Systemtheorie des Absolutismus gab es nicht. Auch Ludwig XIV. war nicht uneingeschränkt frei zu tun, was er wollte. Jede Herrschaftstheorie seiner Zeit sah den König eingesetzt von Gott und verpflichtet auf die göttliche Ordnung, die ihrerseits das Gesamtwohl strukturierte. In der Herrschaftspraxis war Ludwig XIV. gebunden durch Traditionen, durch den katholischen Glauben, durch seine Dynastie oder auch durch die französischen Fundamentalgesetze. So erlegte bereits das *Salische Gesetz* jedem französischen König größere Restriktionen auf als den Habsburgern, die viele ihrer Herrschaftsgebiete immer wieder durch Erbverträge und individuelle Regelungen innerhalb der Familie nach Gutdünken vergaben. Ludwig XIV. sah sich selbst allerdings durch keine weltliche Macht eingeschränkt.

Der französische Theologe und Prediger Jacques-Bénigne Bossuet, der unter anderem die Leichenpredigten auf Anna von Österreich, auf Ludwigs Schwägerin Henriette und auf Königin Maria Teresa verfasste und der zum Ausbilder des Dauphin berufen wurde, unterstrich diese Sicht in Abhandlungen, die zur weiteren systematischen Unterweisung des Thronfolgers dienten. Sie wurden aber auch für eine breitere Leserschaft gedruckt. Es waren theologische Abhandlungen, die auch die Geschichte und die Politiktheorie aus theologischen Grundlagen heraus erarbeiteten. Öffentlichkeitswirksam waren darüber hinaus Bossuets Reden und Predigten. Die Werke dieses französischen Theologen sind einschlägige Quellen zum spezifischen Herrschaftsverständnis Ludwigs XIV.[17] Bossuet strich die absolute königliche Autorität heraus, grenzte diese aber auch zugleich klar von Willkürherrschaft ab. Der König war mit seinem gesamten Gemeinwesen auf Gott und den christlichen Glauben hin geordnet, so dass Bossuet den Monarchen den Gesetzen ebenso verpflichtet sah wie dem Gemeinwohl. Allerdings gab es keine weltliche Instanz, die diese Verpflichtung kontrollierte, und kein Recht, sich dem König entgegenzustellen. Dies war der Gegenentwurf zu den Bürgerkriegen, Aufständen, Königsmorden oder auch den adeligen Parallelstrukturen, die Frankreich in den vorangegangenen Generationen geprägt hatten. Die Monarchie wurde dabei in einer neuen Weise sakralisiert, die der Tendenz zur Säkularisierung der Politik zuwiderlief.[18] Ludwig XIV. selbst, der sich als König von Gottes Gnaden, aber auch mit seiner Person durch seine Geburt Frankreich in besonderer Weise von »Gott gegeben« betrachten konnte, verstand es dabei, seine eigene Religiosität mit den Bedürfnissen seiner Herrschaft untrennbar zu verknüpfen und den katholischen Glauben selbst in Frankreich nach diesen Bedürfnissen zu formen.

Das von Bossuet formulierte und von Ludwig XIV. praktizierte Herrschaftsverständnis wurde in Europa bald imitiert, aber auch kritisiert. Plakativ wurde es später mit dem Begriff des Absolutismus belegt als Begriff einer kritischen Abgrenzung, aber auch als Begriff einer Epoche, in der Herrscher in ganz Europa in Anlehnung an den französischen König vermeintlich nach Loslösung von Kontrolle und Mitsprache strebten oder sie sogar erreichten. Bossuet sah in den Verpflichtungen des Königs reine Selbstverpflichtungen. Die französischen Aufklärer setzten Staat und Gesellschaft, wie sie unter Ludwig XIV. und seinen Nachfolgern existierten und legitimiert wurden, Forderungen nach Gewaltenteilung und individuellen Menschenrechten entgegen. Auch wenn Ludwig XIV. nicht nur Sachzwängen unterworfen blieb, sondern zudem seine Pflichten als König in dem von Bossuet formulierten Sinn durchaus ernst

Jacques-Bénigne Bossuet lieferte wichtige theologische Grundlagen für das Herrschaftssystem Ludwigs XIV., das später oft als »Absolutismus« bezeichnet wurde. Er wurde 1702 in einem imposanten Porträt von Hyacinthe Rigaud dargestellt, der auch den König herrschaftlich inszenierte.

genommen hat, so konnte er doch eine Repräsentation unterschiedlicher gesellschaftlicher Gruppen und ihrer Interessen alleine naturgemäß nicht leisten. Kritik an seinem Handeln konnte er ausweichen. Selbst wenn er einige Fehler im Laufe der Jahre einsah und zu korrigieren versuchte, so hatten seine Untertanen in einem Herrschaftssystem, in dem der König allein sich alle wichtigen Entscheidungen vorbehielt, die Konsequenzen zu tragen: Kriege, ständig wachsende Abgaben oder auch das Verbot der lang etablierten hugenottischen Konfession. Die Folgen des selbstherrlichen Handelns Ludwigs XIV. reichten weit über Frankreich hinaus.

Die Sonne seiner Familie

Die wachsende Selbstherrlichkeit Ludwigs XIV. traf dabei keineswegs nur die Masse seiner Untertanen, die ambitionierten Adeligen des Hofes und der Regierung oder andere politische Akteure in Europa, sondern auch die Mitglieder seiner eigenen Familie. Dazu gehörten neben seiner Ehefrau und engen Blutsverwandten – seiner Mutter Anna, seinem Bruder Philippe, seinem Onkel Gaston und dessen Töchtern – zahlreiche weitläufige Verwandte, insbesondere die sogenannten Prinzen von Geblüt, die in männlicher Linie von französischen Königen abstammten und damit thronfolgeberechtigt waren. Ludwig XIV. war in Frankreich nicht nur der König, sondern das Oberhaupt des »Hauses Frankreich«, der großen königlichen Familie.[19] Da es für eine Herrscherdynastie keine Trennung zwischen Privatem und Politischem gab, hätte jeder, der an Beliebtheit, an öffentlichem Ansehen, an Profil gewann, die souveräne Position des Königs gefährden können. Er selbst verlor jedoch ohne nennenswerte Konkurrenz oder Kontrolle zunehmend den Maßstab für eine angemessene Selbstbeschränkung. In seinem engeren Familienumfeld war Ludwig XIV. dabei mit Personen umgeben, die ihm seine Rolle nicht streitig machten, sondern sich mit dem Platz in seinem Schatten begnügten. Seine Ehefrau Maria Teresa versuchte nicht als Repräsentantin oder Vermittlerin zu ihrer habsburgischen Familie aufzutreten. Seine Mutter, die die Regierungsgeschäfte vorbildlich geführt hatte, akzeptierte klaglos, dass ihr Sohn sie 1661 aus dem *Con-*

seil, dem obersten Ratsgremium, entfernte. Anders als sein Vater Ludwig XIII., der sich erst gegen seine Mutter Maria von Medici hatte an die Macht putschen müssen und noch lange weiterhin gegen sie und seinen aufmüpfigen Bruder Gaston kämpfte, blieb Ludwig XIV. von familiären Turbulenzen verschont, obwohl oder vielleicht auch weil er von Anfang an konsequent als dominanter Patriarch auftrat.

Philippe d'Orléans

Dieses Vorgehen traf auch seinen Bruder Philippe.[20] Als jüngerer Bruder des Königs traditionell als *Monsieur* tituliert, war er bis zur Geburt von Ludwigs erstem Sohn 1661 präsumtiver Thronfolger und stand danach immerhin noch auf Platz zwei der Thronfolge. Niemals aber wurde er ernsthaft als potenzieller König behandelt. Schon als Kind und als Jugendlicher nahm er in seiner Familie stets deutlich den Platz hinter seinem älteren Bruder ein, und daran sollte sich zeitlebens nichts ändern. Mit dem Tod seines unkonventionellen Onkels Gaston 1660 verlor er die vielleicht einzige wirkliche Bezugsperson unter seinen Verwandten, auch wenn sich Anna von Österreich angesichts der Entwicklung ihres älteren Sohnes ihrem jüngeren angenähert zu haben scheint.

Philippe d'Orléans war homosexuell oder bisexuell und unterhielt eine über Jahrzehnte bis zu seinem Tod andauernde Beziehung zu Philippe de Lorraine, einem jüngeren Sohn aus einer Seitenlinie des Hauses Lothringen.[21] Der *Chevalier de Lorraine* war von unruhigem Charakter. Mehrfach sorgte er für Ärger und wurde vom Hof entfernt, durfte aber aufgrund der engen Verbindung zu Philippe d'Orléans, wieder zurückkehren. Die königliche Familie arrangierte sich mit der Situation, und der Chevalier war insbesondere für Ludwig XIV. mitunter durchaus nützlich, weil er starken Einfluss auf Philippe d'Orléans hatte.

Der Bruder des Königs beugte sich dem dynastischen Zwang zur Eheschließung. 1661 heiratete er seine Cousine Henriette, die Schwester Karls II. von England, die ihr ganzes Leben in Frankreich verbracht hatte, Französisch als Muttersprache sprach und mit Philippe von Kindheit an bekannt war.[22]

Durch die Wiederherstellung der Monarchie in ihrem Heimatland 1660 wurde sie zu einer akzeptablen Partie. Philippe ging zunächst durchaus mit Begeisterung in diese Ehe. Er, der sich gerne mit Frauen umgab und selbst gelegentlich Frauenkleider trug, zeigte sich von seiner 16-jährigen Braut überaus angetan. Die ersten ehelichen Annäherungen verliefen allerdings für beide Beteiligten wenig erbaulich. Ausgerechnet Ludwig XIV. begann dann einen Flirt mit der frisch angetrauten Frau seines Bruders. Es ist unklar, wie weit diese Beziehung ging, aber sie wurde durch das energische Eingreifen der Familie rasch unterbunden. Der König behielt jedoch zu seiner Schwägerin ein besonderes Vertrauensverhältnis, schon wegen ihrer engen Verbindung zu ihrem Bruder Karl II., die politisch für beide Seiten nützlich war. Als Henriette den 1670 zwischen Ludwig XIV. und Karl II. geschlossenen Geheimvertrag von Dover mit verhandelte, blieb Philippe ausgeschlossen.[23] Glücklich wurde die Ehe nicht, doch das Paar wahrte nicht nur nach außen die Form, und Henriette war regelmäßig schwanger. Zwei Töchter sollten das Erwachsenenalter erreichen und boten dem König die Möglichkeit einer aktiven dynastischen Heiratspolitik: Anne Marie heiratete 1684 den Herzog von Savoyen und festigte so die stets instabile Bündnispolitik gegenüber dem Herzogtum. Die Eheschließung Marie Louises mit Karl II. von Spanien fünf Jahre später, die der Sache nach die Vereinigung zweier unglücklicher junger Menschen war, war zeremoniell eine erneute Verbindung zwischen Europas führenden Königreichen und wurde von Ludwig XIV. entsprechend zu einem der Höhepunkte symbolischer Darstellung und Interaktion seines Hofes genutzt.[24]

Als Henriette 1670 mit nur 26 Jahren nach plötzlichen Koliken innerhalb weniger Stunden überraschend starb,[25] versuchten Ludwig XIV. und Philippe eine Ehe mit einer weiteren Cousine, Anne Marie de Montpensier, der ältesten Tochter ihres Onkels Gaston, auszuhandeln. Auch die *Grande Mademoiselle* kannten beide Brüder schon als Kinder. Sie war 13 Jahre älter als Philippe, besaß ein beträchtliches Vermögen, und auch zu dieser Ehe war Philippe durchaus geneigt. Mademoiselle de Montpensier selbst allerdings, die sich bei diesen Plänen deutlich instrumentalisiert sah und sich ohnehin gerade in einen anderen Mann verliebt hatte, hatte keinerlei Interesse und lehnte ab.[26]

Schließlich heiratete Philippe d'Orléans, 1671 in zweiter Ehe die älteste Tochter des Kurfürsten von der Pfalz, Elisabeth Charlotte, besser bekannt als Liselotte von der Pfalz. Ihre zahlreichen Briefe sind eine wichtige, allerdings höchst subjektive Quelle zur Geschichte des Hofes Ludwigs XIV. Anders als bei seiner Eheschließung mit Henriette von England oder dem Projekt einer Ehe mit Mademoiselle de Montpensier hielt sich Philippes Begeisterung dieses Mal zunächst in Grenzen, auch wenn jede Ehe für den knapp gehaltenen Bruder des Königs mit einer willkommenen Finanzspritze verbunden war. Mit Philippe und Elisabeth Charlotte trafen zwei komplexe Charaktere aufeinander, die verschiedenen Kulturen, Sprachräumen und Konfessionen entstammten und völlig unterschiedlich aufgewachsen waren. Anders als ihr Ehemann war Elisabeth Charlottes Schwager rasch angetan von ihrer direkten, robusten Art.[27] So war auch Philippes zweite Ehefrau, ohne dass die Grenzen des Anstands jemals überschritten worden wären, mehr auf Ludwig XIV. hin orientiert denn auf ihren Ehemann. Sie unterschied sich damit im Prinzip nicht vom gesamten Hof des Königs. Insgesamt aber verlief die zweite Ehe von Philippe d'Orléans in den ersten Jahren erstaunlich gut, vielleicht auch, weil beide Ehepartner mit dem notwendigen Pragmatismus in die Beziehung gingen und auf dieser Grundlage durchaus Sympathie füreinander entwickelten. Insbesondere in Krisenzeiten war Philippe ein aufmerksamer Ehemann, der seine Frau in schwerer Krankheit sogar aufopferungsvoll selbst pflegte.[28] Aus dieser Ehe ging der künftige Regent für den minderjährigen Ludwig XV., Philippe II. d'Orléans, hervor. Dessen Ururenkel Louis-Philippe bestieg 1830, nach der Absetzung des Bourbonen Karl X., als letzter französischer König den Thron. Somit verdrängte das Haus Orléans aus der von Philippe begründeten männlichen Linie, wenn auch nur noch für kurze Zeit, am Ende schließlich doch noch die männliche Nachfolgelinie Ludwigs XIV.

Ein offensichtlicher dynastischer oder persönlicher Triumph blieb dem Bruder Ludwigs XIV. zu seinen Lebzeiten versagt, doch immerhin bediente sich der König seiner Nichten für eine dynastische Heiratspolitik, die er mangels eigener legitimer Töchter in dieser Form sonst nicht hätte betreiben können. Philippes Töchter Marie Louise, Anne Marie und Elisabeth Charlotte wurden nach Spanien, Savoyen und Lothringen verheiratet. Der König bezog seinen Bruder aber in keiner Weise in die Regierung ein und auch ein Gouvernement, das seinen politischen Einfluss gesteigert und seine finanzielle Situation verbessert hätte, blieb ihm verwehrt.[29] Nachdem Philippe im Krieg gegen die Niederlande 1677 überraschend einen überragenden Sieg in der Schlacht bei Cassel erfochten hatte und sich damit einen plötzlichen öffentlichen Ruhm erwarb, der den Glanz seines Bruders hätte trüben können, beendete dieser auch seine militärische Karriere.[30] Philippe lehnte sich nicht gegen die ihm zugewiesene Rolle auf. In vielem war er seinem Bruder durchaus ähnlich. Beide verband ein tiefgehendes Interesse an Kunst und Kultur, Charme, aber auch die tiefe, durch ihre Mutter Anna vermittelte, Religiosität und Familiensinn. Philippe aber war, sei es aus Neigung, sei es durch Erziehung, der sanftmütige der beiden Brüder, den weniger Tatkraft und Durchsetzungswille als vielmehr Nachgiebigkeit auszeichnete und der insbesondere die Führungsrolle des Königs niemals in Frage stellte. Wie viele politisch unbedeutend gewordene Hochadelige im Umfeld Ludwigs XIV. ergab sich auch dessen Bruder schließlich einem Leben in luxuriöser Belanglosigkeit.

Umgang mit der Familie

Ludwig XIV. war ein Familienmensch, der seine Verwandten seiner Liebe versicherte und der sich zärtlich um seine wachsende Anzahl ehelicher und vor allem unehelicher Kinder kümmerte. Er war aber auch das unbestrittene Oberhaupt seiner Familie. So wie er in seinem Königreich und in seiner Regierung niemanden neben sich duldete, so galt dies auch innerhalb der Familie. Selbst sein ältester Sohn, der ihm hätte auf den Thron folgen sollen, musste sich zeitlebens dieser Logik beugen, nachdem der König ihn bereits einer strikt reglementierten Erziehung unterworfen hatte, die sich mit ihren hohen Ansprüchen von seiner eigenen deutlich unterschied.[31] Auch die von Ludwig XIV. für den Thronfolger verfassten Memoiren zeugen davon, dass der König selbst die Regierung nach ihm noch mit gestalten wollte. Dennoch wurde der Dauphin, der 1711 verstarb und somit nie auf den Thron kommen sollte, ein wichtiger Vertrauter seines Vaters.[32]

Ludwig XIV. stieß die Menschen, die ihm nahe standen, mit seinem selbstherrlichen Handeln oftmals vor den Kopf, auch wenn er sie offensichtlich mit seiner Freundlichkeit, mit Charme und Charisma immer wieder zu gewinnen vermochte. Seine Frau Maria Teresa, die dem König schon nach kurzer Ehe 1661 den erhofften Thronfolger Ludwig geschenkt hatte, betrog er bereits in dieser Zeit mit Louise de La Vallière, einem jungen Mädchen, das naiv in diese Beziehung hineingeriet, die ihr zudem stets Skrupel bereiten sollte. 1667 ersetzte er sie durch die vier Jahre ältere Françoise-Athénaïs de Montespan, die verheiratet und bereits Mutter zweier Kinder war und durch die Beziehung zum König die Möglichkeit erhielt, aus einer leidenschaftlichen, aber von ständigen Geldsorgen belasteten Ehe auszubrechen. Die mondäne und geistreiche Schönheit verkörperte das neue, repräsentative Frankreich des »Sonnenkönigs« weitaus besser als Louise de La Vallière. Ludwig XIV. verlieh seiner ehemaligen Geliebten zwar noch den Titel einer Herzogin, verfuhr mit ihr danach aber nicht weniger kaltherzig wie mit seiner Ehefrau. Noch mehrere Jahre musste die Herzogin von La Vallière gegen ihren Willen am Hof leben, um die neue Beziehung des Königs zu verschleiern, denn der Ehebruch mit der ihrerseits verheirateten Marquise von Montespan wog moralisch doppelt schwer, zumal ihr Mann sich nicht bereit zeigte, dies einfach hinzunehmen. So wurde der Herzogin von La Vallière erst 1674 zugestanden, sich zurückzuziehen und in ein Kloster einzutreten.[33]

Es war von Anfang an nicht lange möglich, der ohnehin eifersüchtigen Maria Teresa die Affären ihres Mannes zu verheimlichen. Andererseits gab es nichts, was sie dagegen tun konnte, zumal auch sie dem König gegenüber, der zumindest seine ehelichen Pflichten nicht vernachlässigte, letztlich stets geduldig und fügsam blieb. Erschwerend kam hinzu, dass Maria Teresa nach dem Dauphin zwar noch drei Töchter und zwei weitere Söhne zur Welt brachte, dass aber keines dieser Kinder längere Zeit lebte. So blieb der Thronfolger Ludwig das einzige seiner legitimen Kinder, das Ludwig XIV. heranwachsen sah, wobei er letztlich selbst dieses noch überleben sollte. Louise de La Vallière und nach ihr Françoise-Athénaïs de Montespan verdankte der König dagegen zahlreichen weiteren Nachwuchs, den er sämtlich gut versorgte, legitimierte und hochrangig, zum Teil innerhalb seiner eigenen Dynastie, verheiratete.[34] Für seine uneheliche Tochter Françoise Marie konnte er 1692, unter Zahlung großer Summen und der Bewilligung anderer Privilegien, die Ehe mit dem Sohn und Erben seines Bruders Philippe arrangieren.[35] Auch wenn außereheliche Affären nichts Ungewöhnliches waren, so ist doch bemerkenswert, wie sehr Ludwig XIV. bei allen religiösen Bedenken spätestens nach dem Tod seiner Mutter seine Beziehungen zelebrierte und seine unehelichen Kinder offen als Teil seiner Familie betrachtete.

Es war ein tiefer Einschnitt für Ludwig XIV. und seine Familie, als Anna von Österreich 1666 an Brustkrebs starb, der sich bereits 1664 gezeigt und immer weiter ausgebreitet hatte. Ihr langsamer, qualvoller Tod schweißte alle für eine Weile enger zusammen. Doch mit ihr verschwand eine ausgleichende Kraft, die selbst in ihrer schweren Krankheit vermittelnd zwischen Ludwig XIV. und seinem Bruder Philippe gewirkt, sich schützend vor Maria Teresa gestellt und immer noch als moralische Instanz auf ihren Sohn, den König, eingewirkt hatte. Die fest im katholischen Glauben verwurzelte Anna war zunehmend befremdet durch die amourösen Eskapaden ihres ältesten Sohnes, die er als verheirateter Mann unter den Augen seiner Mutter mit seiner eigenen Schwägerin Henriette begann und mit Louise de La Vallière lückenlos und immer systematischer fortsetzte. Philippe erwies sich dagegen als fügsamer Sohn, der sich um die sterbende Mutter mit Hingabe kümmerte. Anna hinterließ den Großteil ihres Vermögens ihrer Enkelin, Philippes und Henriettes Tochter Marie Louise, die später den spanischen König Karl II. heiratete. Doch selbst gegen das Testament seiner Mutter intervenierte Ludwig XIV. und erreichte, dass die Hälfte ihres Schmucks im Besitz der Krone blieb.[36]

Nach dem Tod Mazarins und dem Annas fünf Jahre später war Ludwig XIV. mit 27 Jahren das Oberhaupt von sprichwörtlichen 20 Millionen Franzosen[37], seines Hofes, seiner Dynastie und seiner Familie im engeren Sinne. Sie alle waren auf ihn hin geordnet und hingen von seinem Handeln ab, und der König hatte in kurzer Zeit deutlich gemacht, dass er seinen Willen als maßgeblich betrachtete. Es war ein Bruch mit vielen bisherigen Gepflogenheiten, im Guten wie im Schlechten.

Vom jungen König ging eine Dynamik des Aufbruchs aus, die bald über Frankreich hinaus Europa erfassen sollte. Es war nicht die Willkür eines Despoten, der seine natürlichen Rechte wahrzunehmen glaubte, sondern Ludwig XIV. stellte sein ganzes Leben in die Idee vom Königtum, zu der er sich von Gott, seinen Vorfahren, aber auch eben seinen Untertanen und seiner Dynastie gegenüber verpflichtet sah. Diese Idee lebte er durchaus diszipliniert mit seiner ganzen Person und stellte sich nach außen dar. Es war nicht nur ein Herrschaftsstil, sondern eine gelungene Gesamtinszenierung, in die das gesamte Leben des Königs und sein Hof integriert waren. Ludwigs Nachahmer scheiterten oft nicht nur daran, dass sie andere äußere Voraussetzungen hatten, sondern dass sie mit ihrer Person das Modell, das Ludwig XIV. lieferte, nicht ausfüllen konnten. Was in der Person Ludwigs XIV. durchaus Strahlkraft hatte, wurde in der Imitation schnell zu Überheblichkeit, Dekadenz oder auch Lächerlichkeit.

Europa wurde durch Ludwig XIV. allerdings mit weitaus mehr als nur einem neuen, französischen Modell der Herrschaft und höfischer Repräsentation konfrontiert. Europa war eine Gemeinschaft christlicher Fürsten, oftmals tatsächlich enger Blutsverwandter, die sich aufeinander bezogen und miteinander interagierten, die aber oft höchst unchristlich Krieg gegeneinander führten, auch wenn sie sich dabei nicht minder auf christliche Werte beriefen wie in ihrem übrigen Handeln. Mit seiner aggressiven Form der Kriegspolitik setzte Ludwig XIV. hier ebenfalls neue Standards, nicht nur in der französischen Politik, auch wenn er das Völkerrecht und Europa als eine Gemeinschaft christlicher Fürsten niemals grundsätzlich in Frage stellte.[38]

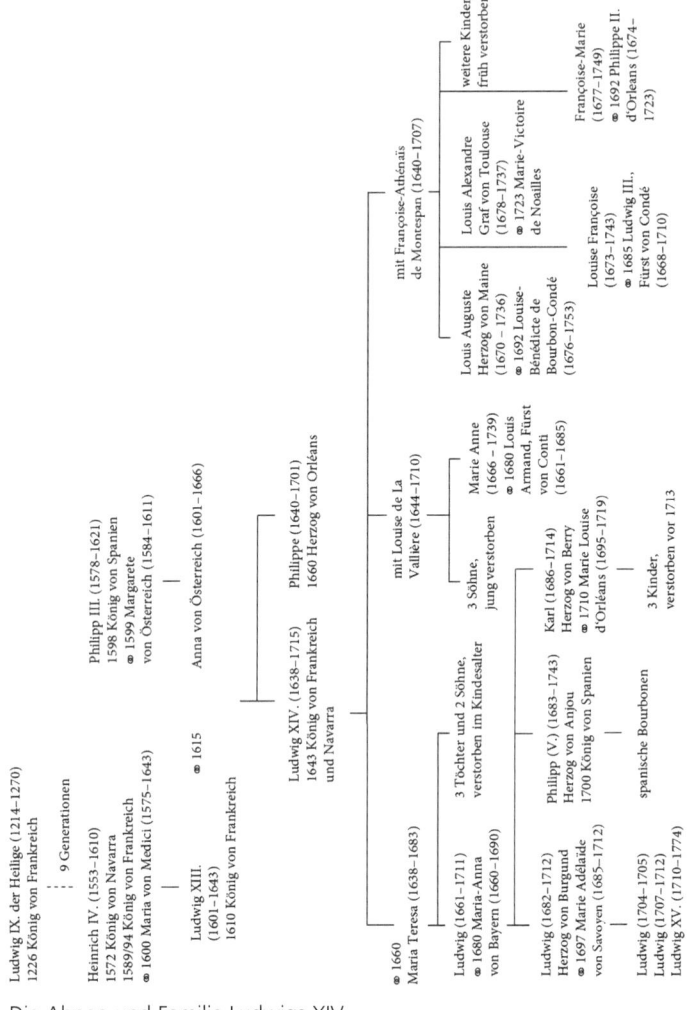

Die Ahnen und Familie Ludwigs XIV.

Der Sonnenkönig greift nach Europa

Europa konnte acht Jahre lang die trügerische Ruhe des vermeintlichen Ausgleichs der politischen Erzrivalen Habsburg und Bourbon mit dem Pyrenäenfrieden von 1659 genießen. Dass mit diesem Frieden der habsburgisch-bourbonische Gegensatz nicht vom Tisch war, wurde allerdings bereits 1661 deutlich, als einer jener Konflikte zwischen französischen und spanischen Diplomaten, welche die dynastische Konkurrenz auf symbolischer Ebene seit langem begleiteten, in London zu einer heftigen Auseinandersetzung mit mehreren Toten führte.[39] Ludwig XIV., der die Regierung gerade selbst übernommen hatte, erwies sich dabei schon als harter Vertreter des Ranges, den er für sich und seine Krone beanspruchte. Frankreich und Spanien standen wieder am Rande eines Krieges, der vor allem durch das zurückhaltende Taktieren Philipps IV. vermieden wurde. Danach schien sich zwischen beiden Kronen allmählich eine friedliche Balance einzupendeln.

Das Ende dieser Ruhe kam unerwartet und war ein Vorgeschmack auf die kommenden Jahrzehnte, in denen der französische König andere europäische Herrscher politisch vor sich her treiben sollte. Nachdem 1665 Philipp IV. von Spanien wenige Monate vor seiner Schwester Anna von Österreich gestorben war und sein Weltreich seinem erst 3-jährigen Sohn Karl II. hinterlassen hatte, reklamierte Ludwig XIV. zwei Jahre später für seine Frau Maria Teresa, Karls II. Halbschwester, einen Teil des Erbes. Es war absehbar gewesen, dass Ludwig XIV. oder seine Nachkommen trotz des Erbverzichts Ansprüche stellen würden, wenn ein strittiger Erbfall eintrat, und dies nicht nur, weil Maria Teresas Mitgift nicht gezahlt worden war. Dennoch kam die Forderung Ludwigs XIV. 1667 überraschend: Nicht nur aus spanisch-habsburgischer Sicht stellte sich nach dem Tod Philipps IV. die Erbfrage überhaupt nicht, denn der König hinterließ einen männlichen Erben. Doch Ludwig XIV. erhob für Maria Teresa Anspruch auf die Spanischen Niederlande auf der Basis des sogenannten Devolutionsrechts, eines brabantischen Privatrechts, nach dem Kinder aus erster Ehe erbrechtlich bevorzugt waren gegenüber denen aus zweiter Ehe, unabhängig vom Geschlecht. Die Berufung auf das Devolutionsrecht, das allen Thronfolgeregelungen und auch den in den Niederlanden bisher praktizierten Herrschaftsrechten widersprach, war eine juristische Spitzfindigkeit. Dies war umso offensichtlicher, als Ludwig XIV. seine Forderungen nicht, wie es völkerrechtlicher Usus war, sofort stellte, als der Erbfall eintrat, sondern zwei Jahre bis zum Ende des Krieges gegen England wartete, in den er an der Seite der Vereinigten Niederlande verwickelt war.

Devolutionskrieg

Tatsächlich war der 1667 ausgebrochene Devolutionskrieg nicht der erste Krieg der Regierung Ludwigs XIV., aber die Beteiligung am vorausgegangenen englisch-niederländischen Krieg war ein Bündnisfall und eher nominell. Es war einer in einer ganzen Reihe völkerrechtlich relativ unspektakulärer Kriege um wirtschaftliche Interessen zwischen den beiden Handelsnationen. Anders der Devolutionskrieg, mit dem Ludwig XIV. militärisch gegen einen minderjährigen Knaben vorging und dessen überraschte Mutter, die spanische Regentin Maria Anna davon lediglich mit einem knappen Brief kurz vorab in Kenntnis setzte, als handele es sich nicht um einen Krieg, sondern lediglich um die Inbesitznahme von etwas, das ihm selbstverständlich gehörte.[40] Militärisch war der Devolutionskrieg ein Triumphzug Ludwigs XIV., der hier erstmals selbstbewusst seine Armeen anführte und dies Teil einer großen Inszenierung werden ließ, in der auch der Hof und Maria Teresa ihn an die Front begleiten mussten. Bereits 1668 wurde der *Friede von Aachen* geschlossen, mit dem Frankreich elf befestigte Plätze erhielt, die in den Spanischen Niederlanden erobert worden waren. Darunter waren so bedeutende Orte wie das flandrische Lille, das Sébastien de Vauban kurz darauf zu einer starken Grenzfestung ausbaute und damit seine Serie von Festungsbauten im Dienste Ludwigs XIV. begann. Sie stellen nicht nur einen Meilenstein der Militärgeschichte dar, sondern waren ein Schritt hin zum modernen Territorialstaat mit systematisch befestigten Landesgrenzen, eine Entwicklung, die allerdings auch in Frankreich noch nicht in ganzer Konsequenz vollzogen wurde. Die Grenzen blieben vielfach Übergangsgebiete einer Verflechtung von Personen und ihren Kulturen, die von unterschiedlichen Sprachen bis hin zu unterschiedlichen Konfessionen reichten.[41]

Bereits im Vorfeld des *Aachener Friedens* schloss Ludwig XIV. mit Leopold I. einen Geheimvertrag über eine künftige Aufteilung des gesamten spanischen Besitzes, falls Karl II. ohne Erben sterben sollte. Dieser Fall sollte langfristig tatsächlich eintreten und zum Spanischen Erbfolgekrieg führen.[42] Für den Kaiser mag der Teilungsvertrag 1668 ein gangbarer Versuch gewesen sein, den Habsburgern den spanischen Thron noch zu erhalten, denn die eigene Machtlosigkeit, ein übermächtiger französischer König, der bereit war, sich einen Teil aus diesem Erbe zu nehmen, und ein im Heiligen Römischen Reich und in Europa scheinbar fehlender Wille, ihn daran zu hindern, verhießen wenig Gutes für die Zukunft. So ließ Leopold I. sich darauf ein, Ludwig XIV. größere Teile des Spanischen Erbes, darunter den gesamten Besitz im burgundisch-niederländischen Raum, zuzugestehen, wofür dieser ihm wiederum den spanischen Thron zusicherte. Beide hatten damit Erbansprüche des jeweils anderen grundsätzlich anerkannt: Leopold I. die Ludwigs XIV. trotz der Verzichterklärung Maria Teresas auf das Erbe, Ludwig XIV. die Leopolds I., obwohl der Kaiser nur mit der jüngeren Schwester Karls II. verheiratet war. Angesichts der langfristigen Veränderungen in der europäischen Politik und auch in der Ausgangsbasis Leopolds I. sollte sich der Teilungsvertrag, dessen Existenz bis in das 19. Jahrhundert nicht publik wurde, für ihn als fataler Fehler erweisen. Ludwig XIV. besaß nun ein Dokument, mit dem der habsburgische Kaiser anerkannte, dass die Bourbonen aus dem spanischen Erbe etwas bekommen sollten, eine Anerkennung, die Leopold I. zudem gegenüber den spanischen Verwandten und der Öffentlichkeit peinlich bloßgestellt hätte, wenn sie bekannt geworden wäre. So war dieser Geheimvertrag für Ludwig XIV. ein durchaus beachtlicher Nebengewinn des Devolutionskrieges und ein Pfund, mit dem er in den kommenden Jahrzehnten wuchern konnte.

Insgesamt war der Devolutionskrieg aber trotz der schnellen Gewinne kein echter Erfolg Ludwigs XIV. Gegen ihn schlossen sich die Generalstaaten, England und Schweden zusammen und erzwangen das rasche Ende des Krieges, mit dessen Friedensschluss er die eroberte Freigrafschaft Burgund (*Franche-Comté*) wieder räumen musste. Die lang aufgebaute Reputation der französischen Könige im Heiligen Römischen Reich war nachhaltig beschädigt, so dass der Rheinbund stillschweigend auslief. Der junge Gottfried Wilhelm Leibniz verfasste 1670 im Auftrag des Mainzer Kurfürsten ein Sicherheitsgutachten, in dem nun Frankreich als die Bedrohung erschien, gegen die man sich im Reich zusammenfinden musste respektive zu deren Eindämmung Leibniz ein neues Sicherheitssystem entwarf.[43] Der kaiserliche Diplomat Franz von Lisola, der selbst aus der Freigrafschaft Burgund gebürtig war, verfasste während des Devolutionskrieges die Flugschrift *Le Bouclier d'estat et de justice* (Schild des Staates und der Gerechtigkeit), in der er das französische Vorgehen attackierte und das Streben nach einer Universalmonarchie unterstellte. Es war der Beginn einer gegen die Politik Ludwigs XIV. gerichteten Flugschriftenpublizistik, die in den künftigen Jahrzehnten immer mehr an Fahrt gewann und die der strahlenden Selbstinszenierung des Königs ein gegen ihn gerichtetes Negativbild diametral entgegensetzte. Auch wenn der politische Vertrauensverlust sich erst allmählich immer weiter vertiefte und den Reichsständen ebenso wie den anderen europäischen Mächten langfristig kaum etwas anderes übrig blieb, als zwischen Habsburgern und Bourbonen als zwei Bedrohungsfaktoren zu lavieren und zu balancieren, so stellte der Devolutionskrieg doch eine Zäsur dar, die das Ende vom Bild des französischen Königs als einem Schutzherrn gegen die habsburgische Universalmonarchie markiert.[44]

Der Sache nach griff der Devolutionskrieg das alte französische Ziel einer Eroberung großer Teile und möglichst der gesamten Spanischen Niederlande wieder auf. Frankreich war von spanischem Besitz von zwei Seiten eingeklammert: von der Iberischen Halbinsel, aber auch von den Niederlanden und der Freigrafschaft Burgund her. Dieser Besitz der spanischen Krone an der Nordostgrenze Frankreichs machte den Antagonismus zu den Habsburgern weitaus bedrohlicher als die Nachbarschaft im Süden, denn Paris lag damit relativ ungeschützt hin zum Gebiet des Gegners. Die Angst, spanische Truppen könnten dort einmarschieren, war seit den Thronwirren um Heinrich IV. präsent, als Mitglieder der katholischen Liga die Hauptstadt ausgeliefert hatten. Die französische Regentschaftsregierung um Kardinal Mazarin formulierte darum bereits in den 1640er Jahren die Notwendigkeit, für die Sicherheit von Paris möglichst große Teile der Spanischen Niederlande in die Hand zu bekommen.[45] Eine Idealvorstellung war der Erwerb der gesamten Spanischen Niederlande, eine Vorstellung, die allerdings bereits in den 1640er Jahren den Widerstand der Generalstaaten hervorrief, die nicht den in langen Auseinandersetzungen geschwächten Gegner Spanien als Nachbar eintauschen wollten gegen das zunehmend erstarkende Frankreich.[46] Konsequenterweise waren es auch 1667 die Generalstaaten, die sich besonders vehement gegen Ludwigs XIV. aggressiven Vorstoß in die Spanischen Niederlande stellten. Sie brachten ihn damit in besonderer Weise gegen sich auf, nicht nur weil sie seine Ziele sabotierten, sondern weil es für einen Monarchen, namentlich einen, der die königliche Autorität in dem Maße betonte wie Ludwig XIV., ein Affront war, von einer Republik zum Einlenken gezwungen zu werden. Der Devolutionskrieg wurde so zum Ursprung der bald folgenden Kriege des französischen Königs gegen die Generalstaaten, die diese zum Teil an den Rand ihrer politischen Existenz bringen sollten und das Ende ihres Goldenen Zeitalters einläuteten.[47]

Der Devolutionskrieg war überhaupt der Beginn einer Serie von Kriegen, mit denen Ludwig XIV. Europa in den folgenden Jahrzehnten in Atem hielt. Je nach Zählweise führte er nach dem Beginn seiner eigenen Regierung fünf oder sechs Kriege:[48] Den ersten begann er 1666 als Verbündeter der Generalstaaten gegen England, den letzten beendete er 1714, ein Jahr vor seinem Tod. Mehr als die Hälfte seiner Regierungsjahre waren Kriegsjahre. Das war nicht untypisch für eine Epoche, die in offensichtlicher Weise kriegsintensiv war. Ungewöhnlich war aber selbst für diese Zeit die expansive Aggressivität der Kriegspolitik Ludwigs XIV., der nicht einen einzigen Verteidigungskrieg führte, sondern stets selbst der aktive Part war. Das Recht, Krieg zu führen, war ein Ausdruck von Souveränität, und Krieg zu führen war im Umkehrschluss eine sichtbare Demonstration von Souveränität. Krieg war ein wichtiger Faktor nicht nur der Politik Ludwigs XIV., sondern seines Herrschaftsverständnisses und seiner Herrschaftsrepräsentation. Der französische König gestaltete Europa nicht nur kriegerisch um, sondern ließ sich als kriegführenden Herrscher und

Kriegsheld verherrlichen. Ruhm war eine wichtige Facette des Krieges und nahm im Handeln Ludwigs XIV. stets eine zentrale Rolle ein: Sein Ruhm als französischer König hatte ihn dazu bewogen, auf seine Jugendliebe zu verzichten, und sein Ruhm trieb ihn zeitlebens an, der Welt seinen Stempel aufzudrücken, sei es durch Prachtentfaltung, sei es mit Gewalt. Auch wenn Ludwig XIV. allerdings die Kriegsintensität seiner Epoche auf die Spitze trieb, so blieb er doch weitgehend in den Grenzen seiner Zeit. Keineswegs war er ein Gewaltherrscher, der sich skrupellos nahm, was er wollte. Er überdehnte mehrfach die Grenzen des Völkerrechts, war aber immer um eine Rechtfertigung seines Handelns bemüht und sah sich selbst nach zeitgenössischen Normen und Werten sowie durch seine Geburt und Herkunft gerechtfertigt. Das unterscheidet ihn von Usurpatoren oder Diktatoren späterer Epochen.[49]

Die Rolle des Krieges und des Militärs

In Frankreich gilt das 17. Jahrhundert als »großes Zeitalter« (*Grand Siècle*) nicht trotz, sondern wegen der Regierungszeit Ludwigs XIV. Die Bevölkerung war von den direkten Kriegshandlungen nicht betroffen. Ludwig XIV. trieb seine Gegner so vor sich her, dass auswärtige Kriege tatsächlich außerhalb der Grenzen Frankreichs blieben. Nach einem Jahrhundert der Bürgerkriege von den Religionskriegen seit der Mitte des 16. Jahrhunderts bis zur Fronde in der Mitte des 17. Jahrhunderts konnte das Zeitalter Ludwigs XIV. in Frankreich selbst sogar als ein vergleichsweise friedliches erscheinen. Selbst die auswärtigen Kriege stiegen nach 1661 nicht signifikant gegenüber den vorherigen Jahrzehnten an, in denen Frankreich immerhin am Dreißigjährigen Krieg beteiligt war und einen langen Krieg gegen Spanien führte. Auch wenn Ludwig XIV. in mehr Kriegsjahren als Friedensjahren regierte, so war er damit doch nur ein typischer Repräsentant einer kriegsintensiven Epoche.[50]

Frankreich war eine aktive Militärmacht, die alle neuzeitlichen Entwicklungen rasch umsetzte. Die französischen Könige hatten schon vor Ludwig XIV. eine stehende Kerntruppe. In der allgemeinen Entwicklung hin zur stehenden Armee in der zweiten Hälfte des 17. Jahrhunderts preschte das Land dann wiederum voran. Spätestens in den 1670ern hatte Ludwig XIV. weit über 100 000 Mann ständig zur Verfügung, während verschiedener Kriegsphasen sollte sich diese Truppenstärke jeweils noch vervielfachen. Das war die exekutive Basis, die nicht nur die kriegsfreudige Außenpolitik des französischen Königs erst ermöglichte, sondern auch seine autoritäre Politik im eigenen Land. Bei den Truppenrekrutierungen profitierte Ludwig XIV. ebenso wie bei der Finanzierung seiner Kriege durch Steuererhebungen von der schieren Größe seiner Bevölkerung: Gemessen an den rund 20 Millionen Einwohnern fielen selbst Mobilisierungen im Bereich von mehreren 100 000 Mann deutlich weniger ins Gewicht als kleinere Truppenstärken in anderen Ländern, die dünner besiedelt und im Einzelfall auch wirtschaftlich schwächer waren. Doch auch wenn der französische König auf eine starke Einwohnerschaft zurückgreifen konnte und auch wenn die Kriege außerhalb Frankreichs geführt wurden, so zermürbten sie das Land dennoch auf Dauer wirtschaftlich, zumal Frankreichs Kriege traditionell mit einer kostspieligen Subsidienpolitik einhergingen. Was direkte Kriegsfolgen darum nicht bewirkten, brachte zeitverzögert die Ausbeutung durch die königliche Administration an Hunger und Elend über die Bevölkerung.[51]

Die Rolle der Diplomatie

Der »Kriegskönig« war allerdings niemand, der zur Erlangung seiner Ziele nur die Gewalt kannte. Vielmehr gilt die Epoche Ludwigs XIV. bis heute als ein Höhepunkt der Diplomatiegeschichte. Diplomatie war dabei kein Gegensatz zur militärischen Gewalt. Verhandeln und Kriegführen ergänzten sich. Doch die herausragende Rolle Ludwigs XIV. in der Diplomatiegeschichte ist auch deshalb bemerkenswert, weil er keineswegs ein großer Erneuerer war. Die Impulse zum ständigen Verhandeln hatten andere vor ihm gegeben, sie hatten das Instrumentarium entwickelt und entsprechende Institutionen ins Leben gerufen. Namentlich Kardinal Richelieu ist hier zu nennen, der dennoch von Ludwig XIV. überstrahlt wird, nicht nur, weil es ein souveräner König war, der im Glanz seines

Hofes stand und von dort Männer entsandte, die die Aura von Versailles in die Welt trugen. Ludwig XIV. erfüllte vielmehr die Institutionen und das Instrumentarium, das seine Vorgänger ihm hinterlassen hatten, mit Leben. Er griff die gegebenen Modernisierungsimpulse auf und brachte die Diplomatie zu einer Blüte, die nicht nur in seiner Zeit, sondern historisch überhaupt zu übertreffen war. Seine Kontakte, seien es politische oder ökonomische Beziehungen, seien es missionarische Bestrebungen, reichten in die gesamte damals bekannte Welt hinaus. An seinem Hof empfing er Gesandte aus zahlreichen christlichen Ländern, aber auch 1682 und 1699 aus Marokko, 1684 und 1686 aus Siam (Ayutthaya) oder 1715 aus Persien.[52] Seine europäische Kriegspolitik begleiteten geschickte Unterhändler, die Bündnisse schmiedeten oder Gegner neutralisierten und die in den Friedensverhandlungen die Ergebnisse der Kriege in politische Erfolge ummünzten.[53]

Die Diplomatie Ludwigs XIV. war wie viele andere der historischen Entwicklungen, die er forcierte, zweischneidig: Er nutzte sie, um seinen Willen durchzusetzen, seine Größe zu inszenieren, oft auch, um seine Gegner zu demütigen. So passierten ausländische Gesandte, die der König in Versailles empfing, die in den 1670ern erbaute, nicht erhaltene Botschaftertreppe, die mit der bildlichen Repräsentation der militärischen Siege Ludwigs XIV. gesäumt war. Kommunikation, Kunst und Kultur gingen hier eine Symbiose ein mit Militär und Machtpolitik. Das war typisch für den Umgang Ludwigs XIV. mit seinen Zeitgenossen. So war es denn auch kein Zufall, dass zwischen Devolutionskrieg und den Vorbereitungen zum nächsten Krieg, dem gegen die Generalstaaten, 1667 die Entscheidung fiel, Versailles in großem Stil auszubauen. Das neue Schloss sollte zum Monument der kulturellen Eroberung Europas und der politischen und militärischen Siege Ludwigs XIV. werden.[54]

Der Empfang einer Delegation aus Siam (Ayutthaya) 1686 gehörte zu den diplomatischen Höhepunkten in Versailles (Druck von 1687).

4 Ein ständiges Streben nach Ruhm

Das neue Frankreich

Während der 15 Jahre, die sich der Bau jenes Schlosses hinzog, mit dem Ludwig XIV. sich endgültig ein vielfach kopiertes und bis heute sichtbares Denkmal schuf, gab er zahlreiche weitere Impulse. Ludwig XIV. war ein in jeder Hinsicht aktiver Herrscher, der nicht nur seine Residenz, sondern sein Land neu formte und es zum Modell moderner Staatsentwicklung machte. Der König griff weiterhin nach Europa aus, aber er widmete sich insbesondere im ersten Jahrzehnt seiner eigenen Herrschaft noch weitaus mehr Frankreich selbst. Mit seinen Mitarbeitern, in dieser ersten Phase der Regierung insbesondere gestützt auf Jean-Baptiste Colbert, reformierte er den Staat vom Finanzwesen über die Justiz bis hin zur öffentlichen Sicherheit und gab neue Impulse nicht nur im administrativen Bereich, sondern ebenso in Kunst und Kultur.

So gestaltete er trotz des Baus der neuen Residenz in Versailles auch Paris um. Aus der wehrhaft-bedrohlichen Hauptstadt seiner Kindheit wurde eine friedlichere, offene Stadt, die künftig von repräsentativen Ringstraßen – Boulevards – umgeben war, in die man die alten Befestigungsanlagen umwandelte. Die Veränderung war ein Signal, dass der König seine Grenzen ausreichend schützen konnte und keine befestigte Kapitale mehr benötigte. Sie zeigte aber zugleich, dass auch Paris selbst für den König und seine Herrschaft keine Gefahr mehr darstellte und darstellen konnte.[1] Dem Louvre, der bis 1682 zusammen mit dem im 19. Jahrhundert zerstörten Tuilerienpalast und den im Umland gelegenen Schlössern Saint-Germain-en-Laye und Fontainebleau den Hof beherbergte, drückte Ludwig XIV. ebenfalls wie andere Könige vor ihm durch Umbaumaßnahmen seinen Stempel auf. Sie begannen etwa zeitgleich mit dem Ausbau von Versailles. Erst allmählich konzentrierten sich dann alle Anstrengungen auf das neue Residenzschloss, das seinen Erbauer schließlich in einzigartiger Weise symbolisieren und verewigen sollte.[2] Der Attraktivität von Paris hat das allerdings nicht geschadet, im Gegenteil: Als Hauptstadt des neuen Frankreich wurde es zusammen mit Versailles zum wahrscheinlich beliebtesten Reiseziel, das ein junger Mensch von Stand und Bildung besucht haben musste.[3]

Finanz- und Wirtschaftspolitik

Ludwig XIV. erkannte als Kernaufgabe einer erfolgreichen Herrschaft den Finanzbereich, den er als ersten grundlegend reformierte. Für einen jungen Mann, der als König immer noch ausreichende Mittel zur Verfügung hatte und der zunächst vor allem durch seine Lebenslust, durch seine Freude an Festivitäten und Kultur hervorgetreten war, war es bemerkenswert, dass er den Finanzen gleich am Beginn seiner Regierung eine zentrale Rolle zuwies und sich ihrer Konsolidierung energisch widmete. Ausdrücklich ging es ihm nicht nur um eine finanziell verbesserte Herrschaftsbasis, sondern auch um eine Verbesserung der wirtschaftlichen Situation und Lebensumstände seiner Untertanen. Die Diskreditierung und Ausschaltung Fouquets gab dem König die Möglichkeit einer nicht nur personellen, sondern tatsächlich strukturellen Umgestaltung.[4] Das Amt eines *Surintendant des Finances* wurde abgeschafft und die Aufsicht über die Finanzen dem König selbst unterstellt. Schließlich wurde das bereits bestehende Amt eines *Contrôleur général des Finances* so umstrukturiert, dass Colbert als Amtsinhaber wesentliche Zuständigkeiten für Handel und Finanzen erhielt. Es gelang ihm, die Staatsschulden zu senken und Frankreich in eine wirtschaftliche Blüte zu führen, die nicht nur ein Ergebnis einer restrukturierten Finanzverwaltung und Steuereintreibung, sondern auch einer neuen aktiven Zoll- und Handelspolitik war.

Auch wenn die Forschung den Begriff des Merkantilismus zusammen mit dem des Absolutismus einer kritischen Revision unterzogen und für Frankreich eher den spezifischen Begriff des Colbertismus eingeführt hat, so waren es doch verschiedene Maßnahmen, die mit dem Begriff Merkantilismus verbunden werden, die mit zum fiskalischen Erfolg der 1660er und 1670er Jahre beitrugen: die Förderung des Handels und der Kolonialpolitik sowie die Produktion hochwertiger Güter im Inland, Maßnahmen, die zusammen mit einer entsprechenden Zollpolitik dafür sorgten, dass Geld nach Frankreich herein kam statt abzufließen. Ludwig XIV. skizzierte die Grundzüge dieser Wirtschaftspolitik in seinen Memoiren für den Dauphin.[5]

Colbert stand hinter einer Politik, die Kunst, Kultur und Wissenschaften förderte, aber auch auf den Staat und die Staatsräson hin ausrichtete. Er gründete Akademien und Manufakturen, die dafür sorgten, dass sich eine hochwertige Kulturproduktion und eine technisch hochstehende Warenproduktion in Frankreich etablierten, dass Kunstwerke, kunstfertige Glaswaren und Stoffe im Land entstanden. Finanzpolitisch wurde so erreicht, dass nicht nur die heimischen Eliten, sondern auch ausländische Konsumenten ihr Geld künftig für französische Produkte ausgaben. Nachhaltiger als der finanzpolitische Effekt war der, dass Frankreich zum Sinnbild feiner Lebensart wurde. Französische Konsumgüter wurden weit über die Epoche Ludwigs XIV. hinaus der Maßstab für Qualität und Raffinesse, *à la française* wurde der Inbegriff guten Geschmacks in vielen Lebensbereichen.

Handel und Kolonien

Mit der Konsolidierung der Finanzen hatte Frankreich nun auch die Möglichkeit, eine Flotte aufzubauen. Lange hatte das Land eine solche nicht besessen, obwohl es von weiten Küstenlinien umgeben war und zu den großen Meeren und Seewegen hin offen lag.[6] Gegenüber den Seemächten war Frankreich damit ungeschützt gewesen. Eine Marinepolitik war aber auch die Grundlage dafür, sich in einem europäischen Mächtesystem zu behaupten, das immer weiter über Europa hinaus strebte. Kardinal Richelieu hatte die verschiedenen Probleme und Möglichkeiten erkannt und formuliert, und er hatte mit dem Aufbau einer Flotte und einer französischen Kolonialpolitik begonnen.[7] Die Auseinandersetzung mit dem Haus Habsburg hatte jedoch Priorität, und die durch diese Kriege begrenzten finanziellen Möglichkeiten erlaubten keine nachdrückliche Politik in Übersee. Das unternahm erst Ludwig XIV. gemeinsam mit Colbert.

Ein neu geschaffenes Staatssekretariat für Marineangelegenheiten, das Colbert übertragen wurde, vereinte die Zuständigkeiten für die Kriegsmarine, den Handel und die Kolonien. Erstmals besaß Frankreich nun eine systematische Flottenpolitik und Marineadministration. Es eröffneten sich damit zahlreiche Optionen, die durchweg im Kontext der Europa- und Frankreichzentrierung der Politik Ludwigs XIV. zu sehen sind. Denn auch wenn das Selbstverständnis als Sonnenkönig auf einen universalen Anspruch verweist, so machte es aus ihm keinen *Global Player*. Der Bezugspunkt des ludovizianischen Frankreich war der Hof, hinter dem die Weite des Landes und die Befindlichkeit Europas immer mehr aus der Perspektive gerieten. Wenn Ludwig XIV. mit der Welt darüber hinaus in Beziehung trat, so war es eine Beziehung, die Frankreich auch dort präsent machen sollte und ihm zugleich für seine Position in seinem Herrschaftsraum und in Europa nutzte. Ludwig XIV. war Teil einer europäischen Fürstengemeinschaft, innerhalb derer er glänzen und sich hervortun wollte. Hinter ihm aber wirkten Männer, die erkannten, welche Möglichkeiten die Welt jenseits der Meere dafür bot.

Die französische Erschließung des überseeischen Raumes ermöglichte es, die königliche Souveränität jenseits gewachsener französischer Traditionen und Strukturen zu verankern.[8] Hier konnten neue Funktionseliten, die auf den König hin ausgerichtet waren, etabliert werden. In Nordamerika wurden Kolonien als französische Provinzen errichtet, die aus der heimischen Perspektive bereits begrifflich als »Neu-Frankreich« homogenisiert wurden. Dazu zählten der Osten des heutigen Kanada, das unter dem 1672 zum Gouverneur ernannten Grafen Louis de Frontenac den Höhepunkt französischer Kolonialpolitik erreichte, oder das nach Ludwig XIV. benannte Louisiana, das weit über den heutigen Bundesstaat hinaus große Teile des mittleren Westen umfasste. In Frankreichs überseeischen Provinzen sollten die Autorität der Krone und der Zugriff der königlichen Administration zumindest dem Anspruch nach nicht weniger durchgesetzt werden als im europäischen Frankreich. Ein deutlicher Ausdruck dieses Anspruchs war der sogenannte *Code Noir* von 1685, ein umfangreiches königliches Reglement, das dem Alltag in Louisiana und in den französischen Besitzungen in der Karibik, namentlich der Sklaverei dort, einen rechtlichen Rahmen gab. Der katholische Glaube wurde dabei für die französischen Untertanen in den Kolonien, einschließlich der Sklaven, verbindlich. Die Kolonialpolitik war somit deutlich Teil einer katholischen Missionierung und Konfessionalisierung im Auftrag des Allerchristlichsten Königs.

Die Politik in Übersee erschöpfte sich allerdings nicht in einer Kolonialpolitik, die Frankreich dort erweiterte. Ludwig XIV. und Colbert wandten die diversen in Europa erprobten Instrumentarien politischer Verflechtung und Erschließung im außereuropäischen Raum an und konnten insbesondere in Afrika ein System interessenorientierter Beziehungen etablieren. Alle Beziehungen bis hin zum Handel waren dabei auf die Krone hin zentralisiert, anders als in England oder den Generalstaaten, wo weite Bevölkerungsgruppen in den Überseehandel und die Kolonialpolitik eigenverantwortlich einbezogen waren. So waren die französischen Handelskompanien unter Ludwig XIV. Regierungsinstrumente. Richelieu, der die Grundlagen der Handels- und Kolonialpolitik gelegt hatte, auf welcher der König nun aufbauen konnte, hatte jenen Franzosen, die in Übersee entsprechende Initiativen umsetzten, schon aus politischer Notwendigkeit relativ viel Freiheit gelassen. Ludwig XIV. bemühte sich dagegen, die Zügel hier ebenso straff zu ziehen wie in Frankreich selbst. Bei nachgefragten Gütern wie Pelzen oder Zuckerrohr nicht von anderen europäischen Importeuren abhängig zu sein, war die überseeische Variante des Colbertismus, jener Ökonomie, die auf den Staat und seine Zielsetzungen hin ausgerichtet war.

In der Praxis war die Kontrolle in Übersee noch weitaus schwieriger zu leisten als in Frankreich selbst, und die Realität entsprach nicht unbedingt den von Frankreich aus gesetzten Normen und Verordnungen. Die europäischen Kriege nahmen den königlichen Initiativen zu einer kontrollierten französischen Handels- und Kolonialpolitik zunächst ohnehin wieder viel von ihrer Dynamik. Dennoch gingen von diesen Initiativen beachtliche Impulse aus, die langfristige Wirkungen entfalteten. So legte der *Code Noir* die Grundlage für eine staatlich geregelte Sklaverei und blieb als solche in den verbliebenen französischen Besitzungen in Amerika noch bis weit in das 19. Jahrhundert hinein gültig. Frankreich stieg unter Ludwig XIV. zur Kolonialmacht auf und war als Seemacht spätestens in den 1680er Jahren endgültig präsent.

Die französische Politik konnte nun auch Auseinandersetzungen mit Gegnern riskieren, die eine Kriegsflotte besaßen. Dies war zuvor immer ein heikles Unterfangen gewesen. Der erfolgreiche Krieg gegen Spanien von 1635 bis 1659 wäre darum ohne ein Bündnis zunächst mit den Generalstaaten, dann mit England nicht möglich gewesen. Die neue Präsenz Frankreichs auf dem Meer bedeutete aber nicht nur eine neue Stärke, sondern auch neue Konkurrenz. Frankreich stieß in Gebiete vor, die andere europäische Mächte bereits durch Handel und Kolonien für sich reklamiert hatten. Hinzu kam, dass England gerade in dieser Zeit verstärkt eine Oberhoheit über die See beanspruchte. Ludwig XIV., der sonst seine Souveränität in allen Bereichen demonstrativ betonte, setzte dem keinen eigenen Anspruch entgegen. In den 1670er Jahren ging er angesichts der noch relativen Schwäche der französischen Flotte unnötigen Konfrontationen wie Handelsblockaden selbst im Kriegsfall aus dem Weg. Die 1664 gegründete Ostindienkompanie, die offiziell unter dem Schutz und der Souveränität des Königs stand, blieb in den 1670er Jahren mit der unzureichenden französischen Flotte in Asien auf sich allein gestellt. Ludwig XIV. vermied aber auch Positionierungen gegen den englischen Anspruch solange in England die mit den Bourbonen verbündete Stuart-Dynastie regierte. In der Praxis bestätigte die französische Politik die Prinzipien der Handels- und Navigationsfreiheit zur See, die sich weitgehend durchsetzen sollten.[9]

Fiskalpolitik

Es waren Prinzipien, die auch den französischen Interessen in Übersee langfristig zugutekamen. Noch aber blieb Frankreich als Kolonialmacht weiterhin hinter den darin bereits etablierten

Mächten zurück. Ohnehin war die Kolonialpolitik nur ein Teil einer Wirtschaftspolitik, die trotz aller positiver Impulse verschiedene Hemmnisse unangetastet ließ. Es waren Hemmnisse, die zu einem großen Teil aus der Struktur eines zentralisierten und immer stärker kontrollierenden Staates und aus der ständischen Gesellschaft resultierten. Die Wirtschaft aber hatte in der Logik der ludovizianischen Regierungskonzeption dieser Staats- und Gesellschaftsstruktur zu dienen, nicht sie in Frage zu stellen. In der Finanzpolitik gelang auch in der Epoche Ludwigs XIV. keine grundlegende Reform der komplizierten französischen Steuern und Binnenzölle. Die Wirtschaftspolitik war eine protektionistische, die aus der Agrarnation keine Handelsnation wie England oder die Niederlande machte, zumal in Frankreich eben nicht größere Teile der Bevölkerung an der Wirtschaftspolitik beteiligt wurden.[10] Die Erfolge der von Ludwig XIV. frühzeitig energisch angegangenen Fiskalpolitik wurden langfristig durch die wirtschaftlichen Folgen der Kriegspolitik überschattet, die nicht nur Ausgaben für laufende Kriege mit sich brachte, sondern auch für die kostenintensiven Innovationen des Festungsbaus und des wachsenden stehenden Heeres. Colbert, der bereits 1683 an einer Nierenerkrankung starb, sah in seinen letzten Lebensjahren mit Sorge, wie die Erfolge jener Politik, für die er sich mit seiner gesamten Kraft engagiert hatte, von immer neuen Ausgaben zunichtegemacht wurden. Ludwig XIV. war und blieb an erster Stelle ein König des Ruhmes und des Krieges, keiner der Ökonomie.

Die Ära Colberts endete mit seinem plötzlichen Tod, aber einiges spricht dafür, dass sie sich bereits zuvor dem Ende genähert hatte. Es sollte dennoch nicht übersehen werden, dass der König und Colbert eine im Kern wegweisende Finanz- und Wirtschaftspolitik betrieben. Sie verhalf Frankreich nicht nur phasenweise zu einer gewissen Prosperität, sondern ließ die Staatsfinanzen insgesamt in der Ära Ludwigs XIV. besser dastehen als in den vorherigen Epochen. Colbert war aber im Hintergrund zudem ein großer administrativer Organisator und ein »Informationsmeister« (Jacob Soll). Information war und ist ein bedeutender Faktor der politischen Praxis, weil sie dem Herrscher, der sie adäquat nutzt, die Grenzen und Möglichkeiten seines Handelns aufzeigt. Die französischen Könige erhielten dabei gerade im 17. Jahrhundert durch eine immer weitere Erschließung des Wissens – Wissen um ihre Rechte, um ihren Herrschaftsraum und um die Welt darüber hinaus – zugleich neue Impulse zur Festigung und Ausdehnung ihrer Herrschaft. Colbert verhalf dem König nicht nur zu einer soliden Wirtschaftsbasis, sondern zu verbesserten Herrschaftsstrukturen. Damit hinterließ er Ludwig XIV. nicht nur ein wichtiges Instrumentarium der Herrschaftsausübung, sondern trug zum modernen Staatsaufbau mit bei.[11]

Justizpolitik

Der zweite große Reformkomplex, den Ludwig XIV., gestützt auf Colbert, neben den Finanzen anging, war der des Justizwesens, ein Komplex, der ihm besonders am Herzen lag, war doch die Rechtsausübung das wichtigste Merkmal der Souveränität des Herrschers über seine Untertanen.[12] Ein König, der das Rechtswesen verkommen ließ, stellte sich ebenso selbst in Frage wie ein König, der sein Volk nicht vor Angriffen schützen konnte. Die Justizreform schlug sich in zwei großen königlichen Ordonnanzen zum Zivilrecht und zum Strafrecht von 1667 und 1670 nieder. Diese kodifizierten und vereinheitlichten das Recht und das Rechtssystem mit seinen Kompetenzen. Sie steuerten so dem Wildwuchs vergangener Jahrzehnte entgegen, in denen Recht und Rechtsfindung zunehmend undurchschaubarer geworden waren. Der Rechtsunsicherheit des Einzelnen gegenüber den Amtsinhabern wurde entgegengewirkt, an erster Stelle aber auch die königliche Autorität im Rechtssystem betont. Eine prinzipielle Veränderung der Rechtsgrundlagen war nicht beabsichtigt. Frankreich blieb wie andere Herrschaftsgebilde dieser Zeit ein Raum, in dem mit der Gesellschaft auch das Recht ständisch gegliedert war. Folter, Körper- und Todesstrafen wurden klar benannt, nicht etwa eingeschränkt. Die Stärkung der Autorität der Krone untergrub zudem zugleich die Rechtssicherheit erneut, denn die selbstherrliche königliche Rechtsausübung nahm immer weiter zu, sei es in Form politischer Prozesse wie dem gegen Fouquet, sei es in der Fülle von Inhaftierungen aus königlichem Recht, gestützt auf die berüchtigten *Lettres de cachet*, die auch die Untertanen erbitten konnten und nutzten, um den regulären Rechtsweg zu umgehen.

Wegweisend war unter den von Ludwig XIV. in den ersten Jahren seiner Regierung zusammen mit Colbert angegangenen Maßnahmen auch die 1666 begonnene Polizeireform.[13] Der Begriff der Polizei bezeichnete in dieser Epoche weitaus mehr als die staatliche Exekutive im heutigen Sinn und bezog sich auf den gesamten Komplex der gesellschaftlichen Regulierung, für die sich ein christlicher Landesvater in vollem Umfang zuständig fühlte. Die Reform Ludwigs XIV. schuf innerhalb dieser Traditionen aber zugleich neue Strukturen, die den Weg hin zum modernen Polizeiwesen begründeten. Der Komplex, dem sich die Reformen widmeten, umfasste darum einen weiten Bereich öffentlicher Ordnung und Sicherheit, der von der Kriminalitätsbekämpfung bis hin zur Armenfürsorge, von der Handhabung der Zensur bis hin zur Straßenreinigung und der Errichtung von Straßenlaternen reichte. Institutioneller Ausdruck der Reformen war 1667 die Schaffung des neuen Amts eines »Generalstatthalters der Polizei« (*lieutenant général de police*).

Der erste Amtsinhaber, Gabriel-Nicolas de La Reynie, wurde mit der auf ihn hin umstrukturierten ausführenden Administration eine Art erster Polizeipräfekt an der Spitze einer modernen Polizei. Die Maßnahmen richteten sich zunächst auf Paris und standen im Zusammenhang sowohl mit der systematischen Umgestaltung der Hauptstadt wie mit der Reform des Justizwesens. Sie zielten auf eine verbesserte Kontrolle des öffentlichen Lebens und eine Durchsetzung der königlichen Autorität in Paris als urbanem Raum und in den Institutionen der Justizadministration, die dort ihren Sitz hatten. Wie in allen Reformbereichen sollte man auch hier in der Stärkung der königlichen Autorität aber keinen Selbstzweck sehen. Es war damit insgesamt eine spürbare Verbesserung der allgemeinen Lebenssituation verbunden. Von Paris aus wurden die neuen Strukturen noch während der späteren Herrschaft Ludwigs XIV. auf das ganze Land übertragen und hatten Vorbildcharakter auch für andere Länder. Die stärkere Durchsetzung des Staates, mit der der Begriff des Absolutismus assoziiert ist, reihte sich hier wie in verschiedenen anderen Bereichen in den Modernisierungsprozess mit seinen sowohl positiv als auch negativ konnotierten Aspekten ein. Die Selbstherrlichkeit des Königs im Rechtswesen wurde dabei allerdings gerade dadurch noch verschärft, dass ihm immer effektivere Möglichkeiten zur Verfügung standen, Kontrolle auszuüben und seinen Willen durchzusetzen.

Der Niederländische Krieg von 1672 bis 1679 und der Beginn der Reunionen

Als Ludwig XIV. 1672 den Krieg gegen die niederländischen Generalstaaten begann, ließ er seinen Gesandten vor dem Geheimen Rat in Wien nicht ohne Stolz auf die diversen Maßnahmen in der Wirtschafts- und Finanzpolitik, im Justizwesen und in der Verwaltung hinweisen, mit denen er in der kurzen Zeit seiner Regierung das Wohl seiner Untertanen bereits verbessert habe.[14] Er tat dies, um darauf zu verweisen, dass er den Krieg für seinen Ruhm keineswegs brauche, brächte ihm doch bereits seine friedliche Regierung eben diesen Ruhm. Der König wollte damit die Schuld für den ausbrechenden Krieg der Republik zuschieben, die ihn im Devolutionskrieg mit politischen Mitteln zum Einlenken gezwungen hatte. In der Sichtweise Ludwigs XIV. waren die Niederlande mit dieser Verletzung seiner Würde tatsächlich Schuld am Krieg: Seinen Gesandten in Wien ließ er im gleichen Atemzug seine Erbitterung über das frühere Verhalten der Republik explizit formulieren. Die knappe offizielle Kriegserklärung nannte als einzigen Kriegsgrund, dass der König das Verhalten der Generalstaaten, das er seit Jahren mit Missfallen betrachte, nicht länger hinnehmen könne, ohne seinen Ruhm zu gefährden.[15] Eine so wenig konkrete und auf den Ruhm zentrierte Kriegserklärung war bis dahin ohne Beispiel.

Ruhm als Kriegsgrund

Ludwigs XIV. Argumentation, in den Krieg hineingetrieben worden zu sein, überzeugt schon deshalb nicht, weil der König diesen Krieg systematisch vorbereitet und bereits 1670 zusammen mit Karl II. von England im Geheimvertrag von Dover verabredet hatte.[16] Nachdem der französische König in seinem ersten groß angelegten militärischen Unternehmen, dem Devolutionskrieg, relativ rasch diplomatisch ausgebremst worden war, traf er Maßnahmen, um den Niederländischen Krieg gut vorbereiten zu können. Seine Schwägerin Henriette vermittelte zwischen ihm und ihrem Bruder. Die dynastische Diplomatie erwies sich dabei immer noch als bedeutendes Gegenstück zur institutionellen, zumal der englische König nach der Restaurierung der Monarchie auf nationale Interessen ein waches Auge haben musste. Ein Offensivbündnis mit dem katholischen Frankreich war dabei für relevante Einflussgruppen im protestantischen England konfessionell bedenklich und ökonomisch nicht sinnvoll. Zwar gab es einen englisch-niederländischen Gegensatz in der Handels- und Kolonialpolitik, der bereits zu zwei Kriegen geführt hatte. Diese waren aber für England nicht positiv verlaufen. Die Stimmung im Land war darum nach dem Frieden von Breda 1667 eher kriegsmüde. Die dynastische Linie erwies sich für Ludwig XIV. als überaus hilfreich, um Karl II. dennoch auf seine Seite zu ziehen.

Auch gegenüber Schweden war die französische Diplomatie erfolgreich. Dem erfahrenen Simon Arnauld de Pomponne, der noch vor Ausbruch des Krieges zum Staatssekretär für auswärtige Angelegenheiten aufstieg, gelang es in Verhandlungen mit dem während der Minderjährigkeit Karls XI. einflussreichen Reichskanzler Magnus de la Gardie, der Frankreich gewogen und biographisch verbunden war, Schweden aus dem vormaligen Bündnis mit den Generalstaaten herauszulösen und zu einem Bündnis mit Frankreich zu bewegen. Im Heiligen Römischen Reich herrschte seit dem Devolutionskrieg und dem Ende des Rheinbundes eine gewisse Ernüchterung gegenüber der französischen Politik. Dennoch gelang es Ludwig XIV., einige wichtige Reichsstände wie den Kurfürsten von Köln und den Fürstbischof von Münster als Verbündete zu gewinnen und sogar Kaiser Leopold I., der eine Verwicklung in einen französisch-niederländischen Krieg tunlichst vermeiden wollte und sich zudem durch den Geheimvertrag von 1668 in eine gewisse Abhängigkeit begeben hatte, zunächst zur Neutralität zu

Ludwig XIV. wie er insbesondere in seinen frühen Herrschaftsjahren gesehen werden wollte: als strahlender, kraftvoller Sieger, hier in einer allegorischen Darstellung von Pierre Mignard, die den König gekrönt durch die Siegesgöttin vor Maastricht zeigt, das 1673 im Niederländischen Krieg von französischen Truppen erobert wurde.

bewegen.[17] Der im Dienst Kurkölns stehende französische Parteigänger Wilhelm Egon von Fürstenberg, der in den künftigen Beziehungen Ludwigs XIV. zum Reich mehrfach eine exponierte Rolle spielen sollte, tat sich bei diesen französischen Bündnisverhandlungen mit den Reichsständen bereits deutlich hervor. Eine solide Ausgangsbasis für den Krieg bildete neben Verhandlungen aber auch die gute Finanzlage, die Colbert Ludwig XIV. in den vorangegangenen Jahren verschafft hatte, zumal üppige Subsidien an die Bündnispartner zum Erfolg der Diplomatie beitrugen. Der französische König begann den Niederländischen Krieg 1672 somit bestens vorbereitet.

Kriegsverlauf

Für die Generalstaaten wurde der Krieg traumatisch. Der schnelle Vorstoß der Franzosen führte in der aus sieben Provinzen zusammengesetzten Politik auch zu politischen Umwälzungen. Der erst 22-jährige Wilhelm III. von Oranien, ein Urenkel des »Vaters« der Republik, Wilhelms I., wurde nach längerer statthalterloser Zeit zum Statthalter und zugleich zum militärischen Oberbefehlshaber der Generalstaaten ernannt. Beginnend mit diesem Krieg profilierte er sich neben Kaiser Leopold I. als großer Gegenspieler Ludwigs XIV. für die kommenden Jahrzehnte – eine Rolle, die nicht zuletzt dazu beitrug, dass er 1689 König von England wurde. 1672 wurden unter der Führung Wilhelms III. in den Niederlanden die Deiche geöffnet und damit mehrere Provinzen überflutet, um das weitere Vordringen des Gegners zu verhindern. Auch wenn die militärische Wende schließlich gelang und das Gebiet der Generalstaaten im Gesamtverlauf des Krieges besser aus den militärischen Auseinandersetzungen herausgehalten werden konnte als anfangs befürchtet, so markiert dieser Krieg doch den Beginn ihres allmählichen Niedergangs in ihrer vormaligen politischen und kulturellen Bedeutung. Es war aber zugleich der Anfang einer konsequenten niederländischen Sicherheitspolitik gegenüber Ludwig XIV.

Der militärische Erfolg bedroht Europa

Überhaupt brachte der Niederländische Krieg eine neue Politik im Heiligen Römischen Reich und in Europa, in deren Zentrum jetzt Ludwig XIV. als Sicherheitsrisiko stand. Im Verlauf des

Krieges wurde deutlich, dass Neutralität keine Option war. Sie garantierte nicht, dass man nicht doch in den Krieg verwickelt wurde. Die Aggressivität und das Erstarken Ludwigs XIV. waren zudem langfristig eine Bedrohung auch für weitere Mächte. Das war die Konstellation, unter der sich eine europäische Bündnispolitik gegen Frankreich formierte, die im Spanischen Erbfolgekrieg ihre große Bewährungsprobe haben sollte. Dennoch konnte Ludwig XIV. immer wieder Verbündete auf seine Seite bringen. Seine Diplomaten waren Meister darin, ihren Verhandlungspartnern mit Drohungen und Verlockungen, oftmals auch finanzieller Art, die Interessenlage aufzuzeigen. Die Aussicht, an der Seite eines militärischen Siegers zu stehen, der die Welt nach seinen Vorstellungen gestaltete, besaß eine gewisse Strahlkraft. Im Niederländischen Krieg gelang es dem Fürstbischof von Münster, Christoph Bernhard von Galen, durch geschicktes Taktieren und Bündniswechsel erfolgreich sein Territorium aus dem Krieg herauszugehen. Der Kurfürst von Köln wurde dagegen an der Seite Ludwigs XIV. zum Verlierer des Krieges, der sein Territorium stark in Mitleidenschaft zog. Schweden, das an dem Krieg eigentlich kein Interesse hatte, kam gerade noch glimpflich aus ihm heraus, hatte sich aber durch die Beteiligung unnötig geschwächt.

Kleinere Mächte waren oft schlicht gezwungen, sich in den großen europäischen Auseinandersetzungen zu positionieren. Neutralität war kein anerkanntes völkerrechtliches Konzept, und den Reichsständen wurde im Reichskrieg ohnehin untersagt, neutral zu bleiben. Politisch scheiterte nach 1672 der Versuch, eine »dritte Partei« zu konstituieren.[18] Zwar bemühten sich darum sowohl Ludwig XIV., um potenzielle weitere Gegner zu neutralisieren, als auch verschiedene Mächte, die an dem Krieg kein Interesse hatten und auf Frieden drängten, aber angesichts zu unterschiedlicher Vorstellungen war diesen Bemühungen kein Erfolg beschieden.

Kaiser und Reich gegen Ludwig XIV.

Unter dem Eindruck der neuen französischen Kriegspolitik rückte die Angst vor den Habsburgern, die Europa rund anderthalb Jahrhunderte geprägt hatte, zunehmend in den Hintergrund. Mit Leopold I. wurde ausgerechnet ein habsburgischer Kaiser zum Anti-Ludwig, auf den sich notgedrungen die Hoffnungen auf einen starken Gegenspieler zum französischen König richteten. Wie sehr diese Hoffnungen bereits griffen, zeigt sich daran, dass Leopold I. eine wachsende Koalition um sich sammeln konnte, obwohl er mit der Verhaftung und Entführung des kurkölnischen Gesandten Wilhelm Egon von Fürstenberg 1674 selbst einen eklatanten Völkerrechtsbruch beging.[19] Er brachte damit auch den geplanten Kölner Friedenskongress zum Scheitern. Dieser Kongress hatte zwar wenig Aussicht auf Erfolg gehabt, doch hatten einige Mächte, darunter Schweden, zunächst noch nachdrücklich auf ihn hingearbeitet. Der Kaiser erwies sich 1674 wie bei anderen Gelegenheiten als »Stratege der Macht« (Christoph Kampmann), der seine Grenzen auszureizen verstand, ohne sie mit jenem demonstrativen Selbstbewusstsein zu ignorieren, das Ludwig XIV. an den Tag legte und damit andere Mächte offensiv verprellte und verschreckte.[20]

Leopold I. spielte geschickt mit den Instrumentarien der Reichsverfassung und überschritt Grenzen nur dann, wenn er es sich politisch erlauben konnte. Dem Wunsch nach einem neuen Schutzherrn des christlichen Europa kam er mit einer betont defensiven Selbststilisierung entgegen, die dem Ideal eines gebändigten Kaisers entsprach, wie es der Westfälische Friede vorgab.[21] Das Bild des freundlichen Schäfers, der die Herde schützte, konterkarierte perfekt das des souveränen, kriegsfreudigen Selbstherrschers, das Ludwig XIV. von sich entwarf. Beide Bilder sollten nicht mit der politischen Realität verwechselt werden. Wir wissen, dass die beiden Konkurrenten, Ludwig XIV. und Kaiser Leopold I., Meister der Selbstinszenierung waren. Während das politische Wirken des französischen Königs aber eine Fülle von Studien angeregt hat, die es erlauben, das nach außen getragene Bild und das konkrete Handeln miteinander zu vergleichen, fehlen grundlegende Untersuchungen zur historischen Bedeutung des Habsburgers.[22] Sein Wirkungskreis setzte sich aus vielfältigen Herrschaftsbereichen zusammen und war damit komplexer als der des Königreichs Frankreich. Die Zeitgenossen, vor allem aber die Nachwelt nahmen das äußerlich zurückhaltende, scheinbar wenig machtbewusste Auftreten des

Kaisers oft für bare Münze. Erst allmählich setzt sich die Erkenntnis durch, dass sich hinter der Fassade ein ganz anderer Mann verbarg, dessen demonstrative vermeintliche Schwäche gerade seine Stärke ausmachte, der aber in seinen Absichten und seinem Handeln vielleicht seinen gefürchteten Vorgängern auf dem Kaiserthron gar nicht nachstand.

Leopold I. gab mit der Entführung Fürstenbergs, mit der gegenreformatorischen Politik und der Unterdrückung ständischer Mitsprache in Ungarn oder auch mit der eigenmächtigen Errichtung einer neunten Kurwürde für Braunschweig-Lüneburg im Laufe der Jahre deutlich sichtbare Beispiele, wozu er fähig und bereit war, wenn die Situation es zuließ. Die anderen politischen Akteure und namentlich die Reichsstände waren langfristig denn auch zunehmend desillusioniert, so dass die Angst vor der habsburgischen Universalmonarchie nicht völlig verschwand, sondern im Spanischen Erbfolgekrieg neben der Angst vor einer neuen französischen Universalmonarchie wieder präsent sein sollte.[23] Die 1670er Jahre waren aber vor allem geprägt vom Aufstieg des Kaisers zum neuen Hoffnungsträger. So wurde der französische König 1674 erstmals seit dem Westfälischen Frieden zum Reichsfeind erklärt.[24] 1648 hätte man sich nur schwerlich vorstellen können, dass es dazu kommen könnte, mussten doch die Reichsstände seither dem Reichskrieg prinzipiell zustimmen. Durch Ludwig XIV. hatte sich die politische Landschaft grundlegend verändert.

Militärischer Sieg

So geriet Ludwig XIV. nach zwei Jahren auch in den zweiten von ihm begonnenen Krieg in Bedrängnis. Kaiser und Reich standen in neuer, ungewohnter Geschlossenheit gegen ihn, zusammen mit verschiedenen anderen Mächten, die sich um die Generalstaaten sammelten. Karl II. hingegen, mit dem Ludwig XIV. sich zu dem in England ohnehin unbeliebten Krieg gegen die Generalstaaten verbündet hatte, schied auf innenpolitischen Druck hin aus und schloss 1674 einen Separatfrieden. Frankreich verlor damit einen Verbündeten, der, anders als Schweden, angesichts der englisch-niederländischen Rivalität ein eigenes Interesse an diesem Krieg gehabt hatte. Es stand damit auch gegen die niederländische Seemacht ohne Unterstützung da. Im Niederländischen Krieg musste sich die noch junge französische Kriegsflotte erstmals beweisen. Schweden, das vor allem durch geschickte Verhandlungen in das Bündnis geholt worden war, war wenig motiviert. Es wurde wie sein Verbündeter zum Reichsfeind erklärt und büßte in diesem Krieg vor allem gegen Brandenburg seine in den vorangegangenen Jahrzehnten aufgebaute starke Stellung bereits allmählich wieder ein. Bei den Friedensverhandlungen verhinderte allerdings diplomatischer Druck, dass Brandenburg seinen militärischen Erfolg gegen Schweden im politischen Gewinn umsetzen konnte, da Ludwig XIV. letztendlich als klarer Sieger aus dem Krieg hervorging und seine Gegner sich in dieser Situation nicht mehr für brandenburgische Territorialerweiterungen stark machten.

Der Sieg Ludwigs XIV. war in den Jahren nach 1674 allerdings zunächst keineswegs vorhersehbar gewesen. In Frankreich kam es durch den Niederländischen Krieg erstmals wieder zu Aufständen und deutlicher Opposition, welche die Vorstellung von Frankreich als einem mit der Herrschaft Ludwigs XIV. nach innen befriedeten Land in Frage stellen.[25] Anders als Karl II. ließ sich der französische König davon allerdings ebenso wenig unter Druck setzen wie es seine Mutter während seiner Kindheit 30 Jahre zuvor getan hatte. Finanziell stand Frankreich immer noch relativ gut da. Der Niederländische Krieg läutete aber bereits das Ende der erfolgreichen aktiven Finanzpolitik ein, nicht nur weil die Kriegsausgaben die finanziellen Erfolge zunehmend zunichtemachten, sondern auch, weil die Kriegspolitik immer mehr in den Vordergrund rückte und andere Maßnahmen und Anstrengungen zurücktreten ließ.[26] Dennoch sollten Krieg und Wirtschaft in diesem Zusammenhang nicht bloß als Gegensätze begriffen werden, schon deshalb, weil sie als Maßnahmen im Hinblick auf eine gemeinsame, schlüssige Zielsetzung gesehen wurden, die sich im vermeintlichen Ruhm des Königs manifestierten. Dabei war es nicht nur der König selbst, sondern auch seine militärischen Berater und Befehlshaber, die zum Krieg drängten. Nach ihrem Selbstverständnis und dem des Königs lag es in der Natur der Sache, dass ein prosperierendes, militärisch immer weiter erstarkendes Frankreich seine Potenziale nutzte und Krieg führte, um damit seinen Führungsanspruch zu demonstrieren. Der Niederländische Krieg war ohnehin kein völliger Gegensatz zu der bis dahin verfolgten Handels- und Wirtschaftspolitik, denn mit den Niederlanden bekämpfte Frankreich einen Gegner, gegen den Colbert in Übersee längst einen weniger offensichtlichen Handelskrieg begonnen hat, der ab 1672 allerdings dem offenen Krieg in Europa untergeordnet wurde.[27]

Außenpolitisch zahlten sich die französischen Anstrengungen im Niederländischen Krieg aus: Während Brandenburg Frankreichs Verbündeten Schweden erfolgreich attackierte, gelang es dem gegen Frankreich gerichteten Bündnis nicht, diesem militärisch beizukommen. Anders als noch einige Jahrzehnte zuvor war das Land mittlerweile auch dann ein starker Gegner, wenn es auf sich alleine gestellt war. Das gegen Frankreich gerichtete Bündnis war zudem alles andere als eine symbiotische Einheit, vielmehr eine Zweckgemeinschaft von teilweise selbst schwächelnden Partnern: Spanien befand sich unter Karl II. im unaufhörlichen Niedergang. Die Habsburger insgesamt waren anders als Frankreich nicht geübt in Zweckbündnissen mit anderskonfessionellen oder andersartigen Partnern. Die protestantischen Generalstaaten, um die es in diesem Krieg im Kern ging, waren über Generationen hinweg Gegner der katholischen Habsburger gewesen. Als Republik waren sie Außenseiter in der europäischen Fürstengemeinschaft. Die durch den Krieg verursachten zeitweiligen tumultösen Zustände ließen sie erst recht nicht vertrauenswürdig erscheinen.[28] Dass die neuen politischen Fronten und Konstellationen in Europa sich erst bewähren mussten, spielte Ludwig XIV. in die Hand. Im Niederländischen Krieg erwies er sich erstmals als Meister darin, sich seinen Gegnern nicht nur militärisch entgegenzustellen, sondern sie auch politisch auseinanderzudividieren. Bereits die Tatsache, dass in Nimwegen 1678/79 eine zeitlich versetzte Reihe von Separatverträgen geschlossen wurde, macht dies deutlich. Es gelang Ludwig XIV., die gegen ihn gerichtete vermeintliche Übermacht auszuhebeln. Kaiser Leopold I. musste sich in Ungarn mit von Frankreich unterstützten Unruhen auseinandersetzen, die seine Interessen weitaus stärker gefährdeten als die Auseinandersetzungen im Reich und im

Westen Europas. Auch die solide finanzielle Basis, die dem französischen König zur Verfügung stand, fehlte ihm.[29]

So ging Ludwig XIV. schließlich als Sieger aus dem Krieg hervor. Den territorialen Preis dafür zahlte vor allem Spanien, das nur zehn Jahre nach dem Frieden von Aachen in Nimwegen weitere Verluste in den Spanischen Niederlanden hinnehmen und die Freigrafschaft Burgund (*Franche-Comté*) abtreten musste, die es im vorherigen Krieg gerade noch hatte bewahren können. Damit war Ludwig XIV. nicht nur die erklärte Absicht einer Demütigung und politischen Schwächung der Generalstaaten gelungen, sondern durch den spanischen Kriegseintritt war er auch in der langfristigen französischen Strategie der Eroberungen in den Spanischen Niederlanden einen beachtlichen Schritt weitergekommen. Der Kaiser musste Freiburg im Breisgau abtreten, allerdings verlor Frankreich das im Westfälischen Frieden zugebilligte Garnisonsrecht in Philippsburg im Hochstift Speyer.

Die Inszenierung des Sieges

In Frankreich, wo man bereits den keineswegs durchgängig erfolgreichen Krieg als einen vermeintlichen Triumphzug des Königs zelebriert hatte, feierte man erst recht den Frieden als einen überragenden Sieg. Ein breites Spektrum an Kunst und Kultur, darunter panegyrische Werke des alternden Akademiemitglieds Pierre Corneille, der bereits zur Verherrlichung des Friedens von Aachen seinen Teil beigetragen hatte, verbreitete und bekräftigte diese Sicht in ganz Frankreich.[30] Mit dem Niederländischen Krieg und dem ihn beendenden Frieden erreichte der seit den 1660er Jahren immer weiter aufgebaute Anspruch Ludwigs XIV. seinen Höhepunkt, *Arbiter* der Christenheit zu sein, also der Schiedsrichter der europäischen Mächte.[31] Die historischen Urteile, die über den Frieden von Nimwegen im Rahmen der Politik Ludwigs XIV. gefällt werden, variieren dagegen. Stand er mit dem Friedensschluss auf dem Höhepunkt seiner Macht oder war dieser bereits überschritten? Die Meinungen darüber, ob der französische König wirklich als brillanter Sieger aus diesem Krieg hervorging oder ob er nicht vielmehr in langjährigen militärischen und politischen

Anstrengungen rettete, was er bei geschickterem Agieren bereits in der ersten Phase des Krieges hätte haben können, gehen auseinander.[32] Festzuhalten ist, dass der Friede von Nimwegen nur eine kurze Atempause war in der Auseinandersetzung Europas mit Ludwig XIV. Der Niederländische Krieg stellte die Weichen für die kommenden Jahrzehnte: Der französische König hatte sich mit dem Devolutionskrieg und dem Niederländischen Krieg, die er beide mit Gewinnen beenden konnte, gerade erst warmgelaufen für weitere Expansionen. Die Bündnisse gegen ihn spielten sich umgekehrt immer besser ein. Kaiser Leopold I. und der neue niederländische Generalstatthalter Wilhelm III. von Oranien wurden dabei zunehmend zu Führungsfiguren gegen Ludwig XIV.[33]

Die Reunionspolitik

Der französische König ging mit dem Frieden von Nimwegen gleich zum nächsten Projekt über, das seine Herrschaft erweitern sollte, der sogenannten Reunionspolitik.[34] Der Sache nach handelte es sich um den Versuch, auf der Basis der in den vorangegangenen drei Jahrzehnten geschlossenen Friedensverträge eine möglichst weite Herrschaftsausdehnung an der Nord- und Ostgrenze zu erreichen. 1679 wurden dazu Reunionskammern eingesetzt, juristische Gremien, die prüften, welche Herrschaftsrechte Frankreich beanspruchen konnte, die vermeintlich an den zuvor erworbenen Plätzen und Gebieten hingen. Die Rechtsauslegung war hier klar ein Instrument zur weiteren Expansion. Die Reunionspolitik war jedoch auch eine Folge dessen, dass Frankreich sich im Rahmen der Modernisierung und Staatsbildung herrschaftsrechtlich zu einem Territorialstaat gewandelt hatte, dass es bei seiner Expansion im 17. Jahrhundert aber immer wieder Gebiete integrierte, die nach anderen Prinzipien funktionierten. Es waren Prinzipien, die noch stark mittelalterlichen Formen entsprangen, so dass Herrschaftsrechte in einem Gebiet unterschiedlich aufgeteilt sein und sich überschneiden konnten. Die moderne Tendenz zum geschlossenen, klar definierten Staatsgebiet stand dem diametral entgegen.

Eine eindeutige Rechtslage existierte nicht. Mündlich überliefertes Gewohnheitsrecht konnte neben jahrhundertealten schriftlichen Dokumenten zur Beweisführung angeführt werden. Die französische Politik bediente sich dabei unter Ludwig XIV. schon seit dem Devolutionskrieg maximaler Interpretationen bis hin zu gewagten Konstruktionen. Die Rechtsfindung war den politischen und strategischen Interessen untergeordnet, und diese lauteten, die Nord- und Ostgrenze abzusichern und die Autorität der Krone zu stärken. In der französischen Politik hatte man mit einer solchen Zusammenstellung möglicher Ansprüche rund 40 Jahre zuvor begonnen, als Kardinal Richelieu alle Kronrechte aufzeichnen ließ. Auch wenn diese politisch nicht offensiv genutzt wurden, sondern nur eine Selbstvergewisserung und Argumentationshilfe der französischen Politik in weiteren Zusammenhängen waren, so lag darin doch bereits expansionistisches Potenzial. Ludwig XIV. war gleichsam groß geworden mit der Vorstellung, dass zu seinem Königreich mehr gehören müsse als ihm tatsächlich unterstand. Für einen dann militärisch erfolgreichen König war der Schritt dahin nicht weit, sich das zu holen, was ihm vermeintlich zustand.

Eine wichtige argumentative Grundlage für die Reunionen hatte bereits der Westfälische Friede geschaffen. Angesichts einer verwickelten Herrschaftslage im Elsass hatten die Unterhändler Kaiser Ferdinands III. hier die habsburgischen Rechte mit dubiosen Formulierungen abgetreten und damit die kleineren, zumeist schutzlosen Herrschaftsträger dort bereits für die Zukunft preisgegeben. Die Reunionen trafen den Herzog von Lothringen und eine Reihe von Reichsständen im Gebiet von den Spanischen Niederlanden im Norden bis ins Elsass und die Franche-Comté im Süden. Ludwig XIV. schuf Fakten und gliederte ihre Gebiete Frankreich ein. Ein klarer Völkerrechtsbruch war die Besetzung der protestantischen Reichsstadt Straßburg 1681, die mit keinerlei Rechtstitel zu begründen war und einen Verstoß gegen den Westfälischen Frieden darstellte. Der französische König wollte sein militärisches Vorgehen dennoch insgesamt nicht als Krieg verstanden wissen, sondern der Logik der Reunionen entsprechend als Disziplinierung eigener Untertanen. Kaiser und Reichstag sahen das naturgemäß anders und bemühten sich dagegenzuhalten. Der Zeitpunkt war allerdings denkbar ungünstig: In Ungarn bröckelte die kurzzeitige Ruhe bereits wieder. In weiterer Folge der ungarischen Rebellion griff dann auch das Osmanische Reich zu den Waffen und rückte schließlich 1683 bis Wien vor.

Als kriegsfreudiger Machtpolitiker stand Ludwig XIV. in dieser Zeit auf dem Höhepunkt. 1684 schloss er mit Kaiser und Reich in Regensburg einen Waffenstillstand auf der Basis des territorialen Status quo. Eine Anerkennung seiner neuen Erwerbungen erreichte er damit allerdings trotz des Drucks, der auf seinen Gegnern lastete, noch nicht. Dieser Höhepunkt war zudem zugleich der Tiefpunkt seines Ansehens, weil er seine aggressive Expansion ungerührt selbst dann fortgesetzt hatte, als der Kaiser um Wien kämpfte und andere christliche Fürsten ihn dabei unterstützten. Leopold I. verteidigte wie viele habsburgische Kaiser vor ihm gegen die Osmanen keineswegs nur seinen Glauben, sondern auch handfeste dynastische, politische und konfessionelle Interessen. Er tat dies vor Wien 1683 nicht besonders heldenhaft. Dennoch war er es, nicht der französische König, der den Ruhm als »Türkensieger« einfuhr, auch wenn er ihn sich mit den aktiveren Akteuren, allen voran dem polnischen König Johann III. Sobieski, teilen musste.[35]

Wie aber stand es in diesen Jahren um den Ruhm Ludwigs XIV., nach dem er zeitlebens strebte? Ruhm war im 17. Jahrhundert oft gleichbedeutend mit Kriegsruhm. Doch auch der Kriegsruhm setzte voraus, dass man sich an gewisse Regeln hielt, die Ludwig XIV. zu offensichtlich missachtet hatte. Seiner Reputation, die ein wichtiges außenpolitisches Kapital war, hatte der König fast von Anfang an durchweg geschadet. Andererseits wurde er keineswegs zum Paria innerhalb der Völkerrechtsgemeinschaft respektive der christlichen Fürsten. Die anderen Potentaten pflegten bei allem Misstrauen und aller Vorsicht nicht nur weiter Umgang mit ihm, sondern waren in zunehmendem Maße fasziniert. Dafür sorgte nicht zuletzt der in dem neuen Residenzschloss von Versailles reorganisierte Hof, mit dem Ludwig XIV. neue Maßstäbe in der Herrschaftsinszenierung setzte. Er wurde bald zum Anziehungspunkt für ganz Europa und darüber hinaus.

Selbst ein eklatanter Völkerrechtsbruch wie die Annexion Straßburgs 1681 wurde im *Almanach royal* noch triumphal inszeniert und Ludwig XIV. in seinem Ratsgremium zum »Schiedsrichter über Krieg und Frieden« erklärt (hier in einem Druck von Henri Noblin).

Ein gereifter Mann hält Einzug in Versailles

Inmitten der Turbulenzen von Niederländischem Krieg und Reunionspolitik zog der Hof 1682 offiziell nach Versailles um. Dieser Umzug markiert eine Zäsur in der französischen Geschichte wie in der Biographie Ludwigs XIV. Dessen Leben aber hatte sich in den Jahren davor bereits verändert. Er war mittlerweile von einer beachtlichen Kinderschar umgeben. Maria Teresa war 1672 letztmalig schwanger, aber alle ihre Kinder außer dem ältesten Sohn Ludwig starben. Aus seinen außerehelichen Beziehungen hatte Ludwig XIV. jedoch weitere Kinder. Die seiner »offiziellen« Mätressen Louise de La Vallière und Françoise-Athénaïs de Montespan anerkannte der König und betrachtete sie als Teil der Familie. Das bedeutete einen nicht unbeträchtlichen finanziellen Aufwand, da sie entsprechend ausgestattet, die Töchter mit Mitgiften und die Söhne mit eigenen Herrschaften versehen wurden. Zum Teil teuer erkaufte Eheschließungen mit den Prinzen von Geblüt aus den Häusern Orléans und Condé-Conti und deren Kindern integrierten sie weiter in die bourbonische Dynastie. Ende der 1670er lebten acht Nachkommen des Königs in seinem Umfeld: den jüngsten, Louis-Alexandre, hatte die Marquise von Montespan 1678 geboren, der älteste war der Dauphin, der bei der Geburt seines Halbbruders bereits 16 Jahre zählte. Kindersterblichkeit war im 17. Jahrhundert ein durch alle gesellschaftlichen Schichten verbreitetes Phänomen, und so sah Ludwig XIV. von seinen ehelichen ebenso wie seinen unehelichen Kindern viele vorzeitig dahingehen. Von seinen mindestens 17 Kindern starben neun bereits im Kindesalter. Nur fünf sollten ihn überleben.[36]

Familie in Versailles

Ludwig XIV. unterschied kaum zwischen seinen ehelichen und unehelichen Kindern und führte mit allen ein inniges Familienleben, wie er selbst es in seiner Kindheit durch seine Mutter erfahren hatte. Der König lebte dabei allerdings offen seinen ständigen Ehebruch und zwang seine Ehefrau Maria Teresa zum demonstrativen Zusammenleben mit seinen Geliebten.[37] Die Marquise von Montespan, die den Platz an der Seite des Königs mit weitaus größerem Selbstbewusstsein einnahm als vor ihr die zurückhaltende Louise de La Vallière, musste die Königin in ihren Hofstaat aufnehmen. Außereheliche Beziehungen waren für einen französischen König nicht ungewöhnlich, wohl aber die faktische Polygamie, mit der Ludwig XIV. alle Beteiligten zu einer gemeinsamen Familie machte, wobei er neben seinen langjährigen Beziehungen noch weitere kleinere Affären hatte.

Mätressenwirtschaft

Der König, der von seiner Mutter streng nach katholischen Werten erzogen worden war und sich diesen selbst durchweg verpflichtet fühlte, betrachtete sein Verhalten auch keineswegs als normal. Sein Handeln aber sprach eine völlig andere Sprache, und er setzte auch damit neue Standards in der höfischen Kultur. Für die Habsburger, die ihrem dynastischen Profil der »österreichischen Frömmigkeit« verpflichtet waren, wäre es undenkbar gewesen, Ehebruch so offen zu zelebrieren.[38] In dem Maße, in dem Ludwig XIV. stilbildend wurde und das habsburgische Modell verdrängte, wurde jedoch auch die Mätressenwirtschaft hoffähig. Die offizielle Mätresse (*maîtresse en titre*) wurde quasi zum institutionalisierten Hofamt.[39] Eine derartige Aufwertung der königlichen Mätressen wird auch als Folge der von Ludwig XIV. zelebrierten Alleinherrschaft gesehen, mit der der herausgehobene Minister verschwand und sich das Interesse auf die verschiedenen »Günstlinge« des Königs richtete.[40]

Die offizielle Mätressenwirtschaft war erst eine Folge der Hofhaltung Ludwigs XIV., noch kein in seiner Epoche bereits verfestigter Zustand. Es war jedoch jeweils allgemein klar, wer die jeweilige offizielle Favoritin war, so dass Ezechiel Spanheim 1690 unter der Rubrik der »schlechten Eigenschaften des Königs« (*mauvaises qualités du roi*) bereits eine präzise resümierende Chronik von dessen Affären in seinen Bericht über Versailles aufnehmen und auch die Kinder aus diesen Verbindungen aufführen konnte.[41] Gegenüber seinem ehelichen Sohn, dem Dauphin, machte Ludwig XIV. in seinen Memoiren in entwaffnender Offenherzigkeit deutlich, dass auch ein König, gerade weil er in der Ehe jegliche Neigung außer Acht lassen musste, gegen die Liebe machtlos war. So verpflichtete er seinen präsumtiven Nachfolger nicht rigoros auf ein Tugendideal, das er selbst zwar unvermindert hoch hielt, jedoch nicht hatte erfüllen können. Stattdessen gab er ihm die zentrale Botschaft mit auf den Weg, sich von einer Geliebten nicht von den Staatsgeschäften abhalten zu lassen und sie diese auch nicht beeinflussen zu lassen.[42]

Denn anders als viele, die ihn imitierten, und anders auch als sein tatsächlicher Nachfolger, sein Urenkel Ludwig XV., gestand Ludwig XIV. seinen Geliebten ebenso wenig wie seiner Ehefrau einen Anteil an der Politik oder auch an der Gestaltung der höfischen Kultur zu. Vom Krieg über die Diplomatie bis hin zur Gartenanlage und Architektur bestimmte der König alles selbst, umgeben von entsprechend qualifizierten Ratgebern. Selbst das Schlafzimmer und die weiteren Räume der Königin in Versailles waren – ebenso wie die ihrer Nachfolgerin Madame de Maintenon – Ausdruck seiner Repräsentation und seiner Wünsche, nicht die ihres eigenen Geschmacks.[43] Auch die Mode war in der Epoche Ludwigs XIV. auf ihn und damit einen Mann hin orientiert. Die Frauen um ihn herum setzten nur geringe Akzente: Nach seiner 1681 jung verstorbenen kurzzeitigen Geliebten Marie-Angélique de Fontanges benannte man eine im weiteren 17. Jahrhundert beliebte Hauben- und Frisurenform, und eine La Vallière bezeichnet bis heute eine dekorative Kragenschleife. Insgesamt aber standen sie alle im Schatten des »Sonnenkönigs«, auch wenn insbesondere seine Geliebten für ihn einen hohen Kostenfaktor darstellten. Doch erst Madame de Maintenon übte Einfluss auf Ludwig XIV. aus.[44] Sie war vielleicht die erste Frau seit dem Tod Annas von Österreich, der dies gelang, und ihr Einfluss auf den König war durchaus dem vergleichbar, den in früheren Jahren seine Mutter auf ihn gehabt hatte. Madame de Maintenon brachte Ludwig XIV. dazu, seinen Lebenswandel zu revidieren und sich erneut seiner Frau Maria Teresa zuzuwenden.

Es war allerdings nicht nur die stärker werdende Zuneigung des Königs zu der frommen Witwe, die seit 1669 damit betraut war, sich um seine wachsende illegitime Kinderschar zu kümmern, die ihn dazu brachte, seinem Leben eine Wende zu ge-

Madame de Maintenon, hier mit ihrer Nichte auf einem Porträt von Louis Elle dem Älteren (?) war die heimliche zweite Ehefrau Ludwigs XIV. Sie schuf sich zusammen mit ihm in der Mädchenschule Saint-Cyr, die im Hintergrund zu sehen ist, ein Denkmal.

ben. Es kam auch der Schock hinzu, als die Marquise von Montespan in den Skandal um die 1680 als Hexe verbrannte Catherine Mauvoisin verwickelt wurde, der die Gesellschaft tief erschütterte. Die Mauvoisin war einer hochadeligen Klientel mit allerlei obskuren Praktiken und bedenklichen Mitteln bis hin zu Giften zu Diensten gewesen. Es bestand der Verdacht, dass auch die Marquise von Montespan zu ihren Kundinnen gehörte, um ihre Position am Hof und als Mätresse des Königs zu halten und zu festigen.[45] Es konnte nie wirklich geklärt werden, ob und inwieweit dieser Verdacht zutraf. Dem König war eher an einer Vertuschung als einer lückenlosen Aufklärung gelegen, die das Ansehen der Monarchie hätte beschädigen können.

Die äußerlich schlichte Madame de Maintenon, die Ludwigs XIV. Zuneigung erwiderte, aber lange nicht auf seine Avancen einging, musste ihm vor diesem Hintergrund als der Gegenentwurf zu seiner bisherigen Geliebten erscheinen. Sie wurde zu einer Vertrauten, die ihn zu den strengen religiösen Werten zurückführte, die der König zwar in der Theorie stets propagiert hatte, ohne sie aber im höfischen Alltag zu leben. In seiner Jugend hatte Ludwig XIV. sich moralischen Ermahnungen zugänglich gezeigt. Der erwachsene König ging dann zwar seinen eigenen Weg, konnte sich den Vorhaltungen aus seinem familiären Umfeld und aus den am Hof präsenten starken klerikalen Persönlichkeiten wie Bossuet jedoch nicht grundsätzlich entziehen. Sie sorgten für ein schlechtes Gewissen, auch wenn die tätige Reue zunächst nie lange vorhielt. Madame de Maintenon aber war offensichtlich die richtige Person zur richtigen Zeit, um eine grundlegende Veränderung bei Ludwig XIV. hervorzurufen. Unter ihrem Einfluss beendete er das außereheliche Verhältnis zur Marquise von Montespan, auch wenn diese als Mutter seiner legitimierten Kinder noch weitere zehn Jahre am Hof blieb. Der Schein wurde gewahrt und das familiäre Geflecht, das der König mit seiner Affäre aufgebaut hatte, blieb bestehen.

Welcher Natur die zweifellos enge Beziehung von Madame de Maintenon zu Ludwig XIV. in diesen Jahren war, blieb den Zeitgenossen ebenso ein Rätsel wie späteren Historikern. Falls sie die Mätresse des Königs gewesen sein sollte, so unterschied sie sich dabei grundlegend von der Marquise von Montespan. Denn Madame de Maintenon überwand das Misstrauen der Königin und gewann sogar ihre Sympathie. Erfolgreich führte sie die beiden Ehegatten wieder zusammen. So erlebte Maria Teresa in den letzten Jahren vor ihrem Tod eine unverhoffte Rückkehr zu einem geregelten Eheleben, in dem der König sich ihr wieder stärker zuwandte und einen neuen persönlichen Umgang mit ihr pflegte. Es mag von außen betrachtet ein seltsames Familienleben gewesen sein, das sich dort abspielte, mit Madame de Maintenon als Dritter im Bunde, aber auch in weiterhin ständiger Anwesenheit der ehemaligen Geliebten des Königs und ihrer gemeinsamen Kinder.

Alltag in Versailles

Die königliche Dynastie, die zugleich die Dynastie Frankreichs war, prosperierte: 1680 heiratete der Dauphin Maria-Anna von Bayern, eine Ehe, die für die bayerischen Wittelsbacher einen erheblichen Prestigegewinn darstellte. Von französischer Seite war es ein politischer Schritt, der die guten Beziehungen zu Bayern in einer Zeit festigen sollte, in der sich nach dem Niederländischen Krieg und inmitten der beginnenden Reunionen die Stimmung im Reich zunehmend gegen Ludwig XIV. richtete. Dieses Kalkül ging allerdings zunächst nicht auf, denn Maria-Annas Bruder, Kurfürst Maximilian II. Emanuel, suchte den Ausgleich mit den Habsburgern.[46] Madame de Maintenon wurde in den Hofstaat der jungen Dauphine aufgenommen. 1682, mit 43 Jahren, wurden Ludwig XIV. und Maria Teresa erstmals Großeltern. Mit ihrem Enkel Ludwig, dem Vater des künftigen Ludwig XV., wurde der erste Bourbone in Versailles geboren. Die Dauphine brachte in rascher Folge drei Söhne zur Welt, bevor sie 1690 mit nicht einmal 30 Jahren verstarb. Die Nachfolge des Königs stand damit zunächst auf solider Basis. Sein Bruder Philippe und dessen Sohn rückten auch genealogisch endgültig in die zweite Reihe.

Nach Versailles zog Ludwig XIV. 1682 mit seinem Hof somit als ein einigermaßen geläuterter Ehemann und als ein gereiftes Familienoberhaupt um. Als ständige Residenz war Versailles unter Ludwig XIV. nicht mehr der Ort der Mätressenwirtschaft und der vergnügten Leichtigkeit, die man gerade mit diesem Schloss in Verbindung bringt. Ludwig XIV. hatte Versailles seit den 1660er Jahren für festliche Darbietungen genutzt. Der Friede von Aachen, der 1668 den Devolutionskrieg beendete, wurde dort mit einer mehrtägigen Feier begangen, die Versailles in den Mittelpunkt der Aufmerksamkeit rückte. In diese Zeit fiel die Entscheidung zum planvollen Ausbau des Schlosses. Von 1678 an war es dann möglich, dort mit dem Hof längerfristig Quartier zu nehmen.[47] Das Versailles, wo der Hof mit einem jungen König ausgelassen feierte, war noch ein Ort der Zukunftspläne und der Bauarbeiten gewesen. Es besaß den Charme des Provisorischen und die Aussicht auf die Zukunft, nachdem die höfische Festkultur in Frankreich in der Zeit der Minderjährigkeit des Königs und davor unter dem eher spröden Ludwig XIII. ein wenig brachgelegen hatte.

Im fertiggestellten Schloss von Versailles residierte dann allerdings ein allmählich alternder König, dessen mitreißender Elan der frühen Jahre nachließ. Unter seinem Einfluss und dem der Madame de Maintenon wurde der Hof zunehmend von Frömmigkeit statt von Frivolität geprägt. Seine Moralvorstellungen konnte der König seiner Umgebung allerdings nicht aufzwingen, denn das weit verbreitete Glücksspiel oder auch die offen gelebte Homosexualität, Bisexualität und Promiskuität entsprachen eher nicht dem Bild des devoten katholischen Hofes, das der Monarch vorzugeben versuchte.[48] Laut seiner Schwägerin waren selbst Fälle von Pädophilie und Sodomie bekannt, über die hinweggesehen wurde.[49] Doch auch darüber hinaus empfanden manche Bewohner die Atmosphäre in Versailles bereits nach wenigen Jahren als drückend. Die kulturellen Impulse, die Frankreich unter Ludwig XIV. ausstrahlte, gingen eher von den ersten als den letzten Jahrzehnten seiner Herrschaft aus. Die lockeren Vergnügungen wurden zunehmend eingeschränkt und in Frage gestellt. Elisabeth Charlotte d'Orléans schilderte ihrer Halbschwester in den späteren Jahren eine freudloser gewordene Gesellschaft, in der das Tanzen aus der Mode gekommen sei und das Glücksspiel dominiere.[50] Es kehrte zudem schlicht Routine ein, als der Hof sich einmal in Versailles eingerichtet und fest etabliert hatte.[51]

Doch selbst wenn die späteren Jahre des Königs nicht mehr an das Feuerwerk der Divertissements heranreichten, das er als junger Monarch – nicht zuletzt inspiriert vom unglückseligen Fouquet in Vaux-le-Vicomte – entzündet hatte, so war Versailles doch das Zentrum der europäischen Festkultur. Der König und der Hof, der ihn umgab, waren imposant genug, um nicht nur aus der Ferne und durch Erzählungen zu glänzen. Gerade der kurzzeitige Besucher wurde überwältigt, anders vielleicht als der Höfling, der Teil dieser Maschinerie war und für den sie Alltag war. Ein kritischer Beobachter wie Ezechiel Spanheim, dessen Bericht von 1690 einen anschaulichen und reflektierten Eindruck Versailles und seiner Bewohner vermittelt, war jedenfalls auch aus der Nähe noch beeindruckt.

Das System Versailles

Die Grundprinzipien, auf denen Versailles als soziales System ruhte, waren Festakte und Unterhaltung. Es gehörte zu den erklärten Herrschaftsprinzipien Ludwigs XIV., als König geselligen Umgang mit den Mitgliedern seines Hofes zu pflegen und dabei auch die Untertanen einzubeziehen.[52] Versailles war mehr als ein Gebäude mit einer Gartenanlage, mehr als ein Wohnort für den König und seine Entourage. Versailles war ein System, das die durch Ludwig XIV. erneuerte Monarchie und das neue Frankreich symbolisch auf den Punkt brachte. Mit ihm erneuerte sich auch die gesamte Repräsentation dieser Herrschaft, die in einem Zeremoniell zum Ausdruck kam, für das die gesamte räumliche Anlage von Versailles die Grundlage war. Für die Mitglieder des Hofes wurde es zum Teufelskreis, dem man nicht mehr entkam: Versailles war ein Ort, an dem viele sein wollten, es war aber auch ein Ort an dem man sein musste, wenn man in einem Land, in dem alles auf den König hin orientiert war, etwas erreichen wollte. Hier verglich man sich und interagierte innerhalb der privilegierten Elite. Hier machte man für sich und seine Familie Karriere und konnte seinen Status sich und den anderen durch die eigene Position am Hof und die Vielfalt der dort gepflegten sozialen und kulturellen Praktiken demonstrieren. Die Provinzen, vormals als Gouvernements starke Machtzentren des Hochadels, verloren an Bedeutung, und je länger sich die Adeligen am Hof aufhielten, desto mehr verloren sie selbst den Bezug zu ihren ehemaligen Machtzentren. Rund 3000 Adelige lebten unter Ludwig XIV. ständig am Hof.[53]

Die zahlreichen Schlösser, die bald in ganz Europa nach dem Versailler Vorbild entstehen sollten, imitierten somit nicht die bloße Architektur, sondern diese Architektur als Voraussetzung einer zeremoniellen Inszenierung, die Teil eines neuen Herrschaftsverständnisses war. Ebenso wenig wie europäische Herrscher allerdings das aus den Traditionen der französischen Monarchie entstandene politische System einfach übertragen konnten (oder auch wollten), sondern es in ihre eigenen Strukturen umsetzten, so entstanden im Folgenden in Europa auch keine bloßen Kopien von Versailles, sondern Weiterentwicklungen eines damit gesetzten Modells.[54]

Architektonisch verfuhr Ludwig XIV. beim Bau von Versailles ähnlich wie bei der Weiterentwicklung seines gesamten Königreichs: Das kleine Jagdschloss, das sein Vater hatte erbauen lassen, blieb erhalten und wurde zum Nukleus eines Ausbaus, der im Ergebnis ein Neubau war, den man bis heute mit Ludwig XIV. verbindet. Es waren weniger architektonische Schönheit oder Innovation, durch die Versailles auffiel, als vielmehr die schiere Größe und Monumentalität, welche die auch rein quantitativ neue Größe des Hofes widerspiegelten. Mit rund 20 000 Personen war er zehn Mal so groß wie der des Kaisers in Wien.[55] Auch der Theologe Bossuet ermutigte den Monarchen, als Teil seiner Größe und Großzügigkeit finanzielle Ausgaben nicht zu scheuen, hatte dabei jedoch die Verherrlichung Gottes im Blick.[56] Das signifikante Merkmal von Versailles aber war, dass alles auf die Person des Königs hin geordnet war. Während der Louvre wie viele andere Residenzschlösser auch ein Monument der Dynastie und der diversen Vorgänger des Königs auf dem Thron war, war Versailles, das er künftig nur noch selten in Richtung Paris verließ, das architektonische Symbol souveräner Herrschaft in der Person Ludwigs XIV. Das Schloss und seine Gartenanlagen, deren Repräsentation er besondere Aufmerksamkeit widmete und für die er selbst einen Führer verfasste, spiegelten das Regierungsprogramm des Königs, der seinem Königreich Frieden, Recht und Sicherheit bringen und es nach außen durch ruhmreiche Kriege repräsentieren wollte. Eine harmonische Ordnung durchzog die Gesamtanlage, politische und historische Größe prägten die Ikonographie, Krieg und Frieden waren zentrale Themen von

Architektur und Bildprogrammatik. Das Schlafzimmer des Königs bildete eine symmetrische Einheit mit dem vielfach kopierten repräsentativen Spiegelsaal – genau genommen einer Spiegelgalerie –, an dessen Enden jeweils der Friedens- und der Kriegssaal lagen.[57] Krieg und Frieden waren für Ludwig XIV. weder politisch noch in der Inszenierung Gegensätze, denn nach seinem Verständnis war er selbst es, der Europa nach jedem Krieg den Frieden, einen nach seinen Vorstellungen geschaffenen Frieden, gab.

Die Hinordnung von Versailles auf Ludwig XIV. kam aber nicht nur in der architektonischen Gestaltung zum Ausdruck, sondern darin, dass die größte Attraktion der König selbst mit seinem Alltag war. Hier konnte man ihm zusehen, wie er aufstand und sich zu Bett legte, wie er speiste, sich zerstreute oder Hof hielt, hier konnte man die Personen um ihn herum und sein Umfeld begutachten. Nach Versailles kam man nicht primär wegen der Bälle oder Bühnenaufführungen. Das ständige Divertissement dort war die Existenz des Königs in ihrer Entfaltung vom Aufstehen bis zum Zubettgehen sowie das Schloss selbst, das den Rahmen dafür darstellte. Sonnenaufgang (*Lever de soleil*) und Sonnenuntergang (*Coucher de soleil*) hatten in Frankreich ihre Parallele im *Lever* und *Coucher* des Sonnenkönigs.

Die Herrscher der Frühen Neuzeit waren grundsätzlich öffentliche Personen, nichts an ihnen war privat, auch wenn es intime Momente natürlich gab. Doch von der Geburt bis zum Sterben wurden ihr Leben und ihre Neigungen, ihre Stärken und ihre Schwächen, ihre Eheschließungen, ihre Krankheiten, ihre Fähigkeit, Kinder zu bekommen, und vieles mehr von der Öffentlichkeit nicht nur aus bloßer Neugierde beobachtet, sondern es hingen tatsächlich Wohl und Wehe des Landes davon ab, das der Herrscher regierte und personifizierte. Ludwig XIV. funktionierte mit Versailles diese Beobachtung des Herrschers zu einem ständigen Spektakel um, in dem er mit seinem Hof das Publikum unterhielt, das dieses Spektakel aus der Nähe betrachten oder über eine breite Berichterstattung daran seinen Anteil nehmen konnte. So schilderte die Kulturzeitschrift *Mercure Galant*, die Frankreich und Europa seit 1672 regelmäßig mit allerlei Neuigkeiten aus der »galanten« Welt versorgte, ausführlich die zeremoniellen Höhepunkte des Hofes.

Das Versailler Zeremoniell

Das Versailler Zeremoniell war der Gegenentwurf zum spanischen Hofzeremoniell, das in Spanien und in abgemilderter Form in Wien praktiziert wurde und vielen anderen Höfen bis dahin als Vorbild gedient hatte: Während das spanische Zeremoniell die besondere Existenz des Herrschers durch Exklusivität zelebrierte und ihm ein zurückgezogenes Leben vorschrieb, das vielleicht weniger vergnüglich war, aber eine gewisse Privatheit ermöglichte, waren der französische König und alle, die seinem zeremoniellen Vorbild folgten, der Mittelpunkt von dauernden Aktivitäten, die sichtbar zur Schau gestellt wurden. Wer wie die zahlreichen spanischen Infantinnen und französischen Prinzessinnen als Akteur vom einen an den anderen Hof katapultiert wurde, sah sich damit folglich oft in eine scheinbar andere Welt versetzt und fühlte sich dort fremd und unwohl. Insgesamt war es auch eine Frage des Naturells, mit welchem Zeremoniell man besser zurecht kam. Das Publikum und der über das enge dynastische Umfeld des Herrschers hinausgehende Hof gaben Versailles klar den Vorzug. Hierher strömten die Besucher, um etwas zu sehen. Hier dauerhaft zugelassen zu sein, war ein Privileg. Diese Strahlkraft besaß der Wiener Hof nicht und strebte auch nicht danach. Mit den höfischen Feiern Ludwigs XIV. in den 1660er Jahren hatte Leopold I. durchaus mithalten können.[58] Die Hofburg aber entsprang ihrer Konzeption und dem herrscherlichen und zeremoniellen Selbstverständnis nach anderen Kriterien als der neue Publikumsmagnet Versailles. Ein System wie Versailles konnte überhaupt nur funktionieren, wenn die Herrschaft der Idee nach an einem Ort konzentriert war, was für das Heilige Römische Reich ebenso wie für viele andere Herrschaftsgebilde nicht zutraf.

Der französische Hof war stets zugänglich gewesen. Dieses Grundprinzip blieb in Versailles erhalten und wurde kultiviert. Ludwig XIV. sah darin nicht nur ein besonderes Merkmal der französischen Monarchie, sondern einen Ausdruck dessen, in Beziehung zu seinen Untertanen zu stehen und sich nicht furchtsam von ihnen zu isolieren.[59] Gerade die Zugänglichkeit des Hofes, an dem den Gästen und Zuschauern etwas geboten wurde, machte auch nach dem Urteil von Zeitgenossen seine

Attraktivität aus.⁶⁰ Franzosen und Ausländer reisten nach Versailles, um den König, seine Familie und sein Umfeld anzuschauen, um dem Hof beim höfischen Agieren und Feiern zuzusehen und um das Schloss und den Park zu erkunden. Nicht von ungefähr hat Jürgen Habermas bei seiner Analyse der Entstehung moderner Öffentlichkeit in dieser »repräsentativen Öffentlichkeit«, bei der der Herrscher seine Funktion vor den Untertanen repräsentierte und die mit Ludwig XIV. in Versailles ihren Höhepunkt fand, zunächst einen Vorläufer zur Bildung einer politischen Öffentlichkeit gesehen.⁶¹ Herrschaft wurde wie ein Theaterstück inszeniert, und der König zelebrierte für alle sichtbar seine Autorität und Souveränität. Tatsächlich war eine politische Öffentlichkeit jedoch auch darüber hinaus vorhanden und ist nicht zuletzt in einer breiten Publizistik greifbar, die Ludwigs XIV. Handeln analysierte und kritisierte. Der französische Hof trug mit seiner besonderen Selbstdarstellung zu der Vorstellung bei, dass ein Herrscher sichtbar, greifbar und für bestimmte Belange wie die Bitten um Gnadenerweise auch ansprechbar zu sein hatte. Die Propaganda Ludwigs XIV. fand dabei stärker auf der symbolischen, eben repräsentativen, Ebene statt als die anderer politischer Akteure oder auch als die seiner Vorgänger auf dem Thron. Es war Teil seines Selbstverständnisses, sein Handeln nicht gegen Angriffe zu verteidigen, höchstens es selbstherrlich zu erläutern, vor allem aber, es durch eine affirmierende Repräsentation in Kunst, Kultur und Architektur zu unterstreichen. Die zahlreichen Gegner und Kritiker Ludwigs XIV. haben sich auch damit auseinandergesetzt, was allerdings in Frankreich selbst immer schwieriger wurde: Die Zensur wurde dort in der zweiten Hälfte des 17. Jahrhunderts immer effektiver, das Risiko für oppositionelle Schriften mithin immer größer, während zugleich die Verbreitung obrigkeitlich gewollter und kontrollierter Informationen weiter verbessert wurde. Buchdruck und periodische Presse unterlagen strikter Aufsicht oder waren wie die einzig zugelassene Zeitung, die *Gazette de France*, gleich in obrigkeitlicher Hand.⁶²

Das von Ludwig XIV. selbst formulierte Prinzip, dass die Untertanen dem König gehörten, aber eben auch der König den Untertanen, erhielt mit Versailles seinen sichtbaren Ausdruck.⁶³ Es war ein rigides System der Hofhaltung, das mit

Ludwig XIV. begann und 1682 eine Form erreichte, die zu einem europäischen Modell wurde. Vor allem die folgenden französischen Könige konnten sich dem nicht mehr entziehen. Dieses komplett durchorganisierte Leben unter den Augen steter Öffentlichkeit war eine Belastung. Diese Belastung empfand auch der Schöpfer des Modells. Ludwig XIV. ließ sich noch während der Bauphase von Versailles in dessen unmittelbarer Umgebung das 1806 abgerissene Schloss von Marly errichten, »eine mythologische Kartause« (Claudia Hartmann), die ihm als Rückzugsort diente.[64] Wenn die Zeitgenossen vom »Lustschloss« sprachen, so war dies weniger frivol gemeint, als es heute klingen mag: In Marly konnte der König sich von der großen Zurschaustellung erholen. Er blieb auch dort König und war öffentlich, aber in kleinerem Kreise und in einer Atmosphäre, die zumindest lockerer war als die von Versailles. Versailles aber war der Ausdruck dessen, was Ludwig XIV. sein wollte und wie er gesehen werden wollte: ein starker König im Zentrum seines Königreichs und der Christenheit. Versailles war in seiner Bildsprache der »Tempel des Kriegskönigs« (*temple du roi de guerre*) (Joël Cornette).[65] Ein solcher war er, als er Versailles plante, als er es umsetzte und als er dorthin umzog. Die nun folgenden Herrschaftsjahre des Königs aber sollten erst recht von Gewalt – nach außen wie nach innen – geprägt werden.

5   Der Allerchristlichste König

Ein König – ein Glaube

Für eine Revision der Politik hätte es nach rund zwei Jahrzehnten der »Selbstherrschaft« Ludwigs XIV. gute Gründe gegeben. Der mühselig sanierte Staatshaushalt war durch Kriege erneut belastet, aber auch durch die königliche Bautätigkeit, von der Versailles nur das herausragende Beispiel ist.[1] Das politische Vertrauen, das Frankreich lange genossen hatte, hatte Ludwig XIV. durch seine Kriegs- und Reunionspolitik verspielt. Das war auch deshalb fatal, weil die österreichischen Habsburger nach dem Entsatz von Wien 1683 rasant zu neuer Größe aufstiegen, nicht nur durch den Ruhm des Ereignisses selbst, sondern vor allem auch durch territoriale Eroberungen im alten Königreich Ungarn, das die Osmanen anderthalb Jahrhunderte weitgehend im Besitz gehabt hatten. Gegen die übermächtigen Habsburger hatten über Generationen hinweg Reichsstände und europäische Mächte Hilfe bei Frankreich gesucht. Jetzt aber versprachen viele sich gerade vom Kaiser Schutz vor Ludwig XIV.

Dieser fuhr mit unverminderter Härte und Kompromisslosigkeit fort, das durchzusetzen, was er für sein Recht als König von Frankreich hielt, nicht nur in weltlichen Bereichen, sondern auch in geistlichen. Ludwigs XIV. rigorose Unterdrückung der Hugenotten, die zu einer massenhaften Flucht aus Frankreich führte, ist einer der Gründe dafür, warum der Begriff Absolutismus oftmals mit Despotie gleichgesetzt wird. Doch die Religionspolitik des Königs richtete sich nicht nur gegen Andersgläubige.[2]

Der Jansenismus

So brachte die Epoche Ludwigs XIV. auch das offizielle Ende des Jansenismus, einer katholischen Strömung, deren Gnadenlehre Parallelen zur reformierten Theologie aufwies. Von päpstlicher Seite waren jansenistische Tendenzen schon in der ersten Hälfte des 17. Jahrhunderts verurteilt worden, und es kam zu staatlichen Repressionen.[3]

Es gab allerdings keine einheitliche Linie oder Theologie des Jansenismus. Der Begriff leitete sich von dem 1638 verstorbenen niederländischen Bischof Cornelius Jansen her, der sich in seinen Schriften intensiv mit Augustinus auseinandergesetzt hatte. Jansenismus wurde zu einer Sammelbezeichnung für verschiedene Strömungen von theologischen Autoren, Geistlichen oder Glaubensgemeinschaften im 17. und 18. Jahrhundert, von denen sich viele kritisch mit der zeitgenössischen kirchlichen Lehre und der engen Verbindung von Politik und Religion auseinandersetzten. Es waren ihre Gegner, die sie als Jansenisten brandmarkten und Jansenismus zum Kampfbegriff gegen abweichende theologische Meinungen und katholische Opposition machten. In Frankreich war die Entstehung dieser theologischen Richtung ebenso wie ihre Bekämpfung von Anfang an eng mit der Politik und der Entwicklung des Herrschaftssystems verbunden.

In der Epoche Ludwigs XIV. hatte der Jansenismus, dessen Vertreter im Gegensatz zur Amtskirche einen rigorosen und weltabgewandten Glauben propagierte, zahlreiche Anhänger und insbesondere auch Anhängerinnen innerhalb der französischen Eliten. Nach dem Scheitern der Fronde wurde er ein Sammelbecken einer religiösen Opposition abseits des Hofes. Namhafte Gegner hatte der Jansenismus im Klerus und insbesondere unter den Jesuiten, die den König darin bestärkten, dieser als Abweichung begriffenen Bewegung entgegenzuwirken. Der Jansenismus war nicht vereinbar mit dem Konzept eines sakralen Königtums und einer höfischen Repräsentation, in der weltliche Herrschaft und Geistlichkeit eng miteinander verwoben waren. Er zog viele jener Katholiken an, die der starken königlichen Autorität und seiner zur Schau gestellten Pracht in Frankreich kritisch gegenüberstanden. Ludwig XIV. griff darum nachdrücklicher als seine Vorgänger gegen diese theologische Strömung durch. Das traf insbesondere das Zisterzienserinnenkloster Port-Royal, das sich unter der 1661 verstorbenen charismatischen Äbtissin Angélique Arnauld zu einem Zentrum des französischen Jansenismus entwickelt hatte. Als 1679 Anne-Geneviève de Bourbon-Condé, Herzogin von Longueville, ein Mitglied des französischen Königshauses, starb, verlor Port-Royal seine einflussreichste Fürsprecherin. Das Kloster war zunehmend von repressiven Maßnahmen betroffen und wurde schließlich 1710 endgültig zerstört. Im Verborgenen blühte der Jansenismus jedoch weiter und fungierte in den folgenden Jahrzehnten erst recht als eine verdeckte Opposition, die zu den Wegbereitern der Französische Revolution zählt.[4]

Auseinandersetzung mit dem Papsttum

Ludwigs XIV. Politik kollidierte darüber hinaus auch mit der Grundfeste der katholischen Kirche selbst, dem Papsttum. Die Grundproblematik dieses Konflikts war weder neu noch auf Frankreich beschränkt. Sie drehte sich um die Frage, wo die Gewalt des Papstes aufhörte und die der weltlichen Herrscher einsetzte. Die *Allerchristlichsten Könige*, deren offizieller Ehrentitel seit jeher den Anspruch implizierte, die älteste Krone der katholischen Christenheit zu repräsentieren und die damit zugleich einen innerchristlichen Führungsanspruch anmeldeten, hatten sich in dieser Frage unabhängiger gemacht als viele andere katholische Herrscher, insbesondere der Kaiser. Bereits 1438, lange vor der Reformation, stellte sich Karl VII. zusammen mit dem französischen Klerus mit der *Pragmatischen Sanktion von Bourges* selbstbewusst dem Papst entgegen. Darin wurde in kirchlichen und geistlichen Fragen nicht nur die Rolle der Gesamtkirche gegenüber dem Papst betont, sondern innerhalb Frankreichs auch die des Königs. Über Jahrhunderte hinweg entwickelte sich eine »gallikanische Kirche«, deren Klerus stärker auf Frankreich und den König als auf Rom und den Papst hin geordnet war. In dieser Tradition stand Ludwig XIV. bei seinen Auseinandersetzungen mit dem Papsttum.

Die Spannungen zwischen Ludwig XIV. und den verschiedenen Päpsten begannen unmittelbar mit der Regierung des Königs und zogen sich langfristig hin.[5] Die Päpste waren keine neutrale Institution, sondern hatten als territoriale Mittelmacht und universale Instanz zugleich eigene Interessen inmitten des bourbonisch-habsburgischen Konflikts. Mit den ihnen zur Verfügung stehenden Mitteln mussten sie ihre geistliche Führungsposition ebenso verteidigen wie weltliche, politische und finanzielle Belange. Ein französischer König, der seine Autorität über die Kirche in seinem Herrschaftsgebiet betonte, kollidierte dabei mit den päpstlichen Ansprüchen, doch war dies nicht der einzige Punkt, an dem sich Konflikte Ludwigs XIV. mit den verschiedenen Päpsten entzündeten. Die französischen Botschafter in Rom vertraten die Position ihres Königs in allen Fragen selbstbewusst und scheuten auch dort keine offenen Auseinandersetzungen. Solange die Osmanen in der Offensive waren, lag es im Interesse aller Päpste, eine gemeinsame katholische Abwehr zu organisieren. Dafür sprachen nicht nur religiöse Gründe, sondern auch die Tatsache, dass sie von den Osmanen im Mittelmeerraum unmittelbar strategisch bedroht waren. Die Päpste lavierten folglich bei dem Versuch hin und her, Ludwig XIV. in die Abwehr der Osmanen einzubinden, während sie zugleich die gallikanischen Ansprüche und die Kriegspolitik des französischen Königs ablehnten.

Dennoch kam es gerade in der Hochphase der osmanischen Bedrohung zur Eskalation. Der 1956 selig gesprochene Innozenz XI., der 1676 Papst wurde, wehrte sich dagegen, dass Ludwig XIV. das königliche Recht, die Einnahmen einer Diözese während einer Vakanz für die Krone zu beanspruchen, auch auf solche Gebiete ausdehnte, in denen dies bisher nicht üblich gewesen war. Dies war ein weiterer Schritt zur Homogenisierung Frankreichs und zugleich die willkommene Erschließung einer weiteren Einnahmequelle. Der König berief ein nationales Konzil ein, das 1682 seine Position bekräftigte und vier maßgeblich von Bossuet initiierte Thesen verabschiedete. Die *Gallikanischen Artikel* bestritten nicht nur, dass der Papst weltliche Rechte über christliche Herrscher hatte, sondern sahen auch seine geistliche Autorität durch die universale Kirche insgesamt beschränkt. Der französische König, der nicht nur in seiner Herrschaftslegitimation, sondern auch in seinem Selbstbewusstsein fest im katholischen Glauben verankert war, ließ sich gemeinsam mit seinen Bischöfen gerade in jenem Moment auf eine Auseinandersetzung mit dem Papst ein, in dem dieser mit der Koordination der Abwehr der auf Wien marschierenden Osmanen befasst war, die Ludwig XIV. durch seine Politik zudem weiter hintertrieb. Innozenz XI. blieb seinerseits bei seiner Linie. Im Folgenden attackierte er das Vorgehen in Frankreich mit mehreren Bullen, die den französischen König implizit exkommunizierten, und verweigerte allen von Ludwig XIV. nominierten Bischöfen die Einsetzung. Frankreich steuerte damit auf ein Schisma zu. Der König reagierte mit Gewalt und annektierte zeitweilig das päpstliche Gebiet von Avignon. Die Situation konnte erst nach dem Tod Innozenz' XI. 1689 entschärft werden. Differenzen und Spannungen blieben zwar weiterhin bestehen, doch nahm die moderatere Haltung des neuen Papstes Alexander VIII. dem Konflikt an Schärfe.[6]

Die Konkurrenz mit dem Papsttum und seinen eigenen universalen Anspruch unterstrich Ludwig XIV. wie andere politische Programme auch künstlerisch und architektonisch. Dies kam insbesondere in dem seit 1671 erbauten und 1706 fertig gestellten Pariser Invalidendom zum Ausdruck, der unschwer die Anlehnung an das Vorbild des römischen Petersdoms erkennen lässt. Er stellte als Teil einer größeren Gesamtanlage für Kriegsversehrte ein eigentümliches Zusammenspiel von Armenfürsorge, kriegerischer Repräsentation und kultischer Verehrung König Ludwigs des Heiligen dar, von dem sich die bourbonische Königslinie herleitete.[7] Paris sollte zumindest für die Franzosen das neue Rom sein. Die Schwägerin Ludwigs XIV., Elisabeth Charlotte d'Orléans, formulierte messerscharf: »In Frankreich fragt man nicht viel nach Rom noch nach dem papst; man ist persuadirt, daß, wie auch war, man woll ohne ihm sellig werden kan.«[8] Sie sah in der gesamten Glaubenspraxis des französischen Katholizismus deutliche Unterschiede zum deutschen oder auch zum südeuropäischen: »[...] schir als wens eine andere religion were.«[9] Der nur aufgrund ihrer Heirat konvertierten ehemaligen Calvinistin war der französische Katholizismus deutlich sympathischer.

Die Gallikanische Kirche

Die im Glauben vereinigte Gallikanische Kirche legitimierte die Symbiose Frankreichs und seines Königs in allen nationalen Belangen. Im Krieg wurde in den französischen Kirchen für die Sache des Königs gebetet, die Siege französischer Truppen wurden mit dem katholischen Festgesang des *Te Deum* zelebriert. Ludwig XIV. war zweifellos ein gläubiger Mensch, aber der katholische Glauben war für ihn zugleich eine Bestätigung seines Herrschaftssystems. Sein Glauben umfasste die Überzeugung, von Gott auserwählt und von ihm an diesen Platz in der Welt gestellt worden zu sein. Im unerschütterlichen Bewusstsein, Gott und seinen Willen zu repräsentieren, stellte Ludwig XIV. sich dabei selbst in einer fast schon gottgleichen Weise in den Mittelpunkt, die einem gläubigen Christen, ob Protestant oder Katholik, blasphemisch erscheinen konnte. Hier war bereits Konfliktpotenzial gegeben. Eine kritische oder auch nur eine private Frömmigkeit, die nicht zur Bestätigung des Herrschaftssystems beitrug, war aber darüber hinaus genuin verdächtig. Es war keineswegs nur der König selbst, der darin eine Bedrohung sah. Insbesondere der Hochklerus, der Teil dieses Systems war, das Ludwig XIV. stützte, sah in jeglicher abweichender Art der Frömmigkeit eine Konkurrenz und reagierte entsprechend. Das traf neben den Jansenisten auch die sogenannten Quietisten, Vertreter einer mystisch orientierten Glaubenspraxis, die in Frankreich von der charismatischen Witwe Madame Guyon inspiriert wurden.[10] Im Klima der zunehmenden Frömmigkeit des Hofes seit den 1680er Jahren fanden Madame Guyon und ihre konsequente Form des Glaubens durchaus Anhänger und Förderer, darunter auch die Marquise von Maintenon. Doch nicht einmal das schützte sie vor dem Verbot und der Verfolgung, denn mit ihrem Glauben, der demonstrativ die äußere Welt ignorierte, entzogen sie sich der Bestätigung der Einheit von geistlicher und weltlicher Macht.

Die Hugenotten

Der Anspruch Ludwigs XIV., seine Untertanen auch im Glauben zu vereinen und hinter sich zu stellen, traf natürlich in besonderem Maße jene, die bereits im Grundsatz davon abwichen: die französischen Hugenotten, eine an den Lehren Johannes Calvins orientierte reformierte Strömung. Sie wurden mit dem 1685 erlassenen *Edikt von Fontainebleau* nicht länger geduldet, wodurch Europa zusätzlich zu seinen anderen Konflikten nun von einer neuen Welle von Glaubensflüchtlingen erschüttert wurde.[11] Zeitgleich erklärte der *Code Noir* den katholischen Glauben auch zum einzig legitimen in den von Frankreich beherrschten Teilen der Karibik.

Ludwigs XIV. Großvater Heinrich IV. hatte die Hugenotten im *Edikt von Nantes* 1598 anerkannt und ihnen Rechte zugesprochen, die ihre Sicherheit garantieren sollten. Damit waren die jahrzehntelangen blutigen Religionskriege in Frankreich beendet und die Hugenotten eine geschützte Minderheit mit klaren Rechten und der Möglichkeit politischer und administrativer Partizipation. In dem Edikt, das ein Dokument der Duldung und nicht der Gleichberechtigung war, kam jedoch bereits die widersprüchliche Doppelstellung Heinrichs IV. zum Ausdruck: Als ehemaliger Hugenottenführer war er aus Gründen der Staatsräson konvertiert und blieb seinen ehemaligen Glaubensgenossen verbunden, als französischer König dagegen legitimierte er sich durch die katholische Konfession, deren Führungsanspruch auch und gerade durch das *Edikt von Nantes* bekräftigt wurde. Die konfessionelle Spaltung war ein Unruhepotenzial, das es in der Logik frühneuzeitlicher Herrschaft weitgehend zu eliminieren galt. Dies galt insbesondere in einem sich immer stärker auf die königliche Autorität hin ordnenden Zentralstaat wie Frankreich, wo die Festungen, die das *Edikt von Nantes* den Hugenotten zugesprochen hatte, in Konkurrenz zum Gewaltmonopol der Krone standen. Bereits 30 Jahre nach dem Edikt verloren die Hugenotten nach gewaltsamen Auseinandersetzungen mit der königlichen Regierung die Kontrolle über diese Plätze. Die symbolträchtige Belagerung und Eroberungen der starken befestigten Hafenstadt La Rochelle bedeutete das Ende militärischer Sicherheit für die Hugenotten. Das 1629 erlassene Gnadenedikt von Alès entzog ihnen zwar nicht die bisherige Akzeptanz, wohl aber die Mittel, diese im Konfliktfall zu verteidigen.

Ludwig XIII. und sein Sohn Ludwig XIV. waren als katholische Könige geboren und aufgewachsen. Ihnen fehlte die Erfahrung der Religionskriege ebenso wie ein persönlicher Bezug zur reformierten Lehre. Dass ihr Vater bzw. Großvater, der Begründer der bourbonischen Königslinie, ein Hugenotte gewesen war, war ein Makel, den es zu überspielen galt. Heinrich IV. selbst hatte ihn bereits durch die starke Betonung der Sakralität als »wundertätiger König« (*Roi thaumaturge*) zu kompensieren versucht. Die »königliche Berührung« (*Toucher Royal*), mit der der gesalbte Herrscher angeblich Kranke von den Skrofeln heilen konnte, wurde wieder fester Bestandteil monarchischer Praxis in Frankreich. Nach seiner Ermordung wurde Heinrich IV. idealisiert und märtyrerähnlich glorifiziert.[12] Ludwig XIV. erklärte im *Edikt von Fontainebleau* die Konfessionspolitik seines Großvaters aufgrund ihres situationsbedingten, friedensstiftenden und stabilisierenden Charakters zu einem Übergangsphänomen. Er sprach seinen Vorgängern jegliche Absicht einer langfristigen Integration der Hugenotten ab und hob die vormaligen Edikte auf, die zu ihren Gunsten erlassen worden waren.

Die neue starke Betonung der Sakralität des französischen Königtums und die von Kindheit an feste Verankerung der künftigen Könige im katholischen Glauben ließen die Hugenotten aus der Perspektive der Krone mehr denn je als Fremdkörper erscheinen. Mit ihrer traditionell stärkeren Verbreitung im Süden Frankreichs standen sie dem politischen Zentrum auch räumlich fern. Für das Herrschaftsverständnis und die Regierungskonzeption Ludwigs XIV. war es ein konsequenter Schritt, die Hugenotten aus seinem Herrschaftsgebiet auszuweisen, denn als König legitimierte er sich herrschaftsrechtlich über seinen Glauben und in seinem Handeln wandte er sich diesem Glauben seit den 1680er Jahren wieder stärker zu als je zuvor. Die Hugenotten standen seiner Vorstellung zuwider, Frankreich nach seinem Willen und an seiner Autorität orientiert zu gestalten. Doch es ging um mehr als um weltliche Autorität. Herrscher sahen sich als von Gott legitimiert und verbanden damit die Überzeugung, dass er ihnen ihre Untertanen nicht nur mit ihren weltlichen Belangen anvertraut habe. Einem im katholischen Glauben fest verankerten Herrscher konnte es auch im 17. Jahrhundert nur schwer mit seiner Verantwortung vor Gott vereinbaren, die ihm Anvertrauten duldsam in ihrem »falschen« Glauben zu belassen.

Die große Zeit der Reformation war zudem mit dem 16. Jahrhundert vorbei. Die Zahl der Hugenotten war seit der Zeit Heinrichs IV. rückläufig. Im 17. Jahrhundert war die katholische Konfession durch die Gegenreformation und eine eigene katholische Reform wieder in der Offensive: Neben die Ausnutzung aller rechtlichen Mittel und gewaltsame Maßnahmen traten Bildungsinitiativen, Klostergründungen, diverse Reformen und eine Missionstätigkeit im eigenen Land. Die verschiedenen Formen der »Glaubenspropaganda« vermittelten ein neues, positiveres Bild von der katholischen Konfession. Dies galt gerade auch in Frankreich, wo ein Mann wie Bossuet die Vielschichtigkeit des französischen Katholizismus in sich vereinte, der den autoritären Herrschaftsstil Ludwigs XIV. sogar gegen den Papst verteidigte, zugleich aber erbauliche theologische Werke verfasste, die bis heute durch ihre sprachliche und intellektuelle Überzeugungskraft beeindrucken. Die Krone war zudem unter Ludwig XIV. besser als je zuvor in der Lage, die öffentliche Meinung in Frankreich zu bestimmen. Bevor die Politik gegenüber den Hugenotten restriktiv wurde, gab es immer wieder freiwillige Konversionen von zum Teil hoher Symbolkraft. Spektakulär war 1668 die des bereits 57-jährigen Marschalls Henri de Turenne, eines Enkels des legendären reformierten Unabhängigkeitskämpfers der Niederlande, Wilhelm von Oranien. Die Hugenotten waren somit eine Minderheit, die gesellschaftlich und mit noch etwa 5 bis 6 % der Bevölkerung auch quantitativ auf dem Rückzug war.

Maßnahmen und Umsetzung der Hugenottenpolitik

Ludwigs XIV. Maßnahmen gegen die Hugenotten waren nicht die einsame Entscheidung eines Despoten gegen sein Volk, sondern trafen auf eine vorhandene gesellschaftliche Strömung, auch wenn sich nicht sagen lässt, wie breit die Zustimmung war. Seit langem gab es in Frankreich die sogenannten »Devoten« (*Dévots*), Katholiken, die der Regierung gerade vorwarfen, den Katholizismus nicht politisch umzusetzen. Auswärtige Bündnisse mit Protestanten und die Duldung und zum Teil sogar Integration der Hugenotten in Frankreich mussten für einen Untertanen, der seinen König als durch den katholischen Glauben legitimiert und sakralisiert anerkannte, in einem irritierenden Widerspruch stehen. Das starke Königtum Ludwigs XIV. weckte zwangsläufig Erwartungen, dass die Krone nun gegen die Hugenotten vorgehen müsse. Publizistische Debatten heizten die Stimmung an, und der katholische Klerus in Frankreich wollte die Häresie im eigenen Land endgültig eliminiert sehen.[13] Das *Edikt von Fontainebleau* erfüllte diese Forderungen und beendet den inneren Widerspruch, den die Duldung der Hugenotten für einen französischen König darstellte.

Der Einfluss gesellschaftlicher Strömungen, höfischer Eliten und insbesondere auch einzelner Personen aus dem Umfeld Ludwigs XIV. wie Bossuet oder Madame de Maintenon auf die gegen die Hugenotten gerichtete Politik ist nicht klar zu bestimmen. Da das Bild vom absoluten König als einem selbstherrlichen Monarchen in vielerlei Hinsicht Risse bekommen hatte und Ludwig XIV. wie viele andere Fürsten ein Produkt auch seiner Umgebung und seiner Ratgeber war, war die Religionspolitik aber sicher kein Ergebnis einer einsamen Entscheidung. Außerhalb Frankreichs gestanden selbst die Gegner des französischen Königs ihm bei aller grundsätzlichen Kritik an seiner Konfessionspolitik zu, ein Recht zur Vereinheitlichung seines Herrschaftsgebietes auch in Glaubensfragen zu haben. Die vermeintliche Ruhe in Europa nach dem Waffenstillstand von 1684, die Ludwig XIV. selbst im *Edikt von Fontainebleau* zum idealen Zeitpunkt seines Vorgehens erklärte, mochte trügerisch sein. Doch kein politischer Akteur in Europa dachte daran, zugunsten der Hugenotten in Frankreich zu intervenieren. Stattdessen profitierten insbesondere protestantische Herrschaftsgebiete in ganz Europa, allen voran England, die Niederlande, die Schweizer Eidgenossenschaft und Brandenburg-Preußen, von den Flüchtlingen, die oftmals hoch gebildet, qualifiziert und leistungsbereit waren.

Ludwig XIV. hat die Hugenotten nicht aus Frankreich ausgewiesen – im Gegenteil: Das *Edikt von Fontainebleau*, das wie alle königlichen Edikte unmittelbar gedruckt und im Königreich verbreitet wurde, verbot die öffentliche Ausübung der nach offizieller Lesart »vorgeblich reformierten Religion« (*Religion Prétendue Reformée*). Die hugenottischen Kirchen wurden zerstört. Kinder hugenottischer Eltern mussten künftig im katholischen Glauben erzogen werden. Verstöße gegen das Edikt wurden mit der Gefangennahme, Beschlagnahmung allen Besitzes und für die Männer auch mit der Galeerenstrafe, die einem faktischen Todesurteil gleichkam, bedroht. Diese rigiden Strafen galten auch für jene Hugenotten, die Frankreich verlassen wollten. Wer bereits im Vorfeld geflüchtet war, wurde aufgefordert, zurückzukehren. Lediglich hugenottische Pfarrer, die nicht konvertieren wollten, wurden ausgewiesen, gleichzeitig wurden ihnen diverse Anreize zur Konversion gegeben.

Es war eindeutig nicht die Absicht Ludwigs XIV., seine hugenottischen Untertanen zu vertreiben, sondern sie in den katholischen Glauben hinein holen. Er tat dies so, wie er auch in weltlichen Dingen das durchsetzte, was er für das Richtige hielt, nämlich unter Nutzung aller rechtlichen und obrigkeitlichen Maßnahmen, einschließlich äußerster physischer Gewalt. Das Edikt von Fontainebleau war dabei nur die letzte Stufe eines autoritären und gewaltsamen Vorgehens.

Die rechtlichen Rahmenbedingungen für die Hugenotten waren bereits zu Beginn der Selbstherrschaft Ludwigs XIV. in den 1660er Jahren verschärft worden.[14] Ihre religiöse Selbstorganisation wurde behindert und ihre politische und administrative Integration rückgängig gemacht. Zunehmend wurden die Hugenotten an den Rand der Gesellschaft gedrängt und ihre Glaubenspraxis immer weiter erschwert, auch wenn die Politik Ludwigs XIV. in dieser Hinsicht anfangs nicht wirklich konsequent war. Seit 1679 aber richtete sich ein ganzer Maßnahmenkatalog gegen die Hugenotten. Der Druck wurde zu Beginn der 1680er Jahre weiter verschärft durch die sogenannten Dragonaden, militärische Einquartierungen, mit Hilfe derer hugenottische Haushalte gezielt terrorisiert wurden. 1685 wurden schließlich die letzten Register gezogen und alle Möglichkeiten des frühmodernen Staates gegen die Hugenotten genutzt.

Das Ausmaß der in Frankreich angewandten Gewalt stieß viele Zeitgenossen konfessionsübergreifend ab. Wenn ein Herrscher in seinem Herrschaftsgebiet keine konfessionelle Abweichung dulden wollte, so wurde spätestens nach den Religionskriegen vorangegangener Epochen doch immerhin erwartet, dass er keinen brutalen Zwang in Gewissensfragen ausübte, zumal man sich über den Wert erzwungener Konversionen auch im 17. Jahrhundert wenig Illusionen machte. Es war politisch akzeptiert, anderskonfessionellen Untertanen auf dem Boden von Recht und Gesetz das Leben zu erschweren, nicht aber, sie unter Androhung von Gewalt und Tod zum Glaubenswechsel zu bewegen und ihnen dabei zugleich das Exil zu verwehren. Rechtliche Restriktionen aber, Schikanen, in letzter Instanz Ausweisungen waren in Europa auch nach dem Westfälischen Frieden durchaus üblich. Politik und Religion blieben eng verbunden. Auch das Heilige Römische Reich, das viele der französischen Glaubensflüchtlinge aufnahm, war insgesamt kein Hort religiöser Toleranz, sondern der Raum eines rechtlich geregelten konfessionellen Nebeneinanders mit unterschiedlichen Praktiken in den verschiedenen Territorien. Noch im 18. Jahrhundert wurden dort Protestanten in Übereinstimmung mit dem Westfälischen Frieden aus dem Fürsterzbistum Salzburg ausgewiesen oder in den habsburgischen Gebieten zwangsumgesiedelt. Der erste religiös tolerante Kaiser, Joseph II., änderte die habsburgische Konfessionspolitik erst in den 1780er Jahren und damit in der gleichen Zeit, in der man auch in Frankreich allmählich über eine Revision der seit einem Jahrhundert betriebenen Unterdrückung der Hugenotten nachzudenken begann.

Religion und Herrschaft

Das Christentum und die jeweilige christliche Konfession war eine der Klammern, die die entstehenden Staaten zusammenhielten.[15] Religion hatte eine nicht zu unterschätzende regulierende und kontrollierende Funktion, die sie im Zusammenwirken mit den weltlichen Instanzen verwirklichte, welche sie umgekehrt legitimierte. Die Religionspolitik Ludwigs XIV. war darum nicht nur ein Ergebnis der wachsenden Frömmigkeit des Königs und seines Umfelds, sondern besaß in einem immer homogener werdenden Staatsgebilde eine politische Logik. Diese Logik war im Handeln Ludwigs XIV. gegenüber Protestanten, »Häretikern« oder auch dem Papst im Kern die gleiche:[16] Der gemeinsame Glaube hatte Frankreich zu einen, nicht zu spalten, und er hatte den König, der sich von Gott selbst in sein Amt eingesetzt und mit seinen Aufgaben betraut sah, zu unterstützen, nicht zu behindern. Es war im Übrigen in der Umkehrung die gleiche Logik mit der 1688, drei Jahre nach dem Edikt von Fontainebleau, der katholische König Jakob II. aus England vertrieben wurde, weil seine Konfession nicht zu der seiner Untertanen passte und sie spaltete.

Auch wenn das Christentum und die katholische Konfession damit eine politische Funktion erfüllten, bedeutete dies aber nicht, dass sie von Ludwig XIV. schlicht instrumentalisiert worden wären. Der Glaube war vielmehr integrativer Bestandteil eines Diesseits und Jenseits umfassenden herrschaftlichen Selbstverständnisses eines Königs, der stets religiös gewesen war und in der zweiten Lebenshälfte zunehmend frommer wurde, der sich aber niemals tiefgreifend mit theologischen Fragen auseinandergesetzt hatte. Blanke Gewalt war in Religionsfragen allerdings auf der Basis des geltenden Rechts und der Theologie seit jeher umstritten. Nach den großen Religionskriegen in Europa wurde sie in der zweiten Hälfte des 17. Jahrhunderts zunehmend diskreditiert. Während Papst Gregor XIII. 1572 unter anderen politischen und konfessionellen Voraussetzungen sogar noch das Massaker an den Hugenotten in der Bartholomäusnacht begrüßt hatte, stand sein Nachfolger Innozenz XI., der selbst gerade erst mit dem gallikanischen Führungsanspruch Ludwigs XIV. konfrontiert war, der Aufhebung des *Edikts von Nantes* 1685 und dem damit verbundenen gewaltsamen Vorgehen kritisch gegenüber.[17] Ludwig XIV. profilierte sich somit weniger als katholischer Monarch, sondern fügte vielmehr seinem Schreckensbild eher eine weitere Facette hinzu. Zu diesem Bild trugen künftig auch jene Hugenotten bei, die Frankreich trotz des Verbots und aller Strafandrohungen verließen.

Angesichts der Maßnahmen, die dem *Edikt von Fontainebleau* vorangingen, kam es bereits in dessen Vorfeld zu wachsenden Konversionen, aber auch Auswanderungen, die nach dem Edikt massiv weitergingen. Die meisten Hugenotten, etwa 78 %, sind nicht geflüchtet, sondern konvertiert. Hinzu kamen jene, an denen die Strafmaßnahmen tatsächlich vollzogen wurden: Galeerenstrafe, langjähriger Haft unter härtesten Bedingungen und auch Hinrichtungen im Fall des Widerstands. Viele wurden so zu Märtyrern ihres reformierten Glaubens, deren Beispiel die einen entmutige, andere aber erst recht in ihrem eigenen Glauben bestärkte. Zwischen Flucht, Unterdrückung und Konversion war zunächst auch noch hugenottischer Widerstand möglich. In den Cevennen im Süden Frankreichs mündete er in die Aufstände der sogenannten Camisarden, die im 18. Jahrhundert die späten Regierungsjahre Ludwigs XIV. prägten und mit aller Härte niedergeschlagen wurden. Inwieweit die hugenottischen Konvertiten darüber hinaus eine Untergrundkirche bildeten, ist umstritten. Es gab in Frankreich langfristig Formen reformierten Glaubens, und bemerkenswert viele Frauen taten sich durch ein aktives Glaubenszeugnis der reformierten Konfession hervor. Wie bei den Jansenisten gelang es der französischen Krone nicht, tatsächlich jede Abweichung im Glauben auszuschalten.

Zu den Trägern einer hugenottischen Identität und Alternative zum homogenen katholischen Frankreich wurden jedoch nicht die, die im Verborgenen weiter existierten, sondern jene Minderheit, die das Land verließ. Sie verstanden sich in den ersten Generationen als Bewahrer einer Tradition, von der sie erwarteten, sie nach einer Revision der Konfessionspolitik in ihre Heimat zurücktragen zu können. Diese Erwartung erfüllte sich nicht. Die versprengten Gruppen der ausgewanderten Hugenotten integrierten sich schließlich auch dann, wenn sie ein eigenes Profil bewahrten, in ihre neuen Umgebungen, so dass als den Nachfahren der ehemaligen Glaubensflüchtlinge nach der Französischen Revolution die Rückkehr möglich wurde, dieses Angebot kaum noch auf Interesse stieß.[18]

Bilanz der Konfessionspolitik

In verschiedenen Ländern hatte man im *Edikt von Fontainebleau* gleich eine Chance für die eigene Bevölkerungspolitik erkannt und die Hugenotten zur Flucht und Einwanderung motiviert. Friedrich Wilhelm von Brandenburg, der »Große Kurfürst« erließ nur wenige Wochen später das *Edikt von*

Potsdam, das den Hugenotten attraktive Privilegien bot. Namentlich protestantische Herrscher in schwach besiedelten Gebieten umwarben die Hugenotten. Rund 200 000 Personen verließen so trotz aller Strafandrohungen Frankreich. In einer Zeit, in der die Bevölkerung den Reichtum eines Landes ausmachte, musste sich ein solcher Schwund bemerkbar machen. Dennoch war er für das bevölkerungsreiche Land Europas zu verkraften, das nicht zuletzt durch die Expansionspolitik Ludwigs XIV. neue Einwohner hinzugewann. Es waren allerdings zum Teil gut qualifizierte Personen, die Frankreich verließen, und im Ausland bemühte man sich, gerade solche gezielt anzuwerben. Frankreich ging mit den flüchtenden Hugenotten nicht nur ein beträchtlicher Teil einer lebendigen Vielfalt verloren, sondern es kamen spezifische Kompetenzen in Handwerk und produzierendem Gewerbe in andere Länder. Indem sie ihre Fähigkeiten einsetzten und die französische Sprache und Kultur verbreiteten, trugen die Flüchtlinge dazu bei, Frankreichs Rolle als kulturelles Modell im 17. Jahrhundert zu festigen.[19] Sie unterminierten aber Frankreichs starke wirtschaftliche Position, indem sie halfen, im Ausland Manufakturen nach französischem Vorbild zu errichten und die bisher importierten Waren nun vor Ort zu produzieren. Oftmals war genau das die konkrete Absicht hinter der Ansiedlungspolitik.[20] Die Konfessionspolitik Ludwigs XIV. bewirkte somit nicht nur einen Verlust an gut ausgebildeter Bevölkerung, sondern generierte einen darüber hinaus gehenden wirtschaftlichen Schaden.

Auch außenpolitisch hatte die Konfessionspolitik Ludwigs XIV. für Frankreich negative Folgewirkungen: Die Hugenotten, die das Land verließen, repräsentierten künftig in der Welt ein kulturell und wirtschaftlich beispielhaftes, aber zugleich ein anderes Frankreich als das des »Sonnenkönigs«. Ihre individuellen Schicksale machten in Europa anschaulich, was die Politik Ludwigs XIV. auch für seine Untertanen bedeutete. Aus den Hugenotten formierte sich eine Opposition, wie sie in Frankreich nicht möglich war. Sie verfassten Publikationen gegen die Politik des französischen Königs und trugen im Militärdienst und in anderen Funktionen mitten aus der Gesellschaft der Länder, in die sie auswanderten, aktiv zum Handeln gegen Ludwig XIV. bei.[21] In den Niederlanden begründeten einige von ihnen eine kritische französischsprachige Presse, die als Keimzelle eines politischen Journalismus gelten kann.[22]

Es war konsequent, dass Ludwig XIV. sich bemühte, zumindest in den französischen Anrainergebieten ebenfalls eine restriktive Politik gegenüber den Hugenotten durchzusetzen. Einzelnen katholischen Fürsten kam dies durchaus entgegen. Im benachbarten Savoyen war es bereits unter Herzog Karl Emanuel II. 1655 zu brutalen Massakern an piemontesischen Waldensern gekommen, einer als häretisch betrachteten Bewegung, die noch weit ins Mittelalter zurückreichte und deren Anhänger sich im 16. Jahrhundert mit den Hugenotten vermischten.[23] 1686 erließ Viktor Amadeus II. ein Edikt gegen die Protestanten, das dem *Edikt von Fontainebleau* im Wesentlichen entsprach. Angesichts der Nähe Savoyens zu den hugenottischen Siedlungsgebieten in Frankreich war den Hugenotten damit ein wichtiges Rückzugsgebiet und eine Basis für Aktionen nach Frankreich hinein verschlossen.[24] Die Schaukelpolitik des Herzogs, der in den großen Konflikten seiner Zeit geschickt und erfolgreich zwischen den verschiedenen Mächten lavierte und zudem keinesfalls ein französischer Befehlsempfänger war, verhinderte zwar eine völlig konsequente katholische Konfessionspolitik. Doch nicht nur der Papst, auch Ludwig XIV. übte konstanten Druck auf Savoyen aus.

Der fromme Witwer

Die Frau, der der rigide Katholizismus der 1680er Jahre mitunter zugeschrieben wird, ist Madame de Maintenon, die der König nach dem Tod seiner Gattin Maria Teresa 1683 wahrscheinlich im Geheimen geheiratet hatte. Abgesehen davon, dass Madame de Maintenon bei aller persönlichen Frömmigkeit nicht für Positionen einer radikalen Konfessionspolitik stand, wäre es auch kaum haltbar, den Einfluss auf den König in dieser Frage nur einer Person zuschreiben zu wollen. Die Politik Ludwigs XIV. zeigte in Konfessionsfragen durchaus eine schlüssige Entwicklung. An dem nach außen frivol wirkenden Hof umgaben ihn zahlreiche Verwandte, Adelige und Geistliche, die fest im katholischen Glauben verankert waren. Dennoch war die Beziehung des Königs zu Madame de Maintenon, die zunächst die beiden entfremdeten Gatten wieder zusammenführte, ungewöhnlich und in ihrer Entwicklung erstaunlich, was zur Mythifizierung ihres Einflusses mit beigetragen haben mag.

Maria Teresa starb am 30. Juli 1683 mit 44 Jahren unerwartet an einem falsch behandelten Abszess.[25] Auch wenn der König oftmals kein guter Ehemann gewesen war, so zeigte er der Frau gegenüber, die er nur widerwillig geheiratet hatte, doch immer wieder eine aufrichtige Zuneigung. Seinem Sohn und der Nachwelt hinterließ er in seinen Memoiren die warmherzige Versicherung,

> »daß es wohl keine zweite Frau gibt, in der der Himmel so wie in ihr alle Vorzüge der Tugend, der Schönheit, der hohen Abkunft, der Zärtlichkeit zu ihren Kindern und der Liebe und Achtung für ihren Gatten vereinigt hat.«[26]

Bei ihrem Tod trauerte nicht nur er. Es zeigte sich, dass die am französischen Hof oft verloren wirkende Königin in ihrer schicksalsergebenen Art und ihrer aktiven Frömmigkeit viele Sympathien genossen hatte. Doch es war eine Zeit des Wandels, die mit dem Umzug nach Versailles begonnen hatte und sich nun in personellen Veränderungen fortsetzte: Kurz darauf starb auch Colbert, mit dessen Namen der erfolgreiche Teil der Politik Ludwigs XIV. in besonderem Maße verbunden ist. Bald nachdem der König Witwer geworden war, im Herbst 1683 oder zu Beginn des Jahres 1684, ehelichte er dann Madame de Maintenon und begann einen neuen Abschnitt seines Lebens.

Es war nicht nur eine ungewöhnlich schnelle Entscheidung, mit der der König Madame de Maintenon heiratete, über deren genaue Rolle im Leben Ludwigs XIV. bis dahin gerätselt worden war. Ungewöhnlich war vor allem die Wahl an sich. Das vermeintliche Klischee, das er erfüllte, als er sich in die Gouvernante seiner Kinder verliebte, wurde ein solches tatsächlich erst mit dem Ideal der romantischen Liebe im 19. Jahrhundert. Die drei Jahre ältere Witwe, die den unehelichen Kindern des Königs zur zweiten Mutter wurde, erschien in den Augen der Welt nach den vorherigen Geliebten des Königs als eine eher freudlose und frömmelnde Frau. Doch sie hatte wie Ludwig XIV. selbst bereits ein bewegtes Leben hinter sich, als sie sich kennen lernten, und ihre Schönheit war ihr dabei neben einem wachen Geist durchaus von Nutzen gewesen.[27]

Madame de Maintenon

Väterlicherseits stammte Madame de Maintenon aus der renommierten Hugenottendynastie d'Aubigné. Allerdings war ihr Vater ein unsteter Charakter, der zur Zeit der Geburt seiner jüngsten Tochter Françoise im Gefängnis saß. Ihre Kindheit verbrachte sie zum Teil in der Karibik und wurde zwischen den unterschiedlichen Konfessionen ihrer Verwandten hin- und hergerissen. Die katholische Mutter aber prägte sie deutlich in ihrem Glauben, auf den sie auch getauft war. Nach dem frühen Tod beider Eltern ging die 16-jährige Françoise d'Aubigné eine Versorgungsehe mit dem 25 Jahre älteren Schriftsteller Paul Scarron ein, durch die sie den Bildungshintergrund und die Netzwerke erwarb, die ihr später das Leben und den Aufstieg am Hof ermöglichten. Sein Tod 1660 ließ sie zunächst erneut in prekären Verhältnissen zurück. Erst als sie durch ihre Bekanntschaft mit der Marquise von Montespan die Möglichkeit erhielt, die Erziehung der Kinder des Königs und seiner Mätresse zu übernehmen, war sie von Geldsorgen befreit und konnte schließlich die Herrschaft Maintenon erwerben, die Ludwig XIV. später für sie zum Marquisat erheben sollte.

Madame de Maintenon hatte offensichtlich nicht danach gestrebt, dem König aufzufallen und ihm als Frau zu gefallen, zumal sie mit der Marquise von Montespan ein Verhältnis freundschaftlicher Loyalität verband. Als Erzieherin der Kinder Ludwigs XIV. entwickelte sie aber eine innige Beziehung zu ihm, die sich zunächst vor allem auf geistigen und intellektuellen Austausch gründete. Dass er mehr als eine Freundin in ihr sah, scheint sie zeitweilig eher beunruhigt zu haben. Nach dem Tod Maria Teresas konnte die Beziehung nicht mehr in einem ungewissen Schwebezustand verbleiben, und nicht nur Ludwig XIV., auch Madame de Maintenon musste sich entscheiden. Der frisch verwitwete König traf dabei eine Wahl, die man kaum hätte vorhersehen können.

Die Heirat

Die Heirat war so ungewöhnlich, dass auch ein selbstherrlicher und selbstbewusster König wie Ludwig XIV. sie nicht publik machte. Es war eine morganatische Ehe, geschlossen also unter nicht gleichrangigen Partnern. Zwischen dem König und seiner zweiten Gattin lagen Welten der sozialen Differenz. Sie als Nachfolgerin der spanischen Infantin Maria Teresa zur Königin zu machen war undenkbar. Selbst sie als morganatische Ehefrau ohne entsprechende Rechte in Rang und Status öffentlich zu präsentieren, wäre ein Affront gegenüber der Gemeinschaft der europäischen Fürsten gewesen, aus deren Familien Ludwig XIV. im Falle einer offiziellen Wiederverheiratung hätte eine Kandidatin wählen müssen, aber auch gegenüber den eigenen Untertanen, gegenüber denen der König seine Autorität stets betont und mit harter Hand behauptet hatte.[28] Ein König von Frankreich, der beanspruchte zu den ranghöchsten Monarchen der Christenheit zu zählen, musste dies dynastisch repräsentieren. An der Priorität, die er selbst seiner Ehre und seinem Ansehen einräumte, war Ludwigs XIV. Liebe zu Maria Mancini in seiner Jugend gescheitert. Diesem Zwang konnte sich auch der auf dem Gipfel des Ruhmes stehende König nicht völlig entziehen, wenn er nicht alles riskieren wollte, was er aufgebaut hatte. Ezechiel Spanheim, der das Für und Wider der Gerüchte, die über die Ehe kursierten, gegeneinander abwog, resümierte folglich ein wenig ratlos, es sprächen bei allen offensichtlichen Anzeichen »so viele Gründe gegen eine solche Verbindung eines großen Königs, der sonst so eifersüchtig auf seinen Ruhm bedacht ist«.[29] Es ist somit bemerkenswert, dass ein Mann wie der »Sonnenkönig« überhaupt den Schritt unternahm, Madame de Maintenon zu seiner Frau zu machen. Offiziell aber war Versailles in den folgenden 32 Jahren bis zum Tod Ludwigs XIV. der Hof eines Witwers.

Mangels eines konkreten Beweises können Historiker nur indirekt Rückschlüsse auf die Eheschließung zwischen dem König und Madame de Maintenon ziehen. Selbst enge Familienmitglieder wie die Schwägerin des Königs, Elisabeth Charlotte von der Pfalz, waren anfangs im Unklaren darüber, ob die beiden verheiratet waren oder nicht.[30] Die Rolle, die Madame de Maintenon künftig am Hof einnahm bis hin zur Tatsache, dass sie die Appartements der Königin bezog, ließen aber schon für die Zeitgenossen relativ deutlich erkennen, welcher Art das Verhältnis zwischen ihr und dem König war. Wie der Bericht Ezechiel Spanheims zeigt, war es ein offenes Geheimnis, das von Versailles in ganz Europa verbreitet wurde.

Leben als verhinderte Königin

Madame de Maintenon war von ihren intellektuellen Fähigkeiten, ihrer Bildung, ihren Erfahrungen, ihrer sozialen Kompetenzen und nicht zuletzt ihren persönlichen Verbindungen her durchaus in der Lage, ihre neue Rolle auszufüllen. Auch wenn sie keinen konkret greifbaren Einfluss auf königliche Entscheidungen hatte, so übernahm mit ihr doch erstmals seit Beginn der »Selbstherrschaft« Ludwigs XIV. eine Frau in seinem Umfeld kontinuierlich politische und diplomatische Funktionen. Sie pflegte und stabilisierte die von ihm vorgegebenen Beziehungen oder vermittelte Informationen, hatte dabei aber auch die Möglichkeit, Personen zu protegieren. In den letzten Jahren seines Lebens vertrat sie den König sogar bei politischen und diplomatischen Treffen.

Da Madame de Maintenon eher unbeabsichtigt und spät die Ehefrau des Königs wurde, war diese Position für sie kein reiner Grund zur Freude. Es war eine radikale Veränderung ihres bisherigen Lebens, das relativ beschaulich und selbstbestimmt gewesen war. Die innige Liebe zwischen den reifen Persönlichkeiten, die beide die Ehe zuvor als eine Institution der Vernunft erlebt hatten, war für alle offensichtlich. Von der königlichen Familie wurde Madame de Maintenon nicht nur weitgehend akzeptiert, sondern namentlich für den Dauphin und seine Söhne war sie eine Ersatzmutter respektive -großmutter.[31] Sie genoss die Zuneigung Ludwigs XIV. und den Glanz an seiner Seite, sie hatte ihr Leben aber auch dem seinen und seinen Wünschen und Vorgaben in jeder Hinsicht unterzuordnen. Ihre eigene große Aufgabe, für die sie auch den König begeistern konnte, wurde der Bereich der Mädchenbildung mit der Versorgung und Erziehung bedürftiger Adeliger, ein Bereich, dessen Defizite sie selbst kennengelernt hatte. Bereits kurz nach ihrer Eheschließung initiierte sie in Saint-Cyr eine Schule, in der jeweils 250 adelige Mädchen aufgenommen und ausgebildet wurden. Es war keine Armenfürsorge im eigentlich Sinn, die in Saint-Cyr stattfand: Die Auswahl der Elevinnen erfolgte unter strengen Kriterien, insbesondere was ihre Herkunft betraf. Es waren adelige Mädchen, deren Väter oder andere Vormünder im Krieg gefallen oder bedingt durch den Kriegsdienst nicht mehr in der Lage waren, ihre angemessene Versorgung zu gewährleisten. In Saint-Cyr erhielten sie in einem Leben in strenger Disziplin eine breit angelegte Ausbildung und zum Abschluss eine stattliche Mitgift. So war es ihnen möglich, sich gut zu verheiraten, in der Ausbildung adeliger Mädchen selbst ihr Auskommen zu finden oder aber in ein Kloster einzutreten – ein Weg, der in dieser Zeit nicht ohne Voraussetzungen im Hinblick auf Herkunft, Erziehung und finanzielle Ausstattung war.

Saint-Cyr war nicht nur ein Ort, an dem Madame de Maintenon ihr eigenes historisches Profil setzen konnte, sondern es fügte sich zugleich in die Herrschaftspraxis Ludwigs XIV., der Saint-Cyr finanzierte und mitprägte. Der Gedanke, für das Wohl der Untertanen zu sorgen, zu dem bedingt durch die Kriege des Königs die Notwendigkeit getreten war, etwas für die eigenen Opfer dieser Kriege zu tun, fand hier Ausdruck. Saint-Cyr, wo der König sich um die Töchter seiner gefallenen adeligen Offiziere kümmerte, war in dieser Hinsicht ein Pendant zum Invalidendom und dem angeschlossenen Hospital, in dem die Kriegsversehrten versorgt wurden und ein Auskommen fanden. Beide waren eine Anerkennung der Leistungen, mit denen die gesellschaftlichen Eliten Frankreichs die Politik des Königs unterstützten. Beide dienten zugleich der spezifischen katholischen Selbstdarstellung des französischen Königs, die gerade in diesen Jahren in seiner Konfessions- und Religionspolitik zum Ausdruck kam. Auch in Saint-Cyr verbanden sich christliche Frömmigkeit und eine auf den König hin ausgerichtete opulente Herrschaftsinszenierung: Architekt der Schule war Jules Hardouin-Mansart, einer der wichtigsten Gestalter der baulichen Repräsentation Ludwigs XIV., der bereits den Ausbau von Versailles angeleitet und auch den Invalidendom errichtet hatte. Der König besuchte Saint-Cyr regelmäßig, es gab einige spektakuläre Theateraufführungen. Der weltliche Prunk, mit dem die jungen Mädchen in dieser christlichen Fürsorgeeinrichtung in Berührung kamen, sorgte zeitweilig für Kritik. Unbestritten aber setzte sich Madame de Maintenon mit Saint-Cyr, wo sie nach dem Tod des Königs auch die letzten Jahre ihres Lebens verbrachte, ein Denkmal.

Die Hofgesellschaft

Da Madame de Maintenon keine offizielle Position einnehmen konnte, war die erste Dame des Hofes nach dem Tod der Königin ihre Schwiegertochter, die Dauphine Maria-Anna von Bayern. Als sie 1690 starb, rückte die zweite Frau von Philippe d'Orléans, Elisabeth Charlotte von der Pfalz, auf diese Position. Das Verhältnis zwischen ihr und der geheimen Ehefrau ihres Schwagers war spannungsgeladen. Sie sah auf die Maintenon herab und verhehlte in ihrer Korrespondenz nicht ihre Verachtung für die ältere, von ihrer sozialen Herkunft her weit unter ihr stehende Frau, der sich der König zugewandt hatte und bei der in Versailles viele Fäden zusammenliefen.[32] Es entbehrte nicht einer gewissen Ironie, dass in jenen Jahren, in denen Ludwig XIV. das Heilige Römische Reich massiv drangsalierte, zwei deutsche Prinzessinnen die ersten Damen des Hofes waren. Elisabeth Charlotte war zudem im reformierten Glauben aufgewachsen und nur um der dynastischen Raison willen für ihre Ehe mit dem Bruder des Königs konvertiert. Ihren neuen Glauben sah sie aus ähnlich kritischer Distanz wie ihre neue Heimat. Die Schwägerin des Königs, Elisabeth Charlotte, und seine Schwiegertochter, Maria-Anna, waren beide Wittelsbacherinnen. Sie entstammten den rivalisierenden pfälzischen und bayerischen Linien, und auch darüber hinaus schien die selbstbewusste Pfälzerin mit der zurückhaltenden Bayerin, die tief im katholischen Glauben verwurzelt war, wenig zu verbinden. Dennoch lehnten sie sich freundschaftlich aneinander an. Der frühe Tod der jungen Dauphine, der Elisabeth Charlotte äußerlich in die Funktion einer Königin katapultierte, ließ sie noch einsamer als zuvor in Versailles zurück.

Als der Herzog von Burgund, der älteste Sohn des Dauphin, 1697 die gerade 12-jährige Marie Adélaïde von Savoyen, ehelichte, rückte Elisabeth Charlotte wieder an die zweite Stelle. Die italienische Prinzessin war eine Tochter von Anne Marie, der jüngeren Tochter von Philippe d'Orléans und Henriette von England. Für Philippe war es ein Glücksmoment, als sie nach Frankreich kam, auch wenn der König seinen Bruder einmal mehr auf seinen Platz verwies, weil dieser seine Enkelin als erste begrüßt und sich damit über die zeremonielle Reihenfolge hinweggesetzt hatte. Mit dieser Heirat bekam Philippe zugleich die Zuversicht, dass über die weibliche Linie nun auch seine Nachkommen auf dem französischen Thron sitzen würden. Marie Adélaïde wurde rasch der Liebling nicht nur ihres Großvaters, sondern auch ihres Großonkels und Schwiegervaters, Ludwig XIV., und der Marquise von Maintenon. Elisabeth Charlotte hingegen wurde mit dem Kind ihrer Stieftochter nicht recht warm und blieb somit auch in dem sich neu entfaltenden Familienleben ein Stück weit außen vor.[33]

Da dem Hof eine offizielle Königin fehlte, kam Elisabeth Charlotte jedoch über einen langen Zeitraum hinweg eine wichtige Funktion zu, anders als ihrem Mann Philippe, der immer weiter in den Hintergrund rückte. Die eigenwillige Pfälzerin war weder in ihrer Ehe noch mit ihrem Leben am Hof glücklich. Dass sie ihre offizielle Position mit der inoffiziellen, 14 Jahre älteren Frau des Königs teilen und mit ihr konkurrieren musste, trug nicht dazu bei, ihr dieses Leben angenehm zu machen. Sie war weitgehend ohne Einfluss und politisch bedeutungslos: Während sie als Schwägerin des »Sonnenkönigs« in Rang und Zeremoniell eine Glanzrolle einnahm, musste sie zugleich hilflos mitansehen, wie dieser zur vorgeblichen Wahrung ihrer Erbrechte ihr Heimatland, die Pfalz, verwüsten ließ. Möglichkeiten zur Patronage und Protektion hatte sie nach eigener Aussage keine, da diese ganz von Madame de Maintenon monopolisiert worden waren. Sogar über Geldmangel beklagte sie sich.[34] Es ist eine herbe Mischung aus Verbitterung, Ironie und Resignation, die ihre zahlreichen Briefe durchzieht und den vermeintlichen Sehnsuchtsort Versailles in einem nüchternen Licht erscheinen lässt.

Die Thronfolge

Mit der Heirat Ludwigs XIV. mit Madame de Maintenon war abzusehen, dass der König keine ehelichen Kinder mehr haben würde. Auch außerehelichen Nachwuchs hat er keinen mehr gezeugt. Die Nachfolge stand auf dem einzig überlebenden von Ludwigs XIV. legitimen Sprösslingen, seinem Sohn Ludwig, und dessen drei Söhnen. Das war keine breite, aber doch immerhin eine solide Basis für den Fortbestand der Dynastie, zumal die Enkel rasch verheiratet wurden und selbst Kinder zeugten. Die Nachfolge zu regeln, bedeutete allerdings mehr. Vor allem hätte es erfordert, den Nachfolger auch entsprechend vorzubereiten und ihn sukzessive in die Verantwortung hinein holen. Ein Monarch wie Ludwig XIV. allerdings, der alles kontrollieren und nach seinem Willen gestalten wollte, war dazu nicht wirklich in der Lage. Seine fragmentarisch gebliebenen Memoiren für seinen Sohn geben ein anschauliches Zeugnis davon, dass er seinen Nachfolger möglichst noch über den eigenen Tod hinaus auf sein Beispiel und seine Erfahrungen verpflichten wollte.

Anders als sein Vater, sein Großvater oder sein Urgroßvater wuchs der Dauphin in stabilen und sicheren Verhältnissen auf. Die Befriedung Frankreichs, die endgültige Etablierung der Bourbonen unter den großen Herrscherdynastien, der neue Glanz des Hofes in seiner kulturellen Blüte, ein dynamisches europäisches Zentrum, auf das man halb verängstigt, halb bewundernd blickte – all das bildete den Rahmen seiner Kindheit und Jugend. Dank dem, was seine Vorfahren geschaffen hatten, brauchte er sich nicht um seine eigene Zukunft oder die seiner Dynastie zu sorgen. Er wuchs in der Gewissheit auf, dass, sollte er je König werden, sein Wort Gewicht haben würde. Maria Teresa und Ludwig XIV. waren ihrem Sohn dabei bei allen Schwächen ihres eigenen Ehelebens liebevolle und fürsorgliche Eltern. Dem König, der sich selbst und seinen Hof vielfach strikt reglementierte, war ein Familienleben wichtig und seinem potenziellen Erben konnte er es noch über den Tod der Mutter hinaus bewahren. Auch wenn der Dauphin wie alle am Hof die ihm zugewiesene Rolle zu spielen hatte, so herrschte innerhalb der königlichen Dynastie keine kühle Distanz. Doch Ludwig XIV. blieb auch in der Liebe stets dominant. Er erdrückte seinen Sohn mit dem, was er selbst für Fürsorge hielt und was er der Aufgabe, der sie beide gehörten, schuldig zu sein glaubte.

Der Dauphin

Dem Dauphin wurden strikt durchorganisierte langjährige theoretische Studien mit harter Hand aufgezwungen, obwohl er dazu ebenso wenig Neigungen zeigte wie sein Vater. Sprichwörtlich geworden ist die rigide Redaktion klassischer Autoren »zum Gebrauch des Dauphin« (*ad usum Delphini*), die verhindern sollte, dass der vermeintlich nächste König von Frankreich bei der Bildungslektüre mit moralisch anstößigen Passagen konfrontiert wurde, obwohl dieser von Kindheit an durch die wachsende uneheliche Kinderschar seines Vaters mit dem Phänomen des Ehebruchs vertraut war. Von der Regierung hielt Ludwig XIV. seinen Sohn fern. Erst mit 30 Jahren durfte er erstmals an *Conseil*-Sitzungen teilnehmen.[35] Einen Einfluss auf die Politik oder konkrete politische oder administrative Aufgaben erhielt der Dauphin aber weiterhin nicht. Der König verhielt sich ihm gegenüber nicht anders als zuvor gegenüber seiner Mutter Anna, der er die Regierungsbeteiligung nach dem Tod Mazarins konsequent entzogen hatte, oder gegenüber seinem Bruder Philippe, den er in jeder Hinsicht kaltstellte. Was aber als Handeln noch konsequent erscheinen konnte für einen jungen Monarchen, der sich aus der Regentschaft lösen und zugleich einem oppositionellen Potenzial seines Bruders erst gar keinen Raum lassen wollte, war fatal bei einem alternden Monarchen gegenüber seinem Sohn.

Ludwig XIV. erwies sich einmal mehr als ein Mann, der niemanden neben sich duldete, der ihm Kompetenzen oder Ruhm streitig machen konnte. Während Kaiser Leopold I. die Dynastie in den Vordergrund stellte und seinen Sohn und Nachfolger Joseph I. frühzeitig konsequent auch in der Öffentlichkeit als Nachfolger aufbaute, blieb das Zentrum allen Handelns und aller Repräsentation Ludwigs XIV. er selbst.[36] Lediglich im Krieg konnte der Dauphin sich Verdienste erwerben. Wie zuvor die Mutter und der Bruder, so widersetzte nun auch der Sohn sich dem König nicht, sondern akzeptierte den Platz im Hintergrund. 1695 erwarb er das Schloss von Meudon zwischen Paris und Versailles und entfaltete dort eine intensive Bautätigkeit. Dorthin zog er sich zunehmend zurück und dort starb er später auch. Die erste Dame dieses kleinen parallelen Hofes wurde Marie-Émilie Joly de Choin, die er nach dem Tod der Dauphine in morganatischer, offiziell nicht publik gemachter Ehe heiratete. Ludwig XIV. war von seiner neuen Schwiegertochter nicht angetan, konnte aber kaum Einwendungen machen, nachdem er selbst mit Madame de Maintenon ein entsprechendes Beispiel gegeben hatte. Für das christliche Selbstverständnis der königlichen Herrschaft war es besser, der Sohn orientierte sich an diesem Beispiel seines Vaters als an der Mätressenwirtschaft seiner früheren Jahre, auch wenn der Dauphin seiner zweiten Ehefrau ebenso wenig ein treuer Ehemann war wie seiner ersten.

Meudon wurde in der zunehmend krisenhaften Zeit eines alternden Königs ein Ort der Hoffnung auf Alternativen zur königlichen Politik, die der jüngere Ludwig aber nicht erfüllte. Eventuelle Erwartungen an seine eigene künftige Regierung hat er weder bestätigt noch enttäuscht: Nach einem Leben als ewiger Thronfolger starb der »Große Dauphin« (*Grand Dauphin*) mit 49 Jahren während einer Pockenepidemie. Seine Rolle im Schatten seines Vaters, dem er in Zuneigung und Bewunderung verbunden war, ist schwierig zu bestimmen. Erst die Jahre in Meudon lassen eine gewisse Distanz zu Ludwig XIV. und Versailles mit einem eigenen Profil des Dauphin erkennen.

Die Historiographie hat sich ihm erst in den letzten Jahren zugewandt und ihn als Militär, Bauherrn und Kunstmäzen gewürdigt. Der Dauphin wurde jedoch nicht nur von seinem Vater, sondern zunehmend auch von seinem Sohn, dem Herzog von Burgund, überschattet, der moralisch und intellektuell hervorstach und eine politische Persönlichkeit zu werden versprach, die für eine andere französische Politik stand. Allerdings starb der Herzog kurz nach seinem Vater und erst dessen Sohn sollte als Ludwig XV. König werden.

5 Der Allerchristlichste König

6 Der Schrecken Europas

Der »Pfälzische Erbfolgekrieg« (1688–1697)

Menschlich hatte sich Ludwig XIV. in den 1680er Jahren verändert: Mit seiner zweiten Frau pflegte er in Versailles ein glückliches Familienleben. Seine Enkel erlebten ihn niemals anders denn als einen auch in religiöser Hinsicht vorbildlichen Großvater.[1] Lediglich die Schar unehelicher Kinder erinnerte noch an den Mann, der Ludwig XIV. lange Jahre gewesen war. Sein Verhältnis zu anderen europäischen Fürsten aber wandelte sich nicht, sondern erreichte vielmehr eine weitere Eskalationsstufe. Die gegenseitige Wahrnehmung war zunehmend festgefahren: Ludwig XIV. blieb stets ein König, der seine Autorität nach innen wie nach außen sichern und seine Rechte durchsetzen wollte.

Auch wenn Ludwig XIV. sich über die Rolle des Kaisers verächtlich äußerte und der Ansicht war, dass es eher einem französischen König als dem Kaiser zugestanden hätte, den ersten Rang unter den Fürsten einzunehmen, so war es aber nicht einfach Hegemoniestreben, das die französische Politik antrieb. Der Kampf gegen die tatsächliche oder vermeintliche Übermacht und Dominanz der Habsburger war seit zwei Jahrhunderten ein konstanter Faktor dieser Politik, und die habsburgische Bedrohung erschien nach wie vor real.[2] In dem Maße, in dem Leopold I. das Osmanische Reich zunehmend vor sich her trieb, wuchs sie tatsächlich neu an. Wenn man einen Blick auf das gesamte politische Handeln des Kaisers wirft, dann zeigt sich, dass Vorbehalte auch gegen ihn, der sich so gerne friedlich und defensiv stilisierte, keineswegs unbegründet waren. Dass die Reichsstände und andere Herrscher in Europa allerdings zunehmend eine ganz andere, stärkere Furcht hatten, nämlich die vor Frankreich, das konnte oder wollte man dort nicht sehen. Entsprechend entschlossen formierte man sich auf beiden Seiten.

Die Augsburger Liga

Vor diesem Hintergrund hielt der Waffenstillstand von Regensburg, der Kaiser und Reich eine Atempause verschafft hatte, um sich auf den Krieg gegen die Osmanen konzentrieren zu können, und Ludwig XIV. gleichsam die Muße zum *Edikt von Fontainebleau* gegeben hatte, nicht einmal einen Bruchteil der 20 Jahre, auf die er geschlossen worden war. Ludwig XIV. sah die Schuld dafür in den Bündnissen, die Kaiser Leopold I. 1686 erst mit dem Kurfürsten von Brandenburg und dann in Augsburg mit zahlreichen weiteren Reichsständen und mit den Königen von Spanien und Schweden für ihre Territorien im Heiligen Römischen Reich geschlossen hatte.[3] Die *Augsburger Liga* stand in der Tradition der Landfriedensbündnisse im Reich, deren Legitimität mit dem Westfälischen Frieden gerade auch auf Druck Frankreichs ausdrücklich bestätigt worden war. Die *Liga* war im Prinzip eine Neuauflage des 1658 geschlossenen Rheinbundes mit umgekehrten Vorzeichen: Hatten sich Reichsstände und auswärtige Mächte im Rheinbund noch mit Ludwig XIV. verbündet, um die Habsburger in Schach zu halten, so begaben sie sich nun gegen eben diesen in den Schutz des Kaisers. Sie trauten der trügerischen Ruhe des Waffenstillstandes nicht, der die endgültige Entscheidung über die sogenannten Reunionen offen gelassen hatte.

Die Kölner Wahl

Ludwig XIV. sah in der *Augsburger Liga* einen Affront. Der Krieg brach endgültig aus, als der Papst 1688 Joseph Clemens von Bayern als Erzbischof und damit Kurfürsten von Köln einsetzte. Kurköln war für die bayerischen Wittelsbacher zur festen Pfründe geworden, was so lange im Sinne Frankreichs war, wie sie sich profranzösisch oder zumindest kaiserkritisch verhielten. Doch mittlerweile hatten sie sich zur Enttäuschung Ludwigs XIV. trotz der Heirat des Dauphin mit Maria-Anna, einer Schwester von Joseph Clemens, den Habsburgern zugewandt und mit ihm in der *Augsburger Liga* verbündet. Ludwig XIV. favorisierte bei der Kölner Wahl 1688 Wilhelm Egon von Fürstenberg, der sich seit langem als Akteur zwischen dem Reich und Frankreich hervortat und 1674 seine pro-französische Haltung beim Kölner Kongress mit der Gefangennahme durch den Kaiser und langjähriger Haft bezahlt hatte. Da weder Wilhelm Egon von Fürstenberg noch Joseph Clemens von Bayern die erforderliche Zweidrittelmehrheit im Domkapitel bekamen, zog Innozenz XI. die Entscheidung an sich. Er ernannte den Wittelsbacher, gegen den allerdings sein noch jugendliches Alter von 16 Jahren und die Tatsache, dass er nicht geweiht war, sprachen. Fürstenberg war dagegen ein erfahrener Kanoniker, Bischof von Straßburg und seit 1686 auch Kardinal. Ludwig XIV. sah in der Ernennung von Joseph Clemens eine kirchenrechtlich zweifelhafte Entscheidung eines ihm feindlich gesonnenen Papstes zugunsten seiner Gegner. Er stellte sich hinter Wilhelm Egon von Fürstenberg. Genutzt hat diesem das französische Engagement nichts: Köln bekam der französische Parteigänger so nicht, auch wenn Joseph Clemens während des nun folgenden Krieges lange nicht in seinen neuen Territorien residierte. Fürstenberg aber manövrierte sich erneut an der Seite Frankreichs in die Position eines Reichsfeindes und floh schließlich zu seinem Verbündeten, wo er den Rest seines Lebens blieb und lange am Hof Ludwigs XIV. lebte.

Mit den Auseinandersetzungen um die Kölner Wahl eskalierte die Situation. Der französische König suchte die Konfrontation. Die Fülle von gewaltsamen Konflikten in und außerhalb Frankreich, die er in den Jahren und Jahrzehnten zuvor initiiert hatte, schienen ihn eher anzustacheln als einen Gesinnungswandel herbeizuführen. Sein neu geordnetes Familienleben in Versailles machte den König ebenso wenig ruhiger wie die Tatsache, dass das Alter auch an ihm nicht spurlos vorüberging. Ludwig XIV. war mit Anfang 50 ein nach wie vor beeindruckender Mann. Ezechiel Spanheim schilderte in diesen Jahren bewundernd

> »die Vorzüge seiner Person, die auf seiner Figur, der Haltung, der Erscheinung, dem guten Aussehen, einem Äußeren voller Größe und

Majestät beruhen, und einer körperlichen Verfassung, die geeignet ist, die Beschwernisse und die Bürde eines solch großen Amtes zu ertragen.«[4]

Dennoch machten dem König Krankheiten zu schaffen: Rheuma und Gicht begleiteten zunehmend seinen Alltag. Eine Kieferentzündung, bei der zahlreiche Zähne entfernt werden mussten, bereitete ihm über längeren Zeitraum hinweg Schmerzen und andere Unannehmlichkeiten. Zu ständigen Verdauungsbeschwerden, welche die Ärzte immer wieder mit Einläufen behandelten, kamen schließlich Koliken und eine Analfistel hinzu, die operiert werden musste.[5] Er war längst nicht mehr der kraftvolle junge König, der die anderen mit einer ungestümen Energie vor sich hertreiben konnte. Seine Gegner waren zudem auf der Hut. Sie hatten gelernt, ihn einzuschätzen, und umringten ihn. Bislang aber hatte er noch in jeder Auseinandersetzung seinen Willen, wenn auch nicht komplett, so doch immer recht weit durchsetzen können. Diese Willensstärke bekamen offensichtlich nicht nur seine Gegner und seine Umgebung zu spüren, sondern sie begann beim Umgang des Königs mit sich selbst durch alle Widrigkeiten hindurch. Es war eine Hartnäckigkeit, die je nach Situation und Perspektive als positives Durchhaltevermögen erscheinen konnte, hinter der schon Zeitgenossen wie Spanheim neben einer unbedingten Hingabe an die selbst gestellte Aufgabe aber auch einen Hang zur Borniertheit und zur Dickköpfigkeit sahen.[6]

Der Beginn des Krieges

Doch Ludwig XIV. war dabei in der Lage, immer wieder mit taktischen Veränderungen zu reagieren und mit unerwarteten Manövern zu überraschen. Als er den 1684 geschlossenen Waffenstillstand nach nur vier Jahren aufkündigte, begann er den Krieg erstmals mit einem propagandistisch sorgfältig vorbereiteten Manifest. Es wurde in ganz Frankreich verbreitet und auch dem *Immerwährenden Reichstag* in Regensburg vorgelegt.[7] Darin entwarf er ein Szenario einer zunehmenden Verschwörung seiner Gegner mit Leopold I. an der Spitze. Dem Kaiser unterstellte er, dass er selbst kurz davor stehe, den Krieg gegen Frankreich zu beginnen. Ludwig XIV. erklärte so den

Krieg zur präventiven Schutzmaßnahme für sein Königreich. Zugleich meldete er Erbansprüche für seine Schwägerin, Elisabeth Charlotte von der Pfalz, an: Mit dem Tod ihres kinderlosen Bruders, Kurfürst Karl II., war die bisherige reformierte Linie erloschen und der Besitz an die katholische Seitenlinie Pfalz-Neuburg gefallen. Elisabeth Charlotte konnte als Frau weder die Kurpfalz noch die damit verbundene Kurwürde erben. Für die anderen Gebiete, die ihre Dynastie innehatte, hatte sie einen Erbverzicht geleistet. Schon der Devolutionskrieg hatte aber gezeigt, dass ein solcher Verzicht im Zweifelsfall nicht viel wert war. Ohnehin war die Rechtmäßigkeit von Erbverzichten ein heikler Punkt, verzichtete man damit doch nicht nur für sich selbst auf eigene Rechte, sondern auch auf die der Nachkommen, denen die Entscheidung damit aus der Hand genommen war.

Ludwig XIV. stellte bei seiner Kriegseröffnung argumentativ nicht die Erbansprüche seiner Schwägerin in den Mittelpunkt, sondern die vermeintliche Kriegsabsicht Leopolds I. und die Bündnisse, die er damit in einem engen Zusammenhang sah und als Kriegsvorbereitung wertete. Der Krieg, der in Deutschland vor allem als *Pfälzischer Erbfolgekrieg* bekannt ist, wird darum auch als Krieg der *Augsburger Liga* bezeichnet. Daneben existiert der Begriff des *Orléans'schen Krieges*, der deutlicher zum Ausdruck bringt, dass die Ansprüche auf das vermeintliche pfälzische Erbe der Herzogin von Orleáns die militärische Stoßrichtung dorthin lenkte. Die Pfalz wurde durch diesen Vorwand zum wesentlichen Leidtragenden und zunächst auch Hauptschauplatz der Auseinandersetzungen. Angesichts der sukzessiven Verwicklung weiterer Mächte und einer komplexen Motiv- und Interessenlage hat sich zudem der neutrale Begriff des Neunjährigen Krieges etabliert.

Es war im Prinzip eine Wiederaufnahme jenes Krieges, der sich aus der Reunionspolitik Ludwigs XIV. entwickelt hatte und der mit dem Waffenstillstand von 1684 nur unterbrochen worden war. Ludwigs XIV. ultimative Forderung war 1688 ein Friedensschluss auf der Basis des Regensburger Waffenstillstands und damit eine Anerkennung der Reunionen. Das war für Kaiser und Reich nicht akzeptabel. In diesem Sinne waren sie tatsächlich kriegsbereit: Sie waren nun entschlossen, dem französischen König entgegenzutreten und ihn bestenfalls zur Revision von dem zu zwingen, was aus ihrer Sicht eine aggressive Expansion war. Er selbst war der Ansicht, sich das zu nehmen, was ihm zustand. Das Manifest Ludwigs XIV., in dem er seine Interpretation der Ereignisse und seine Forderungen selbstbewusst vortrug, wiesen Kaiser und Reich als eine »höchst anzügliche Schmähekarte« zurück.[8]

1689 kam es zum ersten Mal seit 1544 wieder zu einer gemeinsamen Kriegserklärung des Kaisers und der Reichsstände gegen Frankreich.[9] Sieben Monate nachdem der Krieg von französischer Seite begonnen worden war, warf Leopold I. der französischen Seite nicht nur ihr politisches Handeln, namentlich bei der Wahl des Kölner Erzbischofs, vor, das insgesamt darauf ausgerichtet sei, »das Heilige Reich auf einmahl über den Hauffen zu werffen und unter Ihr Joch zu ziehen«. Er prangerte auch den Angriff an, der bereits mit voller Wucht erfolgt war. Dabei war neben anderen Verwüstungen vor allem das Reichskammergericht in Speyer mit seinen Akten zerstört und so gerade die ständische Gerichtsbarkeit im Reich ins Mark getroffen worden. Die Reichskriegserklärung beklagte diese und andere Vergehen, die von den Truppen des *Allerchristlichsten Königs* ohne Ansehen der Person, des Geschlechts, des Alters und auch der Konfession begangen würden. Wie tief die Verbitterung war, lässt sich daran ablesen, dass den Franzosen nur sechs Jahre nach der osmanischen Belagerung Wiens vorgeworfen wurde, »soweit deren Tyranney nur reichen können, allerhand unter Christen, ja denen Heyden und Türcken selbsten unerhörte Grausamkeiten und Unthaten« zu begehen.[10] Kaiser und Reich befanden sich mit dem Osmanischen Reich ebenso im Krieg wie mit Ludwig XIV., aber einen Unterschied machten sie zwischen diesen Gegnern nicht mehr.

Die Kriegsführung

Tatsächlich wurde der Krieg seit 1688 mit einer bis dahin unbekannten strategischen Brutalität geführt. Französische Truppen verwüsteten systematisch die Pfalz, wovon die Ruine des Heidelberger Schlosses bis heute Zeugnis ablegt. Bereits aus dieser Art der Kriegführung, die Ludwig XIV. gemeinsam mit seinem Kriegsminister Louvois genau plante, lassen sich Rückschlüsse darauf ziehen, dass es vorrangig darum ging, das Heilige Römische Reich durch Terror unter Druck zu setzen. Ein Gebiet, das man beanspruchte und tatsächlich erobern wollte, hätte man sorgfältiger behandelt, eben bereits wie einen zukünftigen eigenen Besitz. Einen solchen zerstörte man nicht bis auf die Grundfesten.[11] Es war üblich, eroberte Gebiete auszuplündern, darüber hinaus wurden alle Arten von Grausamkeiten und Zerstörungen als Kriegsfolgen stets billigend in Kauf genommen. Sie aber derart von oben vorzugeben und durchzuorganisieren, wie es in diesem Krieg geschah, das war etwas völlig anderes. Diese neue Dimension der Gewalt wurde zeitgenössisch so wahrgenommen und kritisiert. Sie verstörte auch deshalb, weil dahinter ein König stand, dessen Christentum die Grundlage seines herrscherlichen Selbstverständnisses war. Was man vielleicht in Religionskriegen aus weltanschaulichem Hass gerade noch erwartete, beging hier ein dezidiert katholischer Monarch aus politischem Kalkül in einem zwar reformierten Gebiet, das aber gerade in die Herrschaft eines anderen katholischen Fürsten übergegangen war.

Auch wenn Ludwig XIV. keine Gelegenheit ungenutzt ließ, Rechte und Gebiete für Frankreich zu beanspruchen, so war das eigentliche Ziel in diesem Krieg ein anderes. Der bereits 73-jährige neue Kurfürst Philipp Wilhelm geriet dabei eher zufällig ins Visier, aber die Tatsache, dass er als Schwiegervater Leopolds I. ebenfalls in dessen Lager stand, machte ihn zum geeigneten Gegner des französischen Königs. Der Kaiser war in den Argumentationen Ludwigs XIV. der Hauptverantwortliche für den Krieg. Auch das zeigt, dass es um weitaus mehr respektive um etwas anderes als die Erbfolge ging. Während Kaiser und Reich sich aber geschlossen gegen Ludwig XIV. stellten, behandelte mit diesem umgekehrt zum ersten Mal seit langer Zeit ein französischer König beide als eine einheitliche Gemeinschaft. Er differenzierte nicht mehr zwischen dem Habsburger und den Reichsständen, wie es die französische Reichspolitik seit dem 16. Jahrhundert kontinuierlich getan hatte.

Ausweitung des Krieges

Das Kalkül, Kaiser und Reich durch ein schnelles, brutales Vorgehen zum Nachgeben zu zwingen, ging allerdings nicht auf. Es sammelten sich immer weitere Gegner gegen Ludwig XIV., der seinerseits nicht davor zurückschreckte, allen, die sich gegen ihn stellten, offen den Krieg zu erklären. Dies galt auch für die Generalstaaten. Deren Generalstatthalter Wilhelm III. von Oranien hatte sich als aktiver Kontrahent Ludwigs XIV. profiliert, seit dessen aggressiver Krieg die prosperierende Republik in den 1670er Jahren unvorbereitet mit voller Wucht getroffen hatte. Mit Wilhelm III. lenkte der französische König allerdings nun einen noch weitaus schlagkräftigeren Feind auf sich, nämlich England, wo der protestantische Oranier in der *Glorreichen Revolution* von 1688/89 seinen katholischen Schwiegervater und Onkel Jakob II. absetzte und gemeinsam mit dessen Tochter, seiner Frau Maria, selbst den Thron bestieg.

Die englisch-französischen Beziehungen

Die Bourbonen pflegten zu der eigentlich anglikanischen Stuart-Dynastie enge Beziehungen, die trotz der konfessionellen Differenz auch durch Eheschließungen wie die von Philippe d'Orléans mit Henriette, einer Schwester Karls II. und Jakobs II., untermauert wurden. Von französischer Seite gab es dabei neben politischen Absichten immer auch konfessionelle Hintergedanken. Man hoffte, die englischen Könige wieder für den Katholizismus gewinnen oder zumindest Verbesserungen für die englischen Katholiken erreichen zu können. So war die Konversion Jakobs II. zum Katholizismus in gewisser Weise eine Spätfolge der Ehe Henrietta Marias von Frankreich mit dem englischen König Karl I. Die Schwester Ludwigs XIII. war bei ihrer Vermählung katholisch geblieben. Die Verbindung wurde darum in England von Anfang an mit Misstrauen beäugt, das nicht nur der Königsgemahlin selbst entgegenschlug, sondern auch dem anglikanischen König, der die Konfession, die England weitgehend einte, eigentlich in besonderer Weise repräsentieren sollte. Die Rolle Henrietta Marias und die konfessionelle Frage führten mit zum Bürgerkrieg, der Karl I. 1649 das Leben kostete. In der Folgezeit aber übte Henrietta Maria erst recht einen kontinuierlichen Einfluss auf ihre Kinder aus, mit denen sie sich in den 1650er Jahren im französischen Exil aufhielt.

Ludwig XIV. kannte den fünf Jahre älteren Jakob II. somit bereits seit seinen Kindertagen. Als der englische König 1688 abgesetzt wurde, unterstützte ihn der französische politisch und militärisch. Nicht nur angesichts der familiären Verbindungen und der konfessionellen Motivation, sondern auch angesichts seines legitimistischen Denkens musste es wie eine Ehrensache erscheinen, dass Ludwig XIV. sich hinter Jakob II. stellte. Allerdings entsprach dies angesichts der europäischen Konstellation auch schlicht politischer Notwendigkeit. Wenn Ludwig XIV. allerdings gehofft hatte, die Situation in England werde Wilhelm III. langfristig beschäftigt halten, so irrte er. Der Oranier konnte sich rasch gegen seinen Schwiegervater durchsetzen, dessen letzter Versuch, zumindest in Irland noch einmal Fuß zu fassen, 1690 mit der Niederlage in der Schlacht am Boyne endete. Jakob II. ging danach mit seiner Familie ins französische Exil. Der englische Gegenhof der Stuarts fand einen dauerhaften Sitz in Saint-Germain-en-Laye, wo Jakob II. mit seiner Mutter und seinen Geschwistern schon einmal vier Jahrzehnte zuvor Zuflucht gefunden hatte. Er wurde zur langfristigen Belastung Frankreichs. Diese reichte über den Tod des vormaligen Königs 1701 hinaus, solange Frankreich auch für dessen Sohn Jakob, den *Old Pretender*, der die Ansprüche des Vaters weiter erhob, eine Anlaufstelle blieb. Erst während der Regentschaftsregierung nach dem Tod Ludwigs XIV. zog er von dort nach Rom.

Umklammerung Frankreichs

Mit der Kriegserklärung an die Generalstaaten 1688 und der folgenden Unterstützung für Jakob II. erreichte Ludwig XIV. so letztlich nur, dass sich die Front seiner Gegner noch weiter zusammenschloss. 1689 verbündete auch Wilhelm III. sich mit Leopold I. Dass sich der habsburgische Kaiser und ein Protestant, der einen legitimen katholischen König vom Thron gestürzt hatte, zusammenfanden, zeigt, wie sehr die Bedrohung durch Ludwig XIV. über alle Gräben hinweg für Gemeinsamkeiten sorgte. Frankreich war nun eingekreist von seinen Gegnern: das Heilige Römische Reich, die Generalstaaten, England und Spanien von der niederländischen Seite und der Iberischen Halbinsel her, sie alle zusammen legten einen Ring um das Land, der fatal an den Höhepunkt der habsburgischen Umklammerung Frankreichs im 16. Jahrhundert erinnerte. Eine zusätzliche Herausforderung war es, dass die beiden großen Seemächte, England und die Generalstaaten, nun vereint gegen Frankreich standen. Ludwig XIV. hatte damit seit dem Beginn seiner Selbstherrschaft zwei vormalige Verbündete zu Gegnern gemacht, zwei Mächte, die zudem trotz ihrer verschiedenen Gemeinsamkeiten wie zum Beispiel in der Frage der Konfession über Jahrzehnte hinweg Kontrahenten gewesen waren. Ihre Konkurrenz war in der Handels- und Kolonialpolitik begründet, doch Frankreich hatte als neuer Akteur auf diesem Gebiet die Niederlande in mehrfacher Hinsicht geschwächt und auch damit das englisch-niederländische Bündnis ermöglicht, das sich nun gegen das Land richtete.[12] Die noch junge französische Kriegsflotte stellten diese Umstände auf eine harte Bewährungsprobe.

Ludwigs XIV. schärfste außenpolitische Gegenspieler: der habsburgische Kaiser Leopold I. (Porträt von Benjamin von Block) und der niederländische Generalstatthalter Wilhelm III. von Oranien (Porträt von Willem Wissing), der 1688 auch König von England wurde.

Im Verlauf der militärischen Auseinandersetzungen musste Ludwig XIV. an allen Fronten seines Königreichs kämpfen, doch gelang es weiterhin, sie vom eigenen Territorium fernzuhalten. Der 1688 begonnene Krieg zog sich bis zum Frieden von Rijswijk 1697 hin. Er war hart und zäh und wurde nicht nur in Europa, sondern auch in Übersee geführt und zermürbte alle Beteiligten. Militärisch ist er durch die französische Taktik der verbrannten Erde, durch massive Zerstörungen in Erinnerung geblieben, nicht durch bedeutende Schlachten. Dieser Krieg hinterließ am Ende weder klare Sieger noch Verlierer. Ludwig XIV. unternahm enorme Anstrengungen, die Übermacht seiner Gegner durch ein militärisches Großaufgebot zu kompensieren. Die Stärke seiner Armee erreichte ihren Höhepunkt und lag mit einer realen Stärke von bis zu 340 000 Mann noch über der im folgenden Spanischen Erbfolgekrieg.[13] Auch auf dem Meer rüstete Frankreich weiter auf und zeigte sich nun tatsächlich als neue bedeutende Seemacht.

Ludwig XIV. konnte seinen Gegnern nicht nur standhalten, sondern erreichte durchaus einige seiner Ziele, allerdings bei weitem nicht alle, mit denen er 1688 angetreten war. In einigen Punkten musste er sogar längst etablierte Positionen wieder aufgeben. Dem gegen ihn formierten Bündnis wiederum gelang es nicht, dem französischen König so entschlossen entgegenzutreten, dass eine Umkehrung der Expansionspolitik erreicht worden wäre. Die Gegner waren als politische und konfessionelle Akteure ebenso wie in ihren Interessen zu heterogen, um dauerhaft eine gemeinsame Front aufrechterhalten zu können. Leopold I., der sich angesichts des bis 1699 dauernden Krieges gegen die Osmanen in einem hartnäckigen Zweifrontenkrieg befand, der ihm alle Anstrengungen abverlangte, musste die Unterstützung seiner Verbündeten im Verlauf des Krieges immer wieder durch substanzielle Zugeständnisse erkaufen. 1692 erhob er Braunschweig-Lüneburg zum Kurfürstentum, ein radikaler Schritt und nahezu selbstherrlicher Umgang mit der Reichsverfassung, ohne den sich Herzog Ernst-August aber nicht zur Kriegsbeteiligung bereitfand. Die Schaffung einer neuen Kurwürde ohne ständische Mitwirkung war nur ein Beispiel dafür, dass der Kaiser zunehmend an den Reichsständen vorbei agierte. Es war darum auch für seine Verbündeten bereits an der Zeit, wieder ein kritisches Auge auf die Habsburger zu richten. Hinzu kam, dass die Frage der spanischen Erbfolge sich immer drohender abzeichnete. Auch wenn zwischen dem *Frieden von Rijswijk* und dem kinderlosen Tod Karls II. von Spanien letztlich nur die knappe Atempause von drei Jahren lag, so wurde doch immerhin abgewendet, dass ein bereits verworrener europäischer Krieg sich durch einen weiteren bis zur völligen Unüberschaubarkeit ausweitete.

Ludwig XIV. erwies sich einmal mehr nicht nur als Kriegskönig, sondern auch als Meister der Diplomatie, der das gegen ihn gerichtete Bündnis mit harter Hand bekämpfte, aber auch geschickt auseinanderdividierte. Die französische Diplomatie bediente sich dabei wie die kaiserliche nicht nur der guten Worte, sondern auch der konkreten Zugeständnisse. So löste Ludwig XIV. den Herzog von Savoyen durch die Eheschließung von dessen Tochter Marie Adélaïde mit seinem Enkel, dem Herzog von Burgund, aus dem gegnerischen Bündnis heraus. Die damit verknüpfte Hoffnung, eine savoyische Prinzessin als Königin von Frankreich zu sehen, erfüllte sich aufgrund des frühen Todes des Ehepaares zwar nicht, ihrer beider Sohn aber sollte als Ludwig XV. den Thron besteigen.

Der Friede von Rijswijk

Leopold I. war bereit, den Krieg weiter fortzusetzen, um Ludwig XIV. deutlichere Zugeständnisse abzuverlangen, aber er hütete sich wohlweislich davor, dies ohne seine Verbündeten zu tun. So wurde schließlich im niederländischen Rijswijk in der Nähe von Den Haag der Friede verhandelt, der 1697 geschlossen wurde.[14] Er war vor allem ein Erfolg für die langfristig betriebene französische Reunionspolitik im Elsass. Die dort auf der Basis des Westfälischen Friedens erfolgten Herrschaftsausdehnungen wurden anerkannt. Auch die völlig widerrechtlich erfolgte Eroberung Straßburgs war nun vertraglich sanktioniert, womit eine traditionell protestantische Reichsstadt unter katholische Herrschaft fiel. Sonstige »Reunionen« und Gebietserweiterungen aber musste Frankreich restituieren. Überhaupt wurden einige bedeutende Plätze zurückerstattet, so Breisach, das Frankreich seit dem Westfälischen Frieden als einen Stützpunkt auf der rechten Rheinseite gehabt hatte. Vauban errichtete zum Ausgleich direkt gegenüber von Breisach auf der anderen Rheinseite die Festung Neu-Breisach (*Neuf-Brisach*). Das im Frieden von Nimwegen erworbene Freiburg im Breisgau gab Frankreich ebenso zurück wie das im Verlauf des Krieges eroberte Barcelona. Außerdem verzichtete es endgültig auf Philippsburg. Mit dem Frieden von Rijswijk bildete der Oberrhein fortan die Grenze zwischen Frankreich und dem Heiligen Römischen Reich.

Damit herrschten in dieser zergliederten Region künftig klare Verhältnisse. Die beiden so unterschiedlichen Herrschaftsgebiete, Frankreich und das Heilige Römische Reich, waren nun einigermaßen deutlich voneinander abgetrennt. Es war keine in jeder Hinsicht scharfe Trennung: Die Grenzregion blieb langfristig eine Region des Übergangs, der Verflechtung und auch der Auseinandersetzungen.[15] Die aggressive Expansionspolitik Ludwigs XIV. im Heiligen Römischen Reich aber, die immer auch eine Frage unterschiedlicher Rechtsvorstellungen und Interpretationen von Herrschaft und Souveränität sowie eine Frage strategischer Sicherheit gewesen war, fand mit dem *Frieden von Rijswijk* ihr Ende.

Lothringen und der Friede von Rijswijk

Ein geostrategisches Problem blieb Lothringen, das mit diesem Frieden restituiert wurde. Die Herzöge von Lothringen und Bar waren mit den französischen Könige schon vor dem Westfälischen Frieden im ständigen Konflikt. Mit dem Übergang des Elsass an Frankreich geriet ihr Territorium als ein Übergangsgebiet erst recht in den Fokus französischer Politik und der Auseinandersetzungen Ludwigs XIV. mit dem Heiligen Römischen Reich. Lothringen war mit dem Reich nur noch durch ein Protektionsverhältnis und kleinere Lehensbesitzungen lose verbunden. Die Herzöge lehnten sich aber eng an die Habsburger an. In der zweiten Hälfte des 17. Jahrhunderts war das Herzogtum nahezu ständig von Frankreich besetzt, doch im Zuge der großen und grundsätzlichen Verhandlungen von Rijswijk wurde auch diese Herrschaft restituiert. Es wurden dabei diverse militärische Sicherungsklauseln zugunsten Frankreichs in den Vertrag eingebaut, das unter anderem ein Durchzugsrecht erhielt. Die Tochter von Philippe d'Orléans und Elisabeth Charlotte von der Pfalz, die gleichfalls Elisabeth Charlotte hieß, wurde mit Herzog Leopold von Lothringen verheiratet. Ihrer beider künftiger Sohn, Franz Stephan, sollte später Erzherzogin Maria Theresia heiraten und Kaiser werden, wodurch Philippe und seine Frau zu den Stammeltern der neuen Kaiserdynastie Habsburg-Lothringen gehörten. Politisch gelang mit dem Frieden von Rijswijk und der damit verbundenen französisch-lothringischen Heirat eine Neutralisierung des Herzogtums, die sich im kommenden Spanischen Erbfolgekrieg auszahlte.

Weitgehend restituiert wurden im Frieden von Rijswijk auch die Besitzungen des Kurfürsten von der Pfalz, deren Erwerb eben kein eigentliches Kriegsziel gewesen war. Insbesondere dieses Gebiet war aber vom vierten Artikel des Friedensvertrages betroffen, der als Rijswijker Klausel in die Geschichte eingegangen ist. Diese Klausel schrieb fest, dass in allen von Frankreich zurückgegebenen Reichsterritorien der katholische Glaube erhalten bleiben müsse. Es war eine Revision des Westfälischen Friedens, die protestantische Interessen verletzte und die langfristig gewachsene Situation in einem der historischen Stammlande des reformierten Bekenntnisses umzukehren versuchte. Diese besondere Bestimmung wurde von Ludwig XIV. durchgesetzt, der sich damit einmal mehr als radikaler Vertreter katholischer Interessen präsentierte. Dies entsprach wie das sonstige konfessionelle Handeln des Königs zugleich der politischen Logik, denn die geographische Nähe zu einem reformierten Gebiet war für die konfessionelle Heterogenität Frankreichs eine Schwachstelle. Die Rijswijker Klausel war aber zudem ganz im Sinne der neuen katholischen Kurfürsten von der Pfalz, die ihren ererbten Besitz zu rekatholisieren versuchten. Die Bestimmungen des Westfälischen Friedens setzten ihnen dabei enge Grenzen, die Rijswijker Klausel aber gab ihnen neue Möglichkeiten, die sie nutzten. Auch dem Kaiser war eine formal von außen aufgezwungene Rekatholisierung nicht unrecht. Die Politik Ludwigs XIV. traf sich hier in eigentümlicher Weise mit den Interessen seiner Kriegsgegner und war in engen Separatverhandlungen mit diesen realisiert worden. Nicht nur die protestantischen, sondern auch viele katholische Reichsstände sahen sich von der Art und Weise düpiert, wie der Kaiser für das Reich statt mit dem Reich verhandelte. Insbesondere die Protestanten argwöhnten, der Kurfürst von der Pfalz und mit ihm der Kaiser machten hier mit dem französischen König gemeinsame Sache, gegen den sie alle zusammen doch so erbittert gekämpft hatten. Letztlich blieb dem Reichstag aber nichts anderes übrig als den vom Kaiser ausgehandelten Vertrag so zu akzeptieren, wie er war, wollte man den Frieden nicht komplett in Frage stellen.[16]

Neben den territorialen Restitutionen musste Ludwig XIV. allerdings im Frieden von Rijswijk zwei deutliche Zugeständnisse machen: Er erkannte Wilhelm III. als englischen König und Joseph Clemens von Bayern als Kurfürsten von Köln an. Jakob II. und Wilhelm Egon von Fürstenberg ließen sich dauerhaft in Frankreich nieder. Der Friede war insgesamt ein Kompromissfriede. Der französische König wurde deutlich kompromissbereiter, als sein Kriegsminister Louvois 1691 plötzlich starb, ein politischer Hardliner, der die Leitlinie der königlichen Autoritätsdurchsetzung mit brutaler Gewalt umgesetzt hatte. Hier zeigte sich einmal mehr, wie sehr die Politik des »absoluten« Königs eben doch auch die seiner Ratgeber und Mitarbeiter war.[17]

Ludwig XIV. selbst war mit dem Frieden nach den langen Jahren des Krieges zufrieden. Aus seinem Umfeld kam dagegen Kritik daran, dass er auf so viele Gebiete wieder verzichtet hatte, oder auch daran, dass er Wilhelm III. als König akzeptiert und damit die Unterstützung für Jakob II. aufgegeben hatte. Der kriegsfreudige katholische König von Frankreich hatte offensichtlich eine Erwartungshaltung geweckt, die er nun nicht mehr erfüllte. Die siegreiche Kriegspolitik Ludwigs XIV. hatte dagegen ihre Anhänger. Doch nicht nur Ludwig XIV., auch seine Gegner enttäuschten mit dem Rijswijker Frieden Hoffnungen: Leopold I., als er in den Verhandlungen ganz offen die Reichsstände ignorierte, die er bei der Eröffnung des Krieges noch so demonstrativ ins Boot geholt hatte; Wilhelm III. von Oranien, weil er nichts zugunsten der französischen Hugenotten unternahm, die den Krieg auch als den ihren gekämpft hatten, und weil er sich zudem nicht gegen die Rijswijker Klausel stellte.[18]

Der König ging weder als Verlierer noch gedemütigt aus diesem Krieg, doch Frankreich war an seine Grenzen gegangen. 1693/94 kam es durch einen starken Winter zu einer Hungerkatastrophe, derer ungeachtet dennoch weiter an der Steuerschraube gedreht wurde. Am Ende des Krieges war Frankreich ausgelaugt, und die politische Kritik nahm zu.[19] Es wäre nun endgültig an der Zeit gewesen, dem Land eine Ruhepause zu gönnen. Tatsächlich aber sollte der katastrophalste Teil der Regierungszeit Ludwigs XIV., der den Negativ-Mythos des Königs endgültig festigte, erst kommen.

Frankreich und Europa an der Wende

Um 1700 standen Frankreich und Europa nicht nur kalendarisch an der Wende in ein neues Jahrhundert. Es war eine Zeit der Zäsuren und der Neuorientierungen. 1701 entstand das wahrscheinlich berühmteste Bild Ludwigs XIV., das imposante Staatsporträt von Hyacinthe Rigaud. Ludwigs XIV. Nachfolger ebenso wie seine Nachahmer orientierten sich in künftigen Darstellungen an der dort zur Schau gestellten majestätischen Pose, die von einer so übertriebenen Inszenierung war, dass sich zugleich auch Spötter und Kritiker immer wieder an ihr abarbeiteten. Das Bild Rigauds zeigt vermeintlich den »absoluten« König auf dem Höhepunkt seiner Macht. Tatsächlich befand er sich am Beginn einer immer schärferen Krise.

Frankreich und Europa an der Wende

Das berühmteste Porträt Ludwigs XIV. wurde 1701 von Hyacinthe Rigaud angefertigt. Es scheint den König auf dem Höhepunkt seiner Macht und als Inbegriff des »Absolutismus« zu zeigen. Tatsächlich war er bereits dabei, den Zenit zu überschreiten.

Frankreich am Abgrund

Frankreich war von den Jahrzehnten der Kriege vor allem durch Steuern betroffen. Die beständige Ausplünderung einer agrarischen Gesellschaft, in der viele stets am Existenzminimum lebten, hatte zusammen mit Naturkatastrophen in letzter Instanz ebenso tödliche Auswirkungen wie der direkte Krieg. Die Folgen der Kleinen Eiszeit, die global im 17. Jahrhundert immer wieder für wetterbedingte Krisen sorgte, trafen in Frankreich auf eine Gesellschaft, die in großem Ausmaß durch die Kriegspolitik Ludwigs XIV. bereits an den Grenzen ihrer Belastbarkeit war. In zwei dramatischen Wintern kam es in Frankreich 1693/94 und 1709/10 zu schweren Hungersnöten mit insgesamt rund 1,5 Millionen Toten.[20] Dies war die schärfste Konsequenz der Regierung Ludwigs XIV. Es war nicht nur eine humanitäre Tragödie, sondern zugleich eine Bedrohung der wirtschaftlichen Grundlagen des Landes, welche diese Regierung überhaupt erst ermöglichten. Belastungen, Hungerkatastrophen und Steuern generierten dabei eine immer dramatischere Situation, die nun wieder zu Aufständen führte, bei der auch die repressive Konfessionspolitik ihre Folgen zeigte.

Frankreich hätte nach drei Jahrzehnten aggressiver Kriege einer politischen und finanziellen Ruhephase bedurft. Die Chance zur Erholung bestand noch am Vorabend des Spanischen Erbfolgekriegs. Frankreich war zwar erschöpft, aber die finanzielle Überdehnung, die zugleich das System, das Ludwig XIV. aufgebaut hatte, bereits von innen heraus wieder zu zersetzen begann und zur schweren Last für die Zukunft wurde, die erfolgte erst mit diesem letzten Krieg. Der Spanische Erbfolgekrieg wurde teurer als die vorherigen Kriege, die zudem bereits aus künftigen Einnahmen vorfinanziert waren. Die von dem neuen Krieg ausgelöste ökonomische Krise zerstörte zum Teil traditionelle Finanzstrukturen und lieferte Frankreich internationalen Spekulanten aus. Inflation und Kreditverteuerungen zogen den Staatshaushalt in eine Abwärtsspirale, in der die Nettoeinnahmen immer weiter sanken. Am Ende des Spanischen Erbfolgekrieges kamen weniger als 30 % der Steuereinnahmen tatsächlich noch im Staatshaushalt an. Die Regierung reagierte bereits seit dem Pfälzischen Erbfolgekrieg mit Währungsmanipulationen, die zwar kurzfristig mehr Geld in die Kassen brachten, langfristig aber den negativen Trend weiter verstärkten. Aus dieser Situation heraus war der Spanische Erbfolgekrieg nicht nur einfach ein weiterer Krieg, sondern er war der Tropfen, der das Fass zum Überlaufen brachte. Nicht zuletzt dank der vorangegangenen finanziellen Restrukturierung erlebte Frankreich zwar unter Ludwig XIV. keinen Staatsbankrott oder einen vergleichbaren Zusammenbruch des Finanzsystems wie 1648 oder vor dem Ausbruch der Französischen Revolution.[21] Der positive Trend der Regierung Ludwigs XIV. aber war verpufft.

Die Kritik an der Situation in Frankreich wuchs bereits vor dem Spanischen Erbfolgekrieg, und sie kam nun mitten aus dem Umfeld des Königs selbst. Zu den Kritikern gehörten Männer wie Sébastien de Vauban, der als führender Militär alle Kriege Ludwigs XIV. mitgetragen hatte und trotz aller Bedenken schließlich auch im Spanischen Erbfolgekrieg wieder für den König kämpfte, oder François Fénelon, der Erzbischof von Cambrai und Erzieher von Ludwigs ältestem Enkel. Dass sie die Probleme der herrschenden Verhältnisse systematisch benannten, war ein deutliches Zeichen, dass die gesellschaftliche Akzeptanz der Herrschaft Ludwigs schwand.[22] Männer wie Vauban und Fénelon waren keine Gegner der Regierung Ludwigs XIV. Sie wollten weder zu den alten Verhältnissen zurück noch eine radikale Neugestaltung. Vauban und Fénelon hatten selbst in unterschiedlichen Positionen den König darin unterstützt, Frankreich zu dem zu machen, was es war. Sie hatten das neue Frankreich mit aufgebaut und in ihm Karriere gemacht. Sie kannten die Gesellschaft und das politische System aus der Nähe und erkannten scharfsinnig die Probleme und Schwachstellen. Ihre Beiträge waren gerade getragen von der Sorge, dass das auf dem Spiel stehen könne, was über Jahrzehnte hinweg mühevoll geschaffen worden war.

Die Kritik Vaubans

So rächte sich nun, dass das Wirtschafts- und Steuersystem niemals konsequent reformiert und alle Reformen zudem alsbald der Kriegspolitik untergeordnet worden waren. Vauban, der bereits das Vorgehen gegen die Hugenotten aus staatspolitischen Gründen für unklug gehalten hatte, verfasste nach dem Ende des Pfälzischen Erbfolgekrieges und vor dem Beginn des Spanischen Erbfolgekrieges eine kenntnisreiche Analyse, die 1707 anonym gedruckt und sofort verboten wurde.[23] Dabei legte er nicht nur die Probleme seiner Zeit in einer scharfsichtigen Weise dar, die zentrale Aussagen späterer Systemkritiker und moderner Historiker bereits vorwegnahm, sondern er legte damit zugleich einen Plan vor, der gerade nicht auf den Umsturz, sondern den grundsätzlichen Erhalt des etablierten Systems zielte. Vauban sprach klar aus, dass in Frankreich eine extreme soziale Ungleichheit und Ungerechtigkeit herrschte, durch die breite Bevölkerungsschichten verelendeten und oft noch aufgrund ihrer Armut kriminalisiert wurden, während eine kleine Schicht finanziell prosperierte. Es war ein System, von dem die Steuerpächter profitierten. Bei der Regierung kam dagegen nur ein Bruchteil der Abgaben an, welche die Franzosen so extrem belasteten. Die wirtschaftliche Misere und die daraus resultierenden Bevölkerungsrückgänge schwächten die Krone darüber hinaus finanziell und politisch immer weiter.

Diese Zustände passten so gar nicht zum patriarchalen Selbstverständnis der Monarchie, nach dem der König zum Schutz und zum Wohlergehen seiner Untertanen beizutragen hatte. Wenn Vauban betonte, der König habe »um so mehr Interesse daran, sie [seine Untertanen] gut zu behandeln und zu erhalten, als seine Eigenschaft als König, sein Glück und sein Schicksal untrennbar mit ihnen verbunden sind und diese Verbindung erst mit seinem Tod endet«[24], so formulierte er nichts anderes als Ludwig XIV. selbst es in seinen Memoiren für den Dauphin zum Ausdruck gebracht hatte. Es wurde aber deutlich, dass Ludwig XIV. diesem Anspruch nicht gerecht wurde. Vauban schlug dagegen eine völlige finanzielle Neustrukturierung vor. Sie sollte die Abgaben vereinheitlichen und gerecht verteilen und der Krone zugleich Einnahmen in angemessener Höhe sicher gewährleisten. Gerade für einen Militär wie Vauban ist es bemerkenswert, dass er im wirtschaftlichen Elend der französischen Bevölkerung nicht einfach ein finanzielles Problem der Krone sah, sondern zugleich die ständigen Kriege anprangerte, die dieses Elend mit verursacht hatten.

Der fünf Jahre ältere Sébastien de Vauban (hier ein Gemälde von Hyacinthe Rigaud) trug zu sämtlichen Siegen Ludwigs XIV. militärisch bei und steht vor allem für das neue französische Festungswesen, das den entstehenden Territorialstaat sicherte. Kurz vor seinem Tod warnte er aber in einer scharfsinnigen Studie vor dem wirtschaftlichen und sozialen Niedergang Frankreichs und fiel dafür in Ungnade.

Die Kritik Fénelons

Weniger direkt, aber nicht minder scharf formulierte François Fénelon seine Kritik. Anders als der fast zwei Jahrzehnte ältere Vauban, der das Frankreich Ludwigs XIV. mit aufgebaut hatte, war der 1651 geborene Fénelon bereits ein Produkt dieser Epoche und hatte die Religionspolitik des Königs mitgetragen. Als Erzieher des Herzogs von Burgund, der als ältester Sohn des Dauphins hinter diesem in der Thronfolge stand, verfasste Fénelon den heute zu den Klassikern der französischen Literatur zählenden Bildungsroman *Die Abenteuer des Telemach*. Es war ein Fürstenspiegel für seinen Zögling, in dem er diesem vor Augen hielt, wie ein König nicht sein sollte: autoritär, kriegsfreudig und in jeder Hinsicht maßlos. Unschwer war in diesem negativen Bild Ludwig XIV. zu erkennen.

Herausforderungen: Aufstände, Hunger, Krieg

Die Misere Frankreichs war offensichtlich, so dass Ludwig XIV. selbst sich im Vorfeld des Spanischen Erbfolgekrieges erstmals aktiv bemühte, eine militärische Auseinandersetzung zu verhindern. Dennoch ließ er keine Kritik zu, nicht einmal wenn die schonungslose Analyse wie die Vaubans mit konstruktiven Vorschlägen gekoppelt war, die auch der Krone zugute gekommen wären. Fénelon, ein Verteidiger des Quietismus, musste bereits im Rahmen einer theologischen Kontroverse 1697 den Hof verlassen. Der Groll des Königs gegen ihn verstärkte sich noch nach der von dem Autor selbst nicht gewollten Publikation seines Romans. Vauban verlor nach dem Erscheinen seiner programmatischen Schrift 1707 trotz seiner jahrzehntelangen Verdienste das Vertrauen des Königs. Die Hoffnungen auf einen politischen Wandel aber konzentrierten sich zunehmend auf den jungen Herzog von Burgund, den Schüler Fénelons, der stark von den Ideen seines Lehrers beeinflusst war.[25] Diese Hoffnungen wuchsen noch, als der Dauphin, der kein politisches Profil entwickelt hatte, 1711 starb und sein ältester Sohn damit zum Thronfolger wurde. Doch im Jahr darauf starb auch der Herzog von Burgund mit nicht einmal 30 Jahren. Damit rückten alle Aussichten darauf, dass ein reflektierter König mit einem anderen politischen Stil Ludwig XIV. bald nachfolgen könne, in weite Ferne.

Die Missstände, die im Umfeld Ludwigs XIV. wahrgenommen und benannt wurden, trafen die Breite der Bevölkerung und blieben dort nicht ohne Folgen. Nach dem Ausbruch des Spanischen Erbfolgekrieges kam es zu Aufständen im Süden Frankreichs, die erst 1710 völlig niedergeschlagen werden konnten. Diese Aufstände wurden dadurch ausgelöst, dass die durch Missernten und Unwetter ohnehin belastete Landbevölkerung ständig weiter ausgeplündert wurde durch Steuererhöhungen und eine ineffektive Organisation des Abgabensystems wie Vauban es bereits kritisiert hatte. Die Aufstände brachen allerdings in eben jenen Regionen aus, in denen die Bevölkerung nach dem *Edikt von Fontainebleau* zwangsweise konvertiert war. Der religiöse Aspekt des Widerstands von Bevölkerungsgruppen, die sich mit der Krone nur noch bedingt identifizierten, war neben dem wirtschaftlichen deutlich zu erkennen. Die Folge war, dass Ludwig XIV. während des Spanischen Erbfolgekrieges nicht nur nach außen Krieg, sondern zugleich einen Guerillakrieg im eigenen Land führte. Es war ein Krieg, den der weltanschauliche Aspekt zum Teil verschärfte, zudem ein asymmetrischer Krieg zwischen Regierungstruppen und Rebellen, die nicht aus den politischen und militärischen Eliten stammten. Sie attackierten die verschiedenen Repräsentanten des Herrschaftssystems und insbesondere auch den katholischen Klerus. Beide Seiten gingen mit entsprechender Erbitterung und Brutalität gegeneinander vor.[26]

Nichts konterkariert vielleicht den mit Ludwig XIV. verknüpften Absolutismus so deutlich wie die Camisarden-Aufstände. Dass der König zu ihrer Niederschlagung rund 10 Jahre benötigte, machte deutlich, dass er noch am Ende seiner Herrschaftszeit im Zweifelsfall nicht in der Lage war, Widerstand schnell zu brechen und Unruhen in den Griff zu bekommen. Doch die Aufstände zeigen noch ein viel tieferes Problem, denn in Versailles war man nicht in der Lage, die Hintergründe der Unruhen zu verstehen und entsprechende Maßnahmen zur Verbesserung zu ergreifen. Hier sah man in den Aufständen nur Renitenz und Unbotmäßigkeit. Diejenigen aber, die Ursachenforschung betrieben, traf die Ungnade Ludwigs XIV. Ein

Problem, das letztlich mit zur Französischen Revolution führen sollte, zeichnete sich damit bereits ab: Versailles war ein eigenständiger Kosmos, der vor allem sich selbst oder andere Höfe wahrnahm, aber nicht mehr das Land, das von dort aus regiert wurde.

Gegenüber dem äußeren Druck hingegen zeigte Ludwig XIV. sich nach all den Jahrzehnten, in denen er Europa seinen Willen aufzuzwingen versucht hatte, mittlerweile aufmerksam. Die Strategien der Kriegsvermeidung versagten allerdings letztendlich, und das europäische Staatensystem organisierte sich dann gerade durch den Spanischen Erbfolgekrieg neu. Doch die geballte Front der Gegner Ludwigs XIV. in diesem Krieg und die Kritik und Widerstände, denen er nun auch im Innern ausgesetzt war, täuschen ein Stück weit darüber hinweg, dass nicht nur der französische König kritisch gesehen wurde. Gegenüber einem übermächtigen Kaiser, der zunehmend eigenmächtig agierte, konnte Ludwig XIV. wieder als Hoffnungsträger erscheinen. Die Reichsstände scheiterten zu Beginn des Spanischen Erbfolgekriegs rasch mit einem neuen Anlauf, eine eigene Politik zu betreiben und schlossen sich einmal mehr dem Kaiser an. Die Reichsstände ebenso wie die europäischen Mächte lavierten relativ pragmatisch zwischen den beiden Herrschern. Das Schreckbild Ludwigs XIV. relativierte sich zunehmend gegen das Leopolds I. respektive der Habsburger. Der Spanische Erbfolgekrieg, der wie der Höhepunkt der gemeinsamen europäischen Aktion gegen Ludwig XIV. erscheinen kann, war tatsächlich vom Balancieren zwischen diesen beiden Polen geprägt. Obwohl er mit immensem Aufwand geführt wurde, gaben Zufälle vielfach den Ausschlag.

Der Spanische Erbfolgekrieg (1701–1714)

Die meisten politischen Akteure und unter ihnen auch Ludwig XIV. hätten einen neuen militärischen Konflikt gerne vermieden. Auf die Frage der spanischen Erbfolge steuerte Europa seit Jahrzehnten zu, und die Hauptkontrahenten hatten sich dazu bereits langfristig in Stellung gebracht. Der 1661 geborene spanische König Karl II. hatte unübersehbare körperliche und geistige Schwächen. Trotz zweimaliger Ehe, darunter mit der früh verstorbenen Marie Louise d'Orléans, hatte er keine Kinder. Als Karl II. 1700 kurz vor seinem 39. Geburtstag starb, bedeutete das das Ende der spanischen Habsburger.[27]

Die spanische und die kaiserlich-österreichische Linie hatten sich in der Mitte des 16. Jahrhunderts mit der Abdankung Kaiser Karls V., dem Ur-Urgroßvater Karls II., getrennt. Sie verstanden sich aber weiterhin als ein Haus, die *Casa de Austria*, mit gemeinsamem Profil, Interessen und Handlungslinien. Innerdynastische Heiraten sollten den Zusammenhalt bekräftigen und verhindern, dass der gemeinsame Besitz in fremde Hände fiel. Es war gerade dieser Zusammenhalt, der die Habsburger so bedrohlich machte. Er verstärkte den Eindruck, sie strebten weiterhin nach der »Universalmonarchie«, die in der Ära Karls V. zunächst als ein politisches Ordnungsmodell aus der Tradition des Kaisertums entwickelt worden war. Andere Mächte fühlten sich allerdings von der Vorstellung einer regulierenden Ordnungsmacht in Europa, sei es die Person des Kaisers, sei es die habsburgische Dynastie als Ganzes, bedroht. Die Universalmonarchie wurde zum Kampfbegriff gegen jeden, der die Christenheit tatsächlich oder vermeintlich aus der Position der Stärke heraus gestalten wollte. Die Vorfahren Ludwigs XIV. auf dem französischen Thron kämpften mit ihren wechselnden Verbündeten in Europa unter diesem Kampfbegriff vor allem gegen die spanische Vormachtstellung.[28] Mit dem Pyrenäenfrieden, der schwachen Herrschaft Karls II. und der Kriegspolitik Ludwigs XIV. war die europäische Aufmerksamkeit von der Bedrohung durch die Habsburger abgelenkt. Vergessen aber war sie nicht und insbesondere in Frankreich blieb sie präsent.

Die Ausgangslage

Das spanische Erbe lockte nun Bourbonen und Habsburger gleichermaßen. Die französisch-spanischen Verhandlungen, die schließlich zum Pyrenäenfrieden von 1659 führten, hatten sich nicht von ungefähr über mehr als ein Jahrzehnt hingezogen: Die Aussicht, die Hand der Infantin Maria Teresa und damit eine Anwartschaft auf den spanischen Thron für den französischen König zu erwerben, stand als französische Wunschvorstellung im Raum und wurde schließlich realisiert. Für die Habsburger wäre die Ehe zwischen ihr und Kaiser Leopold I. die ideale Lösung gewesen. Dagegen aber sprachen nicht nur die französischen Pläne: Ein Kaiser, der sich so deutlich für das spanische Erbe in Position brachte, war für die Reichsstände in diesen Jahren noch kaum akzeptabel. 1666 heiratete er nach der Verbesserung seiner politischen Lage Margarita Teresa, Maria Teresas jüngere Halbschwester, die durch die zahlreiche Porträts unsterblich geworden ist, die Diego Velázquez während ihrer Kindheit und Jugend am spanischen Hof von ihr malte. Die Frau des Kaisers stand in der Erbfolge hinter der älteren Maria Teresa, leistete aber im Gegensatz zu dieser keinen Erbverzicht. Der Erbverzicht von Ludwigs XIV. Gattin wiederum war an eine niemals vollständig gezahlte Mitgift geknüpft. Der französische König machte aber bereits mit dem Devolutionskrieg 1667 deutlich, dass er den Verzicht für nichtig erachtete. Es war abzusehen, dass er alle Möglichkeiten nutzen würde, um Erbansprüche anzumelden. Ludwig XIV. und Leopold I. hatten zudem wechselseitig ihre Erbansprüche in einem 1668 geschlossenen Geheimvertrag anerkannt, der den österreichischen Habsburgern die spanische Krone, den französischen Bourbonen aber große Teile aus dem sonstigen spanischen Erbe zugestand. Während derweil Karl II. zu einem kränklichen und schwachen König heranwuchs, veränderte sich die politische und die dynastische Situation in den Jahren und Jahrzehnten immer wieder.

Die gesundheitlich ebenfalls angeschlagene Margarita Teresa starb bereits 1673, mit nur 21 Jahren, nachdem sie dem Kaiser vier Kinder geboren hatte und gerade erneut schwanger war. Von den Kindern überlebte einzig die Tochter Maria Antonia, die 1685 den bayerischen Kurfürsten heiratete. Als sie 1692 starb, hinterließ sie einen Sohn, Joseph Ferdinand, der sich trotz eines Erbverzichts Maria Antonias angesichts eines drohenden bourbonisch-habsburgischen Erbfolgekrieges immer mehr als Kompromisskandidat anbot.

Einen klaren Erbanspruch hatte niemand: Der genealogisch starke Anspruch der Bourbonen – Ludwig XIV. war der Sohn der Infantin Anna von Österreich und der Ehemann der Infantin Maria Teresa, mit der er wiederum einen Sohn und durch diesen männliche Enkel hatte, – wurde durch Erbverzichte geschwächt. Kaiser Leopold I. wiederum war sowohl der Sohn einer jüngeren Infantin, Maria Anna, als auch der Ehemann einer jüngeren Infantin, Margarita Teresa, die ihm keinen Erben geschenkt hatte. Er konnte nur als ihr Witwer und als ein Nachkomme spanischer Könige das Erbe beanspruchen. Er tat dies aus dem Selbstverständnis der habsburgischen Dynastie heraus, die sich über ihre verschiedenen Herrschaftsgebiete hinweg als eine Familie mit einem gemeinsamen Erbbesitz begriff. Nach den grundsätzlichen erbrechtlichen Prinzipien dieser Zeit hatten die männlichen Nachkommen Ludwigs XIV. und Maria Teresas einen starken Anspruch. Politisch war allerdings nach den vorangegangenen drei Jahrzehnten klar, dass das politische Europa nicht akzeptieren würde, dass das gesamte spanische Erbe – neben der Krone selbst auch die Spanischen Niederlande, ausgedehnte Besitzungen in Italien und Kolonien in Übersee – in die Hand der Bourbonen fallen oder gar mit der französischen Krone in Personalunion vereinigt werden würde.

Verhandlungen

Ludwig XIV., der bis dahin stets auf Maximalinterpretationen seiner Rechtspositionen beharrt und seine Herrschaftsansprüche überbetont hatte, bewies vor seinem letzten Krieg, in dem das Recht mehr als jemals zuvor auf seiner Seite stand, einen bemerkenswerten politischen Realismus. Die Koalition gegen ihn war mit dem vorangegangenen Krieg bereits geschmiedet, aber es war kein Bündnis zur Unterstützung der Habsburger, sondern eines zur Eindämmung des französischen Königs. Ein Kampf gegen diese Koalition war ein hohes Risiko, aus dem er gerade erst noch einmal glimpflich herausgekommen war. Sie durch geschickte Diplomatie von vornherein auszuhebeln, war zweifellos die bessere Wahl. So verhandelte Ludwig XIV. mit England und den niederländischen Generalstaaten, denen Wilhelm III. nun in einer Person vorstand.

Der Oranier konnte diese beiden Herrschaftsgebiete nicht mit jener souveränen Selbstverständlichkeit regieren wie sein

Kontrahent Frankreich: Die Generalstaaten waren eine Republik, in der Wilhelm III. in den vorangegangenen drei Jahrzehnten die Autorität der oranischen Dynastie und seine eigene Bedeutung als Generalstatthalter nach einer Umbruchphase gerade erst wiederhergestellt hatte. Die äußere Bedrohung durch Ludwig XIV. hatte zu dieser Durchsetzung im Innern erheblich beigetragen. In England war Wilhelm III. zwar der Form nach ebenfalls ein souveräner Monarch, doch hatten zwei Revolutionen in einem halben Jahrhundert den englischen Königen die Notwendigkeit vor Augen geführt, ihre Politik mit dem Parlament abzustimmen. Wilhelm III. selbst verdankte den Thron überhaupt erst der *Glorreichen Revolution* von 1688. Seine innenpolitische Situation wurde zunehmend kritisch mit dem Tod seiner Frau Maria 1694, die ein wichtiges dynastisches Bindeglied zu den Stuarts und ein nationales Bindeglied des Niederländers zu England gewesen war. Mehr denn je war Wilhelm III. auf das Wohlwollen des Parlaments sowie die Unterstützung von Marias jüngerer Schwester Anna angewiesen, die ihm 1702 auf den Thron folgen sollte.[29] England und die Generalstaaten waren im 17. Jahrhundert aufgrund ihrer Handelskonkurrenz immer wieder im Krieg miteinander, doch sie verbanden auch zahlreiche Gemeinsamkeiten, die Allianzen beförderten. Die Politik gegen Ludwig XIV. hatte ihre Gemeinschaft gestärkt. In der Frage der spanischen Erbfolge vereinte es sie zudem, kein dynastisches, sondern ein rein politisches Interesse zu haben. Stärker als Bourbonen und Habsburgern war ihnen an einer friedlichen und pragmatischen Lösung gelegen. Trotz aller unterschwelliger Differenzen kam es zu einem gemeinsamen englisch-niederländischen Handeln, bei dem der Kaiser außen vor blieb.

Teilungspläne

Mit Ludwig XIV. einigten sich England und die Generalstaaten 1698 in Den Haag auf einen Kompromiss im besten Sinne: Spanischer König sollte nach dem Tod Karls II. der bayerische Wittelsbacher Joseph Ferdinand werden. Der Dauphin und Leopolds I. jüngerer Sohn Karl hätten Teile des spanischen Erbes in Italien bekommen. Die Krone wäre somit einschließlich der Spanischen Niederlande, in denen der Vater von Joseph Ferdinand, Maximilian II. Emanuel von Bayern, bereits als Statthalter fungierte, an die Wittelsbacher gefallen und nicht an eine der beiden konkurrierenden großen Dynastien. Als neue europäische Macht hätten sie für einen Ausgleich in dem traditionellen Antagonismus sorgen können. Wenn man zugesteht, dass es auch der französischen Politik immer darum gegangen war, ein stabiles Sicherheitssystem gegen die Habsburger zu erreichen, so wäre der Teilungsplan von 1698 mit der wittelsbachischen Thronfolge in Spanien eine ideale Lösung gewesen. Wie realisierbar er allerdings überhaupt war, lässt sich im Nachhinein nicht beantworten.

Ludwig XIV. hatte mit dem Vertrag immerhin die offizielle Anerkennung bourbonischer Erbansprüche erreicht. Der Dauphin hätte, wenn er französischer König geworden wäre, neben einigen Plätzen in Norditalien vor allem das Königreich Neapel-Sizilien der französischen Krondomäne hinzugefügt. Aus der Perspektive eines nationalen Königtums war das ein wichtiger Punkt, denn eine Vereinigung der spanischen und der französischen Krone in einer Hand war politisch von Anfang an undenkbar. Zunächst war der Haken dieses Kompromisses allerdings, dass er ohne die Habsburger ausgehandelt worden war, die sich einer Teilung des Erbes widersetzten. Leopold I., der in einer weitaus schwächeren politischen Situation über drei Jahrzehnte zuvor in einem Geheimvertrag mit Frankreich einer Teilung grundsätzlich zugestimmt hatte, beharrte nun auf einem Erbanspruch auf das Gesamterbe. In Spanien war es vor allem für die politischen Eliten nicht so ohne weiteres akzeptabel, dass die bisherige Großmacht reduziert werden sollte. Karl II. verfasste schließlich ein Testament, das Joseph Ferdinand zum Universalerben einsetzte. Das machte die Pläne Ludwigs XIV. zunichte, einen Krieg zu vermeiden, den Bourbonen und Frankreich aber dennoch einen Anteil am Erbe zu sichern. Die Kompromisspläne, die die europäische Politik in neue Bahnen hätten lenken können, zerbrachen aber letztlich vor allem daran, dass der hoffnungsvolle Kandidat Joseph Ferdinand mit gerade einmal sechs Jahren 1699 bereits starb.

Ludwig XIV. bemühte sich zunächst weiterhin, die Angelegenheit friedlich beizulegen. Die Verhandlungen vor dem Ausbruch des Spanischen Erbfolgekrieges waren ein Höhepunkt der europäischen und insbesondere der französischen Diplomatie, auch wenn sie letztendlich den Krieg nicht verhinderten. In einem neuen Vertrag mit England und den Generalstaaten war der französische König bereit, Leopolds I. jüngeren Sohn aus dritter Ehe, Erzherzog Karl, als künftigen König von Spanien zu akzeptieren. Dabei wurde ausdrücklich ausgeschlossen, dass er als spanischer König Kaiser werden konnte. Zugleich sicherte Ludwig XIV. für seinen Sohn, den Dauphin, und die französische Krone erneut den bereits ausgehandelten Teil Italiens, das als wichtige Basis der bisherigen spanischen Großmachtstellung galt. Darüber hinaus sollte in einer Flurbereinigung auch Lothringen an Frankreich fallen und Herzog Leopold anderweitig aus dem spanischen Erbe entschädigt werden. Da das französische Verhältnis zu Lothringen gerade erst stabilisiert worden war, wollte man dem Herzog diese Option aber wohlweislich nur anbieten und ihn nicht um jeden Preis zur Zustimmung zwingen.

Auch der neue Vertrag war ohne die Habsburger ausgehandelt worden. Der Kaiser sperrte sich nun nicht mehr grundsätzlich gegen eine Teilung, die ihm immerhin eine Versorgung seines jüngeren Sohnes und ein Fortbestehen einer spanischen Linie der Habsburger sicherte. Aufgrund einzelner Bestimmungen zögerte er die Zustimmung zu einer Lösung, die letztlich weit von seinen dynastischen Wunschvorstellungen entfernt war, allerdings hinaus, zumal er Ludwig XIV. nach jahrzehntelangen Erfahrungen misstraute und die entscheidende Zustimmung, nämlich die Spaniens selbst, fehlte. Am spanischen Hof nämlich war man weiterhin gegen einen Teilungsplan, der aus der einstmaligen Großmacht eine Manövriermasse der europäischen Mächte machte, die diese aufteilten und zusammenstutzten. Ohne die habsburgischen Unterschriften war weiterhin alles offen, während Karl II. mittlerweile deutlich seinem Ende entgegenging.

Für jene Kräfte in Madrid, die eine Teilung verhindern wollten, wurde zunehmend Philipp von Anjou, der jüngere Enkel Ludwigs XIV. ein Hoffnungsträger. Er hatte als Enkel einer spanischen Infantin einen begründbaren Erbanspruch auf das gesamte Erbe, wenn man den Erbverzicht Maria Teresas ignorierte. Er würde voraussichtlich nicht den französischen Thron erben, womit auch eine Personalunion der beiden Kronen ausgeschlossen war. Das machte ihn zu einem geeigneteren Kandidaten als Erzherzog Karl, der einen genealogisch schlechteren Anspruch hatte und mit dem zudem nun der Teilungsplan verknüpft war. Die militärische und realpolitische Durchsetzung einer ungeteilten Nachfolge Karls II. konnte man angesichts der Mächtekonstellation in Europa zudem eher von den Bourbonen als den österreichischen Habsburgern erwarten. Eventuell wirkte der französische Gesandte am spanischen Hof, Henri d'Harcourt, dort zugunsten Philipps von Anjou, obwohl dies 1700 kein Ziel Ludwigs XIV. war, der auf den mit England und den Generalstaaten ausgehandelten Vertrag setzte. Die spanische Regierung und auf deren Betreiben hin auch der Papst wirkten aber auf Karl II. ein, der schließlich kurz vor seinem Tod Philipp von Anjou zum Universalerben einsetzte und damit zugleich die Gültigkeit früherer Erbverzichte annullierte. Der spanische Besitz sollte so ungeteilt erhalten werden. Eine Vereinigung der französischen und der spanischen Krone wurde zugleich ausgeschlossen. Für Leopold I., der mit seiner Verzögerungstaktik hatte darauf hoffen können, dass Karl II. in dynastischer Loyalität seine österreichischen Verwandten zu Alleinerben einsetzen würde, war das Testament ein Tiefschlag.

Das Testament Karls II. und seine Folgen

Ludwig XIV. aber geriet mit dem Tod Karls II. in eine missliche Situation: Er hatte sich redlich bemüht, einen Erbfolgekrieg zu vermeiden. Bei England und den Generalstaaten stand er im Wort für einen Vertrag, in dem er einen Habsburger als künftigen spanischen König akzeptierte, einen Vertrag, der allerdings keine allgemeine Übereinkunft darstellte. Dagegen stand nun das Testament Karls II., das Ludwigs XIV. jüngeren Enkel zum alleinigen Erben des spanischen Weltreichs machte. Das spanische Angebot war zudem mit der Drohung verknüpft, das alleinige Erbe Erzherzog Karl anzubieten, sollten sowohl Philipp von Anjou als auch sein jüngerer Bruder es ablehnen. Ludwig XIV. entschied sich mit seinen Ratgebern innerhalb nur eines Tages für die Annahme des Testaments. Der Inhalt war allerdings schon rund einen Monat bekannt gewesen.

Der französische König tat dies nicht leichtfertig, sondern ließ die diversen Vor- und Nachteile gegeneinander abwägen.[30] Dabei gab es jedoch diverse Unwägbarkeiten, konnte man doch weder wissen, wie sich die Habsburger in Wien, noch wie sich die anderen Mächte verhalten würden. Schließlich sollte man auch die psychologischen Faktoren nicht unterschätzen, die in diesen schicksalhaften Tagen eine Rolle spielten: Die Haltung Ludwigs XIV. gegenüber Leopold I. und seiner Dynastie war von einer eigentümlichen Mischung aus Angst und Überheblichkeit geprägt. Er unterstellte ihnen den Willen zur Dominanz und witterte stets die Gefahr eines wiedererstarkenden habsburgischen Großreiches. Dies waren durchaus berechtigte Bedenken, auch wenn es seltsam anmuten mag, dass ausgerechnet Ludwig XIV. von ihnen geleitet wurde. Der französische König wurde nämlich nicht nur selbst von anderen als Bedrohung wahrgenommen, sondern er betrachtete bei aller Furcht vor den Habsburgern sich und seinen Hof dem Konkurrenten in Wien in jeder Hinsicht überlegen. Die politische Realität hatte ihn in diesen Ansichten über die Jahrzehnte hinweg ebenso bestärkt wie die Berichte über einen Kaiser und sein Umfeld, die scheinbar so gar nicht mit dem Glanz der »Selbstherrschaft« und des Hofes von Versailles mithalten konnten.

Ausschlaggebend für die Annahme des Testaments schien letztlich, dass Frankreich und die Bourbonen sich in einer unberechenbaren Situation durch die schnelle Entsendung Philipps von Anjou nach Madrid einen strategischen Vorteil verschaffen konnten. Entscheidend war auch, dass man auf französischer Seite nun zwar einen Krieg einkalkulierte, dass man aber davon ausging, dass England und die Generalstaaten sich trotz des Wortbruchs Ludwigs XIV. nicht militärisch engagieren würden: Beide hatten noch weitaus mehr als der französische König einen neuen Krieg zu verhindern versucht. Ihre Interessen schienen dadurch gewährleistet, dass die Vereinigung der französischen und der spanischen Krone ausgeschlossen wurde. Es schien für sie keinen Grund zu geben, nun einen habsburgischen Kandidaten aktiv zu unterstützen. Das aber erwies sich als eine fatale Fehleinschätzung.

Der Tod Philippes d'Orléans

Während sich die verschiedenen Parteien in Stellung brachten, verstarb in Frankreich inmitten all der Turbulenzen Philippe d'Orléans nach einem Schlaganfall. Seine Frau Elisabeth Charlotte, auf die sich die allgemeine Sorge wegen eines mehrwöchigen Fiebers gerade konzentriert hatte, schilderte anschaulich, wie ihr Mann »umb 9 abends [...] in voller gesundtheit lustig und lachendt« ihr Zimmer verlassen habe, kurz darauf aber schon, vom Schlag getroffen, kaum noch habe sprechen können und in den frühen Morgenstunden starb.[31] Tatsächlich kam der Tod nicht völlig überraschend, denn der allgemeine Gesundheitszustand Philippes, der träge und übergewichtig geworden war, hatte schon seit längerer Zeit Anlass zur Sorge gegeben. Er hatte seinen Nachlass geordnet, testamentarisch Stiftungen und Messen für sein Seelenheil verfügt und ein Stück weit auch seinen äußeren Lebenswandel, nicht aber seine ungesunden Gewohnheiten geändert. Obwohl er ein sichtlich lebensfroher Mensch war, hatte er sich mit der Aussicht auf den Tod scheinbar arrangiert.

Ludwig XIV. eilte nach dem Schlaganfall seines Bruders noch mitten in der Nacht an dessen Sterbebett im Schloss von Saint-Cloud nahe bei Versailles. Das ohnehin nie störungsfreie Verhältnis der beiden hatte sich in den Jahren vor Philippes Tod noch weiter verschlechtert, weil die Ehe zwischen Philippes Sohn und Ludwigs XIV. unehelicher Tochter Françoise Marie unglücklich verlief und beide Väter jeweils Partei für ihre Kinder bezogen. Beim Tod seines Bruders weinte der König bitterlich. Auch der gravitätische Ludwig XIV. der späten Jahre scheute sich nicht, in einem solchen Moment des Schmerzes und des Verlusts seine Emotionen offen zu zeigen, so wie es in seiner Familie von seiner Jugend an üblich war. Doch ob nun aufgrund der seit langem spannungsgeladenen Beziehung oder aufgrund der Tatsache, dass die spanische Erbfolge Ludwigs XIV. gesamte Aufmerksamkeit auf sich zog: Ludwig XIV. und der Hof gingen rasch wieder zum Alltag über, der in die-

Der Bruder Ludwigs XIV., Philippe d'Orléans, stand zeitlebens im Schatten des Königs. Gemälde von Pierre Mignard.

ser Zeit völlig im Bann der politischen Ereignisse stand. Am schmerzlichsten war der Verlust vielleicht für die Witwe, denn die beiden widerwilligen Ehegatten waren in den letzten Jahren vor Philippes Tod in enger Freundschaft verbunden. Es verband sie mittlerweile die Liebe und Sorge für eine stattliche gemeinsame Familie. Zudem hatten sie sich inmitten des höfischen Lebens, das ihnen wenig Gestaltungsspielraum ließ, stärker aufeinander konzentriert. Elisabeth Charlotte hatte die Ehe ihres Sohnes von Anfang an vehement abgelehnt und sich darüber mit dem König überworfen. Der Tod Philippes ließ sie am Hof einsamer als je zuvor zurück.

Die beiden Ehefrauen von Philippe d'Orléans, Henriette von England (Gemälde von Peter Lely) und Elisabeth Charlotte (Liselotte) von der Pfalz (Hyacinthe Rigaud) spielten auf unterschiedliche Weise eine Rolle im politischen Kalkül Ludwigs XIV.

Viele trauerten über den Verlust eines Mannes, der in seiner amüsanten Art viele Freunde hatte und mit dessen Tod auch sein Haushalt in Saint-Cloud als eine Alternative für kleine Fluchten aus Versailles verschwand. Sonst aber bewegte der Tod Philippes, dessen Geburt einst nach der des Thronfolgers ein weiteres nahezu mirakulöses Geschenk gewesen war und der fast zwei Jahrzehnte selbst auf dem ersten Platz der Thronfolge stand, kaum. Im politischen Europa hatte er keine tonangebende Rolle gespielt. Seine Nachkommen allerdings stellten bereits die zukünftige Generation: Philippes Sohn näherte sich durch die Trauer beim Tod seines Vaters seinem Schwiegervater Ludwig XIV. an, der ihm später sogar die Regentschaft für seinen eigenen verwaisten Urenkel anvertraute.

Und während Philippe im Sterben lag, schickte sich seine Enkelin Maria Luisa Gabriella von Savoyen gerade an, den als Philipp V. nach Spanien entsandten Enkel Ludwigs XIV. zu heiraten. Nach Philippes Tochter Marie Louise wurde damit bereits eine weitere seiner Nachfahrinnen Königin von Spanien.

Ludwig XIV. hatte mit Maria Teresa nur einen überlebenden Sohn, den »Großen Dauphin« Ludwig, der 1711 noch vor dem Vater sterben sollte. 1687 aber stand die Dynastie der Bourbonen in voller Blüte, nachdem die Dauphine Maria-Anna von Bayern die Söhne Ludwig, den Vater des künftigen Ludwig XV., Philipp, den künftigen Philipp V. von Spanien, und Karl geboren hatte (hier ein Familienporträt von Pierre Mignard).

Es bedurfte allerdings einiger schicksalhafter Wendungen und eines 12-jährigen Krieges, dessen endgültiges Ende Maria Luisa Gabriella nicht einmal mehr erlebte, bis sich Philipp V. in Spanien durchgesetzt hatte. Denn Wilhelm III. verbündete sich als König von England und Generalstatthalter der Vereinigten Niederlande mit Kaiser Leopold I. im September 1701 in Den Haag gegen den französischen Anspruch auf das spanische Erbe. Sie machten deutlich, dass sie auch ohne eine Personalunion in der Übernahme des spanischen Throns durch Philipp von Anjou eine faktische politische Union sahen. Wenn der Enkel Ludwigs XIV. das gesamte Erbe in die Hand bekomme, bedeute das in diesem Verbund mit Frankreich eine Bedrohung der Freiheit Europas. Europa sei in Gefahr, von einer übermächtigen Herrschaft unterworfen zu werden.[32]

Der Ausbruch des Krieges

Ludwig XIV. hatte mit den vorangegangenen Kriegen selbst dafür gesorgt, dass die Front seiner Gegner schnell stand. Die in Den Haag geschlossene Allianz war im Prinzip eine Wiederaufnahme der Koalition des erst vier Jahre zuvor beendeten Krieges. 1702 erklärten die Bündnispartner den Krieg gegen Ludwig XIV. Da Wilhelm III. kurz zuvor verstorben war, agierten England und die Generalstaaten nun wieder getrennt. Dennoch blieben sie sich politisch einig, so dass den französischen König Kriegserklärungen Kaiser Leopolds I., Königin Annas von England und der Generalstaaten erreichten, auf die er wieder einmal selbstbewusst mit einer Gegenerklärung reagierte.[33] Die eigentlichen Prätendenten, Philipp von Anjou und der Habsburger Karl, spielten bezeichnenderweise in den verschiedenen Erklärungen nur eine Nebenrolle. Es war mehr als deutlich, dass hinter ihnen jeweils der Vater respektive der Großvater, Leopold I. und Ludwig XIV., stand. Die Kontrahenten Ludwigs XIV. vermieden es auch tunlichst, einen Anspruch zu konstruieren, der Karl schlicht zum Gegenkandidaten erhob. Sie attackierten vielmehr das eigenmächtige Vorgehen Ludwigs XIV. und betonten ganz im Sinne ihres Allianzvertrages, dass die Freiheit Europas in Gefahr sei. Die englische Kriegserklärung präzisierte diese Gefahr, indem sie auf die Bedrohung des Gleichgewicht Europas hinwies. Damit war dieser Begriff offiziell etabliert, der mit dem Spanischen Erbfolgekrieg zum neuen politischen Leitmodell in Europa werden sollte.

Die Verbündeten Frankreichs

Ludwig XIV. hatte aber auch im Spanischen Erbfolgekrieg durchaus Verbündete, darunter mehrere wichtige Reichsfürsten, die aus unterschiedlichen Gründen auf seiner Seite kämpften:[34] Kurfürst Maximilian II. Emanuel von Bayern verlor mit dem Tod seines Sohnes Joseph Ferdinand zugleich die Aussicht darauf, die bayerischen Wittelsbacher zur spanischen Königsdynastie aufsteigen zu sehen. An der Seite des französischen Königs, der mit hohen Gegenleistungen lockte, bot sich ihm nun die Chance, seine Dynastie doch noch aufzuwerten. Als Generalstatthalter der Spanischen Niederlande anerkannte Maximilian II. Emanuel unmittelbar die bourbonische Thronfolge in Spanien und erhoffte sich dafür, die Niederlande als souveräne Herrschaft aus dem spanischen Erbe bekommen zu können. Auch eine Königskrone schien angesichts der zahlreichen Besitzungen, die dieses Erbe umfasste, nicht ausgeschlossen. Seinen Bruder Joseph Clemens zog der bayerische Kurfürst mit ins französische Lager, obwohl dieser sich selbst gerade erst als Kurfürst von Köln im erbitterten Krieg gegen Ludwig XIV. hatte durchsetzen müssen. Anton Ulrich von Braunschweig-Wolfenbüttel wiederum entschied sich mit einem französischen Bündnis bewusst gegen Kaiser Leopold I., der der Hannoveraner Linie des Hauses Braunschweig durch die Erhebung zum Kurfürstentum gegenüber den anderen Linien einen uneinholbaren Vorteil verschafft hatte. Diese Alliierten Ludwigs XIV. zogen allesamt wenig Vorteil aus ihrem Bündnis. Am härtesten traf es den Kurfürsten von Bayern, der mit seinem Bruder geächtet wurde und für mehrere Jahre ins französische Exil gehen musste. Maximilian II. Emanuel verlor dabei die Statthalterschaft über die Spanischen Niederlande. Bayern wurde Kriegsschauplatz und erlebte eine traumatische Besetzung durch die Habsburger, durch die das Gebiet erstmals seit dem Dreißigjährigen Krieg wieder massiv von Kriegsfolgen betroffen wurde.

Als ein unbeständiger und nur kurzfristiger Verbündeter Ludwigs XIV. erwies sich Viktor Amadeus II. von Savoyen, der mit dem französischen Königshaus durch mehrere Eheverbindungen verflochten war, zuletzt 1701 durch die seiner Tochter Maria Luisa Gabriella mit dem bourbonischen Kandidaten für den spanischen Thron, Philipp V. Dennoch wechselte der Herzog, der in die Bündnisse mit Frankreich immer eher aus Druck und Kalkül denn aus Neigung hineinging und zudem selbst Teilansprüche auf das spanische Erbe erhob, angesichts der für Frankreich ungünstigen Konjunktur 1703 ins anti-französische Lager. Sein geschicktes Taktieren brachte dem Herzog mit dem Friedensvertrag das Königreich Sizilien aus der spanischen Erbmasse ein, das er 1720 gegen Sardinien tauschte. Dass er mit einem derartigen Gewinn aus dem Krieg herausging, verdankte Viktor Amadeus II. vor allem England, für das Savoyen im Sinne seiner Gleichgewichtspolitik ein wichtiger Kandidat zwischen den Bourbonen und den Habsburgern in Italien war. Der Bourbone Philipp V. stimmte zu, um seine eigene Thronfolge in Spanien durch diesen Kompromiss den Koalitionsmächten akzeptabel zu machen. Der neue Kaiser Karl VI. hingegen, auf dessen Seite Viktor Amadeus II. gekämpft hatte, war zunächst einmal strikt gegen die savoyische Übernahme Siziliens, das die Habsburger gerne noch für sich gesichert hätten, wenn sie schon die spanische Krone schließlich nicht bekommen konnten.[35]

Zu Beginn des Krieges erhielt der habsburgische Kandidat allerdings eine erstaunliche Unterstützung, auch wenn diese nur indirekt für ihn und direkt vor allem gegen Ludwig XIV. gerichtet war. Jene Reichsstände, die sich nicht offen ins gegnerische Lager begeben wollten, schlossen sich *nolens volens* den Habsburgern an. Leopold I. konnte im Gegensatz zu Ludwig XIV., der vor allem Anteile am zu erwartenden Gewinn anbot, auch seine Position als Kaiser dazu nutzen, zögerliche Verbündete ins Boot zu holen. So wie er zuvor Braunschweig-Lüneburg eigenmächtig zum Kurfürstentum erhoben hatte, billigte er nun die Selbsternennung des Kurfürsten von Brandenburg zum König in dessen souveränem Herzogtum Preußen, eine Entscheidung, die später schwerwiegend auf die Habsburger zurückfallen sollte.

Der Verlauf des Krieges

Der Verlauf des Spanischen Erbfolgekrieges war durchwachsen. Philipp V., der rasch nach Spanien aufgebrochen war, konnte sich in Madrid festsetzen, auch wenn er im Verlauf des Krieges einige Male fliehen musste. Ein völliger Erfolg war die Regierung seines Enkels für Ludwig XIV. allerdings nicht. Das junge Königspaar unterlag verschiedenen Einflüssen. Die traditionellen politischen Eliten Spaniens waren niemals erfolgreich zurückgedrängt worden und in der langen Phase der schwachen Herrschaft Karls II. wieder erstarkt. Sie waren mit ihren eigenen Interessen und Vorstellungen in diesem Konflikt präsent. Kaiser Leopolds I. jüngerer Sohn Karl konnte sich gegen Philipp V. als Karl III. zeitweilig in Katalonien mit einem Gegenhof in Barcelona durchsetzen. Das Bündnis gegen Frankreich war aber vor allem außerhalb Spaniens erfolgreich, so dass eine Teilung des spanischen Erbes nun immer wahrscheinlicher wurde.

Der Spanische Erbfolgekrieg ist von erheblicher militärhistorischer Bedeutung: In ihm kämpften renommierte Feldherren wie Prinz Eugen von Savoyen oder der erste Herzog von Marlborough. Es fanden zahlreiche Schlachten statt wie jene bei Höchstädt, in der das französisch-kurbayerische Heer bereits 1704 eine symbolträchtige Niederlage erlitt. Die Kämpfe wurden weit über Europa verbreitet und darüber hinaus auch in Übersee geführt. Dennoch wurde der Spanische Erbfolgekrieg letztlich nicht militärisch entschieden. Die Gegner standen einander in einem zu ausgewogenen Kräfteverhältnis gegenüber, um sich besiegen zu können. Auf der einen Seite war Ludwig XIV., der seinen Enkel, nachdem dieser einmal erfolgreich in Madrid als spanischer König positioniert war, dort halten wollte. Der Madrider Hof nahm den neuen König gut an, sperrte sich aber gegen eine Teilung. Ludwigs XIV. Verbündete waren für ihn kaum noch von Bedeutung, aber ihre Restituierung durchzusetzen wurde zur zusätzlichen Belastung. Auf der anderen Seite stand eine heterogene Koalition, in der England und die Niederlande entschlossen waren, keinen neuen spanischen König als Inhaber des alten spanischen Weltreichs zu akzeptieren. Mit ihnen im Bündnis war Karl III., den die Aussicht lockte, doch noch spanischer König zu werden, eine Aussicht, die im Laufe des Krieges ein Auf und Ab erlebte. Alle Habsburger waren zudem entschlossen, aus der spanischen Erbmasse mindestens einen angemessenen Teil für ihre Dynastie herauszulösen.

Für Ludwig XIV. wurde der Krieg in mehrfacher Hinsicht zur Katastrophe. Sein fähiger Kriegsminister Louvois war bereits mitten im Pfälzischen Erbfolgekrieg 1691 gestorben. Dessen Sohn und Nachfolger Louis-François starb zehn Jahre später, kurz vor Ausbruch des Spanischen Erbfolgekrieges. Der König ernannte nun Michel Chamillart, der sein besonderes Vertrauen besaß und zugleich für die Finanzen zuständig war. Die beiden Ressorts Krieg und Finanzen konnten einen einzelnen Mann in dieser Situation nur überfordern. Chamillart war darüber hinaus in den Kriegsangelegenheiten unerfahren. Gegen die strukturelle Krise Frankreichs hätte wohl auch ein weitaus fähigerer Mann unter den vom König durch den Krieg gegebenen Voraussetzungen nichts ausrichten können. Chamillart aber war ohnehin nur mittelmäßig in seiner Amtsführung. 1709 musste er seine Positionen schließlich aufgeben.[36] Zum Krieg kamen noch die Aufstände der Camisarden in Frankreich selbst, die auch aufgrund ihrer konfessionellen Implikationen gerade von den protestantischen Kriegsparteien weiter geschürt wurden, ohne dass sie den Aufständischen allerdings substanzielle Unterstützung gaben.[37]

Ludwig XIV., der sich bis zum fatalen Testament Karls II. zunächst lange um eine gemeinsame Lösung bemüht hatte, war verhandlungsbereit. Nach wie vor gestaltete sich dies aber nicht einfach. 1709 war der König dann angesichts der dramatischen Zustände in Frankreich sogar zu massiven Zugeständnissen bereit. Er wurde darin von seinem ältesten Enkel, dem Herzog von Burgund, unterstützt. Widerstand kam von dessen Vater, dem Dauphin, der auch der Vater Philipps V. war und den Krieg für diesen weiter führen wollte. Ludwig XIV. hatte längst akzeptiert, dass Philipp V. nur Teile des Erbes bekommen würde. Selbst dessen Verzicht auf die Krone war für ihn denkbar. In letzter Konsequenz stellte Ludwig XIV. die Unterstützung für Spanien ein und verhandelte ohne seinen Enkel über dessen Zukunft. Wie sehr der französische König erstmals politisch mit dem Rücken zur Wand stand, zeigt sich daran, dass er schließlich bereit war, allen Forderungen seiner Kriegsgegner nachzugeben, die nicht nur den völligen Verzicht Philipps V. auf das spanische Erbe und die Übergabe der Krone an Karl III. forderten, sondern auch eine beträchtliche Revision der von Ludwig XIV. in den vergangenen fünf Jahrzehnten geschlossenen Friedensverträge. 1709 stand das gesamte Lebenswerk des Königs mit seiner Territorial- und Grenzpolitik gegenüber dem Heiligen Römischen Reich und im niederländischen Raum zur Disposition.[38]

Dass es dazu nicht kam, lag neben der Forderung, einen habsburgischen Kandidaten als alleinigen Erben des spanischen Großreichs zu akzeptieren, vor allem an der für Ludwig XIV. völlig inakzeptablen Bedingung, dass er sich selbst an der Vertreibung seines Enkels aus Spanien beteiligen sollte. Während die Unterhändler der Koalition nicht bereit waren zu verhandeln, ließ der französische König die Gespräche lieber scheitern, als auf diese Forderungen einzugehen. Er zeigte sich nun wieder kriegsbereit. Die von Hunger und Kälteperioden geplagte französische Bevölkerung zahlte dafür den Preis, und ihr dramatisches Leiden nahm man am Hof durchaus wahr. Ludwig XIV. aber zog noch einmal alle Register. Demonstrativ ließ er sein goldenes Geschirr einschmelzen, um es in die Münze zu geben.[39] In einem ungewöhnlich emotionalen Appell wandte er sich an die französische Öffentlichkeit und beschwor seine Untertanen, dass es »gegen die Menschlichkeit« (*contre l'humanité*) sei, von ihm ein Vorgehen gegen seinen eigenen Enkel zu fordern. Auch wenn seine Liebe zu seinen Untertanen gewiss nicht geringer sei als die zu seinem Enkel, so sei er sicher, dass diese selbst sich dieser Forderung widersetzen würden.[40] Ludwigs XIV. Selbstdarstellung war 1709 weit entfernt von der des selbstherrlichen Souveräns, der Krieg aus eigener Autorität heraus führte, auch wenn seine Argumentation Zweifel daran aufkommen lässt, dass er das Ausmaß des Elends in seinem Land tatsächlich begriffen hatte.

Dass das Blatt sich dann wieder zugunsten Ludwigs XIV. und Philipps V. wendete, war aber nicht der letzten Aufbietung aller französischen Kräfte zu verdanken. Vielmehr hatten zum einen die Unterhändler der Koalition, unter ihnen Prinz Eugen und der Herzog von Marlborough, die Position in den Verhandlungen überdehnt. Insbesondere in England war man nicht mehr länger bereit, diesen Krieg zu führen. Es kam zum politischen Umschwung, bei dem der Herzog von Marlborough in Ungnade fiel. Der Widerstand gegen Ludwig XIV. und Philipp V. zerfiel endgültig, als 1711 Joseph I. starb, der seinem 1705 verstorbenen Vater Leopold I. als Kaiser nachgefolgt war. Nun blieb als einziger möglicher Kandidat der Habsburger für den Kaiserthron nur noch sein jüngerer Bruder, der bis dahin versucht hatte, sich als Karl III. in Spanien durchzusetzen. Wollte die Dynastie nicht auf die Kaiserkrone verzichten, woran man nicht einen Moment lang dachte, so musste Karl seinen spanischen Anspruch aufgeben. 1711 wären damit also ohnehin die früher verhandelten Teilungspläne, die Karl als spanischen König vorgesehen hatten, hinfällig geworden.

Auch die bourbonische Thronfolge wurde allerdings nochmals prekär, als 1711 zunächst der Vater Philipps V., der Dauphin, starb, und dann 1712 sowohl der neue Dauphin und ältere Bruder des spanischen Königs, der Herzog von Burgund, und schließlich auch dessen ältester noch lebender Sohn. Die Thronfolgeregelung in Frankreich war strikt und eindeutig. Philipp V. stand nun auf dem Platz hinter seinem kleinen Neffen Ludwig, dem künftigen Ludwig XV. Wäre auch diesem etwas zugestoßen und hätte Philipp V. den französischen Thron geerbt, wäre die spanische Erbfolge zu einem echten Dilemma geworden, denn eine solche Personalunion wäre für die europäischen Mächte gleichfalls undenkbar gewesen. Dieses Problem zu lösen, blieb den Beteiligten aber erspart. Es war ohnehin schwierig genug, die spanische Erbfolge zu einem allgemein akzeptablen Frieden zu führen.

Der Frieden von Utrecht, Rastatt und Baden 1713/14

Der Spanische Erbfolgekrieg endete in einem komplexen Vertragswerk, das in Utrecht, Rastatt und Baden 1713 und 1714 separat verhandelt und geschlossen wurde.[41] Philipp V. wurde damit endgültig König von Spanien, die verschiedenen Koalitionspartner erhielten aber erhebliche Teile aus dem Besitz, der bis zum Tod Karls II. unter der spanischen Krone vereint gewesen war. Die vormals Spanischen Niederlande, auf die die französische Politik seit mehr als zwei Jahrhunderten zielte, blieben bei den Habsburgern, ebenso Neapel, das Ludwig XIV. in den ersten Teilungsplänen mit Frankreich zu vereinen gehofft hatte. Nach Wilhelm III. erkannte Ludwig XIV. nun auch dessen Nachfolgerin Königin Anna an. Neben den Habsburgern gehörten auch England oder Savoyen zu den Gewinnern. Sie bekamen

Territorium in Europa bzw. den Kolonien sowie Handelsrechte. Ludwig XIV. konnte neben der spanischen Krone für seinen Enkel die Restitution seiner Verbündeten, der Kurfürsten von Bayern und Köln, erreichen. Nachdem man begonnen hatte, über die Teilung zu verhandeln, gab es sogar Überlegungen, Maximilian II. Emanuel so wie den Herzog von Savoyen mit einem Königreich aus dem spanischen Erbe auszustatten. Anders als bei Savoyen wurden diese Pläne für den Wittelsbacher aber nicht realisiert.[42] Die Ausweisung des katholischen Stuart-Hofes aus Frankreich, die im Raum gestanden hatte, konnte Ludwig XIV. abwenden. Nach den teilweise dramatischen Entwicklungen hatte er damit einige respektable Ziele erreicht und zumindest politische und territoriale Verluste vermieden. Die alte Gegnerschaft zwischen Frankreich und Spanien war mit dem Ende des Spanischen Erbfolgekrieges beendet. Ansonsten aber gingen beide Länder bei allen dynastischen Verflechtungen getrennte Wege. Eine Vereinigung der beiden Kronen war durch den Frieden definitiv untersagt, und die Bourbonen wurden keine den Habsburgern vergleichbare Universaldynastie. Spanien verlor mit dem Erbfolgekrieg die Basis seines alten Großmachtstatus. Der Herrschaftswechsel war für das Land aber durchaus positiv, denn die Bourbonen leiteten Reformen ein, die unter den Habsburgern zu lange verschleppt worden waren.

Der Spanische Erbfolgekrieg ist ein anschauliches Beispiel dafür, wie ein König, der den Staat repräsentieren sollte und wollte, der aber zugleich immer auch Teil seiner Dynastie war, zwischen beidem hin- und hergerissen wurde. Vor Ausbruch des Krieges orientierte Ludwig XIV. sich an den Interessen Frankreichs im europäischen Staatensystem. Mit der Aussicht, seinen Enkel zum spanischen König und Erben eines ungeteilten Besitzes machen zu können, entschied er sich dann aber für das dynastische Interesse. Der Spanische Erbfolgekrieg wurde für Frankreich zum humanitären, wirtschaftlichen und politischen Desaster ohne Gewinn, in dem es sogar Gefahr lief, vieles wieder zu verlieren. Für die Dynastie des französischen Königs hingegen war der Krieg ein Erfolg, auch wenn er durch Zugeständnisse geschmälert wurde. Die Bourbonen waren von nun an Könige von Spanien und Inhaber auch einiger italienischer Herrschaften. Als Königsdynastie überlebten sie in Spanien bis in die Gegenwart und damit weit über das Ende der Monarchie in Frankreich hinaus.

7 Der König stirbt

Ludwig XIV. war 76 Jahre alt, als in Baden der letzte der Friedensverträge des Spanischen Erbfolgekrieges unterzeichnet wurde. Seinen 77. Geburtstag sollte er nicht mehr erleben. Vor seinem Tod hatte er somit Frieden geschaffen, anders als sein Vater, der ihm zwei große Kriege hinterlassen hatte. Der offene Widerstand im Innern Frankreichs war zudem endgültig gebrochen. Ludwig XIV. konnte damit am Ende seines Lebens nicht nur auf ein Frankreich, sondern ein Europa blicken, von dem die französische Politik am Beginn seiner Herrschaft nur geträumt hatte: Sein Enkel war König in Spanien und hatte die habsburgische Dynastie dort verdrängt. Frankreich selbst war territorial erweitert und gefestigt, eine politische und kulturelle Führungsmacht.

Ludwig XIV. hatte lange den Eindruck vermittelt, als sei jenes Ziel erreicht, das Kardinal Richelieu 1629 Ludwig XIII. gegenüber formuliert hatte: den französischen König zum »mächtigsten Monarchen der Welt« (*le plus puissant monarque du monde*) zu machen.[1] Inwieweit dieser Eindruck nach dem Spanischen Erbfolgekrieg bei Ludwig XIV. gedämpft war, lässt sich nicht sagen. Eine offizielle französische Allegorisierung des Friedens von Baden aber verzichtete auf die üblichen Sieger- und Führungsposen des Königs und zeigte ihn in einträchtiger Gemeinschaft mit anderen Fürsten.[2] Das Bild scheint beinahe das von England bei Kriegsbeginn beschworene und schließlich durchgesetzte europäische Gleichgewicht darzustellen. Eigentlich war das gar kein Widerspruch, denn hinter dem französischen Großmachtstreben hatte immer auch Angst vor den Habsburgern gestanden. Jetzt war der Antagonismus zwischen den Habsburgern und den französischen Königen, der Europa über zwei Jahrhunderte hindurch strukturiert hatte, faktisch beendet, auch wenn es bis zu seiner offiziellen Beilegung noch bis 1756 dauern sollte.

Die Neuordnung Europas

Europa war in einer Weise neu geordnet, mit der sowohl Ludwig XIV. als auch jene Mächte, die zwischen Bourbonen und Habsburgern balancierten, zufrieden sein konnten.[3] Der französische König hatte zu dieser Neugestaltung Europas wesentlich beigetragen, nicht nur als Bedrohung, gegen die die anderen sich formierten, sondern auch als Akteur. So war auch der Abbé de Saint-Pierre, der in diesen Jahren noch einen Schritt weiter ging und den utopischen Plan eines europäischen Völkerbundes zur Friedenssicherung entwarf, ein Produkt der intellektuellen Elite Frankreichs dieser Zeit. Sein Plan stand in der Tradition von Friedenssicherungsplänen hochkarätiger französischer Politiker früherer Generationen wie Maximilien de Sully oder Kardinal Richelieu. Saint-Pierre selbst war Mitglied der *Academie Française* und Zeuge der Utrechter Verhandlungen und hatte Einfluss auf die junge politische Garde, die darauf wartete, Ludwig XIV. abzulösen. Saint-Pierre war das Paradebeispiel eines Frühaufklärers, der sich im Verlauf der Herrschaft Ludwigs XIV. zwischen Identifikation und Opposition zum System entwickelt hatte.[4] In Frankreich wollten alle politischen Denker den Zustand bewahren, der nach den langen Auseinandersetzungen geschaffen worden war. Das aber war ein Konsens auch bei den führenden Akteuren in ganz Europa. Dabei gab es nun aber auf lange Zeit niemanden mehr, von dem man fürchten musste, dass er das derzeitige System angreifen konnte und wollte. Die künftigen Veränderungen, die das System wieder in Unruhe brachten, waren strukturelle Veränderungen und vor allem die dynastischen Wechselfälle, die nach wie vor unberechenbar waren. Mit dem Spanischen Erbfolgekrieg setzte sich allerdings auch ein neuer politischer Stil durch: Dieser Krieg war nicht aufgrund legitimen Herrschaftsdenkens entschieden worden, sondern nach den Maßgaben der Großmächte, wie Europa auszusehen habe. Unter dieser Maßgabe wurden Länder verschoben und aufgeteilt. Dieser politische Stil sollte Europa zukünftig zunehmend prägen.

Das neue Frankreich

Ludwig XIV. hatte auch ein neues Frankreich geschaffen. Dieses Frankreich war am Ende seiner Herrschaftszeit in einer tiefen wirtschaftlichen und gesellschaftlichen Depression, doch es war fortschrittlich institutionalisiert und auf dem Weg hin zum modernen Staat. Das Land besaß damit Strukturen, die ihm auch über die künftigen Krisen hinweg Stabilität verliehen, und diese Strukturen waren ein Modell auch für andere Gemeinwesen, die sich daran orientierten und die Strukturen kopierten oder aber modifiziert adaptierten. Selbst dort, wo man wie in England oder den Generalstaaten die von Ludwig XIV. repräsentierte Staatsform und das Herrschaftssystem ablehnte, diente die Abgrenzung davon zugleich der eigenen Profilbildung und Identitätsfindung. Ob als Gegenmodell oder als übersteigertes Feindbild waren der König und sein Land für Europa und seine einzelnen Herrscher und Herrschaftsgebiete ein Gradmesser dafür, wie sie sein wollten respektive nicht sein wollten. Für seine Gegner wurde Ludwig XIV. so mitunter zu einem durchaus nützlichen Schreckensbild, das sich im Rahmen eigener politischer Vorstellungen instrumentalisieren ließ.[5]

Die wirtschaftlichen und kulturellen Impulse, die Ludwig XIV. gegeben hatte, schufen gute Voraussetzungen für die Entstehung neuer ökonomischer und intellektueller Eliten, die nicht nur in Frankreich eine Wirkung entfalteten. Die fehlenden respektive unzureichenden Reformen des Ständewesens und des Steuersystems sollten Frankreich allerdings langfristig als Problem begleiten. 1714 war die Aufgabe aber zunächst, aus der wirtschaftlichen Talsohle herauszukommen. Der Staat war über Jahre hinaus verschuldet, ohne dass sich die Einnahmesituation verbessert hätte. Das war die drückende Hypothek, die Ludwig XIV. nicht mehr auslöste, sondern seinem Nachfolger hinterließ, auch wenn sich die wirtschaftliche Situation noch zu seinen Lebzeiten bereits wieder entspannen sollte.[6]

Die Dynastie

Ludwig XIV. verkörperte mit seiner Dynastie den Staat, und diese Dynastie war zugleich seine Familie mit ihren menschlichen Schicksalen und Bindungen. In den Jahren vor seinem Tod traf den König das Unglück als Dynasten und Familienmenschen mit voller Wucht: Zunächst starb 1711 sein einziger legitimer Sohn mit nur 49 Jahren an den Pocken.[7] Trotz der Ansteckungsgefahr hatten der König und andere Familienmitglieder sich am Sterbebett des Dauphin in Meudon versammelt. Politisch war er ohne Bedeutung gewesen, aber ein langjähriger enger Freund und Vertrauter seines Vaters. Die Dynastie schien dank seiner Söhne und deren Nachkommen zunächst nicht gefährdet, die Aussicht auf die Nachfolge war mit dem jungen und vielversprechenden Herzog von Burgund aus der Sicht fortschrittlicher Kräfte sogar eher verbessert.[8] Dann aber folgten in kurzer Zeit weitere Schicksalsschläge. Durch eine Masernepidemie starben im Februar und März 1712 zunächst die Frau des neuen Dauphin und vormaligen Herzogs von Burgund, Marie Adélaïde von Savoyen, die Ludwig XIV. als Schwiegertochter und Großnichte von Anfang an ins Herz geschlossen hatte. Es folgten ihr Mann und schließlich auch der älteste Sohn. Die enge Beziehung der Familie, die einander auch im Krankheitsfall umgab und umsorgte, hatte diese menschlich und dynastisch verheerende gegenseitige Ansteckung befördert. Der künftige Ludwig XV. blieb mit zwei Jahren als einziges Kind des Paares und Vollwaise zurück. Als 1714 auch noch sein Onkel Karl durch einen Jagdunfall zu Tode kam, was bei der Witwe zudem eine Fehlgeburt verursachte, hing die direkte Nachfolge Ludwigs XIV. vom kleinen Dauphin ab.[9] Im Falle seines Todes wäre sein Onkel Philipp V. von Spanien der nächste Thronanwärter gewesen. Ob dessen Erbverzicht auf den französischen Thron, den er für die Übernahme des spanischen geleistet hatte, gegen die ehernen französischen Fundamentalgesetze Bestand gehabt hätte, ist fraglich. Damit aber wäre der gerade erst mühselig erreichte Frieden wieder in Gefahr gewesen, der eine Personalunion der französischen und spanischen Krone untersagte.

Die Familie

Der kleine Urenkel Ludwig und der Enkel Philipp mit seinen Kindern im fernen Spanien waren 1714 die einzigen Nachkommen, die Ludwig XIV. aus seiner ersten Ehe geblieben waren. Dagegen lebten noch zahlreiche Nachkommen aus den Verbindungen mit seinen beiden bereits verstorbenen Mätressen. Die älteste Tochter mit Louise de La Vallière, Marie Anne, war als Fürstin von Conti seit langem verwitwet und kinderlos. Vor allem von Françoise-Athénaïs de Montespan hatte Ludwig XIV. jedoch weitere Töchter und Söhne, die ihn noch in den letzten Jahren umgaben und zum vielfachen Großvater gemacht hatten: Louise Françoise, verwitwete Fürstin von Condé, Françoise Marie, die als Ehefrau des Sohnes und Erben von Philippe d'Orléans für so manchen Familienstreit gesorgt hatte, Louis-Auguste, Herzog von Maine, der mit einer Schwester seines verstorbenen Schwagers Condé verheiratet war, und Louis-Alexandre, Graf von Toulouse.

Von Françoise-Athénaïs de Montespan hatte Ludwig XIV. mehrere Söhne und Töchter. Hier ist die langjährige Geliebte des Königs mit vier ihrer Kinder auf einem Gemälde von Pierre Mignard abgebildet.

7 Der König stirbt

Ludwig XIV. hatte bereits für einigen Unmut gesorgt, als er seine unehelichen Kinder legitimierte und innerhalb des »Hauses Frankreich«, also mit Mitgliedern oder in männlicher Linie erbberechtigten Blutsverwandten der königlichen Dynastie verheiratete. Für diese Mitglieder der Königsdynastie, die in einem Rang mit anderen Herrscherdynastien Europas standen, bedeuteten die Ehe mit dem unehelichen Nachwuchs einer La Vallière oder einer Montespan, sich unter ihren Stand zu begeben, selbst wenn der König der Vater dieses Nachwuchses war. Er erkaufte diese Ehen, ohne dass die gesellschaftlichen Barrieren und anderen Probleme dadurch beseitigt waren, so dass es immer wieder zu Reibereien kam. Als aber 1714 der uneheliche Stamm Ludwigs XIV. so viel blühender dastand als sein ehelicher, ging der König noch einen Schritt weiter. Er erließ ein Edikt, welches das Pariser Parlament registrierte, das »den Herzog von Maine und den Grafen von Toulouse beim Fehlen eines Prinzen von Geblüt mit ihren männlichen Nachkommen in die Nachfolge bei der Krone« einsetzte und anordnete, »dass sie hinter den Prinzen von Geblüt dieselben Ränge, Ehren und Vorrechte wie diese« genießen sollten.[10] Damit hatte der König ein Gesetz erzwungen, nach dem seine legitimierten Söhne oder deren männliche Erben den Thron hätten erben können. Das war eine völlige Missachtung aller Fundamentalgesetze und Traditionen des Königreichs Frankreich. Der König, dem in Europa gerade erfolgreich seine Grenzen aufgezeigt worden waren, setzte sich damit im Innern klar über Recht und Gesetz hinweg.

Die erzwungene Anerkennung der legitimierten Kinder bis in die letzte Konsequenz blieb ein Akt auf dem Papier. Er war ohne realpolitische Bedeutung und wurde nach dem Tod des Initiators rasch wieder aufgehoben. Für die hochadeligen Geburtseliten wie den Herzog von Saint-Simon blieben der Herzog von Maine und der Graf von Toulouse »Bastarde«.[11] In dem autoritären Akt zur Regelung der Nachfolge wird tatsächlich ein »absoluter« König erkennbar, der die Grundlagen des Landes, das er regierte, ignorierte und der auch die Institutionen des Königreiches zwang, ihm darin zu folgen. Wie der König in seinem Edikt selbst herausstellte, gab es keine staatspolitische Notwendigkeit für diesen Akt. Es gab noch zahlreiche

Prinzen von Geblüt, die formell auch nicht benachteiligt wurden. Allerdings stand im Zweifelsfall die Frage im Raum, wie die französische mit der spanischen Thronfolge zu vereinen gewesen wäre.

Der König begründete die Regelung einzig mit seinem Willen und seiner Zuneigung zu seinen beiden legitimierten Söhnen und deren Qualitäten und Verdiensten. Zusammen mit einem Testament, das die beiden Söhne in die Regentschaft hätte einbeziehen sollen weckten diese letzten Maßnahmen vor allem falsche Hoffnungen, insbesondere bei dem ehrgeizigen älteren Herzog von Maine und seiner Frau, und sorgten für unnötige Unruhe. Das Testament zur Regelung der Regentschaft wurde ebenso kassiert und damit außer Kraft gesetzt wie das Ludwigs XIII. 72 Jahre zuvor.

In seinem letzten Jahr zeigte sich Ludwig XIV. ein letztes Mal als der selbstherrliche König, der die Dinge nach seinem Willen nicht nur zu Lebzeiten, sondern noch darüber hinaus gestalten wollte. Doch sein Tod machte diesem selbstherrlichen Gestaltungswillen des Königs bald darauf ein Ende. Über ihn hinaus gelang es ihm weder die Regentschaft, geschweige denn die Nachfolge im Königreich eigenmächtig zu bestimmen.

Der Bericht der Ärzte Ludwigs XIV. bricht im Jahr 1711 ab. Er macht aber bereits deutlich, dass der König mittlerweile kontinuierlich von verschiedenen Krankheitssymptomen geplagt wurde, zumal er bereits schwere körperliche Eingriffe hinter sich hatte.[12] Zudem machte die extreme Kälte jener Jahre auch nicht vor dem Hof halt, denn auch dort konnte man sich unter den Bedingungen der Zeit nur vergleichsweise unzureichend schützen. Der König war am Ende seines Lebens ein von Krankheit und Schicksalsschlägen gezeichneter und zunehmend melancholischer Mann, der allerdings in seinem Vertrauen auf Gott, auf den er sich in seiner Herrschaft zeitlebens berufen hatte, nun ein durchaus beeindruckendes Beispiel seines demonstrativen christlichen Glaubens gab. Im August 1715 war er geschwächt und abgemagert und konnte das Bett nicht mehr verlassen. Als schließlich Teile seines Körpers abzusterben begannen, war klar, dass es mit ihm zu Ende ging. Fast eine Woche vor seinem Tod, am 25. August und damit symbolträchtig am Tag des Heiligen Ludwig, erhielt er die Sterbesakramente. Der König, der bewusst öffentlich gelebt hatte, starb ebenso. Anders als in seiner Kindheit stand er im Alter im Mittelpunkt der Aufmerksamkeit, so dass zahlreiche Quellen seinen Tod dokumentieren.[13]

Der Abschied

Es war Ludwig XIV. möglich, sich auf den Tod vorzubereiten und sich nochmals mit seinem Leben und seiner Umgebung auseinanderzusetzen. Familie und Freunde versammelten sich um ihn, und er nahm im bewussten Gespräch Abschied von ihnen und söhnte sich mit jenen aus, mit denen er zerstritten war. Ludwig XIV. ging äußerlich gefasst in den Tod. Gegenüber seinem 5-jährigen Urenkel, der als Ludwig XV. die Krone wie er selbst als kleines Kind erben sollte, bereute er es, Kriege zu leichtfertig begonnen und damit seinem Volk geschadet zu haben. Er ermahnte ihn, sich an seiner Regierung in dieser Hinsicht kein Beispiel zu nehmen, sondern im Sinne des Friedens und zum Wohle seiner Untertanen zu regieren. Wenn diese Einsicht ernst war und nicht nur die letzte Selbststilisierung eines katholischen Monarchen, von dem im Angesicht des Todes Demut und Reue erwartet wurde, so kam sie in jedem Fall spät: Auch wenn Ludwig XIV. seinen letzten Krieg tatsächlich nicht mehr so leichtfertig geführt hatte wie seine ersten, so hatte er ihn doch nicht minder mit aller Konsequenz geführt.

An der Seite des sterbenden Königs wachte neben seinem Beichtvater die Marquise von Maintenon. Es war eine tiefe Verbundenheit und Liebe zwischen den beiden, die über 30 Jahre ein Ehepaar gewesen waren. Davon zeugen die Berichte der Anwesenden und selbst Elisabeth Charlottes von der Pfalz, die es auch in dieser Situation nicht unterließ, über die von ihr ungeliebte Frau ihres Schwagers mit boshaften Worten zu schreiben. Die Marquise von Maintenon verließ den Hof bereits zwei Tage vor dem Tod Ludwigs XIV., als er zeitweilig ohnmächtig wurde und man annehmen musste, dass er das Bewusstsein nicht wieder erlangen würde. Für die Witwe des Königs, die offiziell niemals seine Frau gewesen war, war kein Platz im Zeremoniell nach dem Tod des Monarchen, geschweige denn am Hof des neuen Königs. Am Morgen des 1. September 1715, einem Sonntag, starb Ludwig XIV., vier Tage vor seinem 77. Geburtstag, nach über 72 Jahren als König und 54 Jahren eigener Regierung.

Die Regentschaft übernahm Philippe, der Sohn von Philippe d'Orléans und Elisabeth Charlotte von der Pfalz und Schwiegersohn Ludwigs XIV. Die Übernahme verlief nicht völlig reibungslos, läutete dann aber die ruhige Zeit der *Régence* ein, die trotz letzter Nachwehen des Spanischen Erbfolgekrieges eine friedliche Epoche war, in der die weitere Stabilisierung und Konsolidierung gelang. Der Hof kehrte für wenige Jahre nach Paris zurück, und es gingen erstaunliche Impulse in Kunst und Kultur von dieser kurzen Periode aus. Ludwig XV. knüpfte dann als erwachsener König in Versailles wieder an das Vorbild seines Urgroßvaters an. In vielem war er ganz anders als dieser. Ein besserer König wurde er nicht unbedingt.

8 Ludwig XIV. und die Nachwelt

Der tote König blieb zunächst Mittelpunkt eines aufwendigen Huldigungs- und Begräbniszeremoniells, von Totenmessen und von Leichenpredigten in ganz Frankreich und darüber hinaus.[1] Seine erdrückende Präsenz schien angesichts des erst 5-jährigen Ludwig XV. und eines eher blassen Regenten über den Tod hinaus anzudauern. Doch nicht nur die schnelle Revision seines Testaments und der Nachfolgeregelung für seine unehelichen Söhne sprachen eine andere Sprache. Bereits die Leichenpredigt beim Staatsakt für den verstorbenen Ludwig XIV. in der Sainte-Chapelle in Paris machte klar, dass die Ära des großen Ludwig beendet war. Der königliche Prediger Jean-Baptiste Massillon nahm das Buch Kohelet des Alten Testaments mit seinen Vanitas-Klagen und der Mahnung der Vergänglichkeit aller Größe zum Ausgangspunkt und stieg in den Nachruf Ludwigs XIV. mit den fulminanten Worten ein:

> »Gott allein ist groß, meine Brüder, und besonders in jenen Momenten, wenn er den Vorsitz beim Tod irdischer Könige führt. Je mehr ihr Ruhm und ihre Macht gestrahlt haben, desto mehr huldigen diese, wenn sie schließlich vergehen, seiner überlegenen Größe: Gott erscheint als das, was er ist, und der Mensch ist überhaupt nichts mehr von all dem, was er zu sein glaubte.
> Glücklich der Fürst, dessen Herz inmitten all seines Wohlergehens und seines Ruhms sich in keiner Weise überhoben hat«.[2]

Es war nicht die Tatsache, dass Massillon angesichts des Todes Ludwigs XIV. auf die Vergänglichkeit allen Irdischen und damit auch aller Herrschaft und Herrscher hinwies, sondern dass er genau jene Schlüsselbegriffe nutzte, die das Selbstverständnis des Königs geprägt hatten: Ruhm, Größe, Macht, Überlegenheit. Massillon war kein Kritiker. Er nahm die demonstrative Frömmigkeit Ludwigs XIV. ernst und setzte voraus, dass dieser

selbst die Vergänglichkeit und damit Bedeutungslosigkeit seiner
Größe und seines Ruhmes reflektiert habe:

> »Dieser König, der Schrecken seiner Nachbarn, das Erstaunen der Welt,
> der Vater von Königen, größer als all seine Vorfahren, großartiger als
> Salomo in all seinem Ruhm, hat wie dieser erkannt, dass alles Nichtigkeit ist.«[3]

Ob dies der Realität entsprach oder ob die demonstrative
Frömmigkeit, die späte Einsicht und Reue nicht ebenso Teil
der Rolle waren, die von ihm erwartet wurde und ob wir nicht
auch Ludwig XIV. im Tod bei dem Spielen der Rolle zusehen,
die Lucien Bély als die des ersten Königs der Welt bezeichnet
hat, muss dahin gestellt bleiben. In seinem Handeln jedenfalls
orientierte sich Ludwig XIV. bis zum Ende hin an seinem
Ruhm und seiner Größe. Er war bemüht, die Welt noch bis
weit in sein Nachleben hinein nach seinem Willen zu gestalten.
Auch Massillon konnte sich dem Ergebnis dieses Handelns
nicht entziehen und schilderte den Ruhm und die Größe Ludwigs XIV., deren Vergänglichkeit er anmahnte, in leuchtenden
Farben.

Erinnern zwischen Faszination und Kritik

Massillon machte unmissverständlich deutlich, dass das Zeitalter Ludwigs XIV. vorüber war. Doch er erinnerte dabei in einer Form an ihn, die sich bis heute hält und die letztlich die
Wahrnehmung des Königs, wie sie schon zu seinen Lebzeiten
bestanden hatte, fortsetzte, nämlich ein Erinnern zwischen Faszination und Kritik. Denn Ludwig XIV. zieht noch immer
Menschen in seinen Bann. Noch immer ist es auch seine perfekte eigene Repräsentation, die wirkt: das Porträt Hyacinthe
Rigauds, das Diktum des *Sonnenkönigs*, das Bild des tanzenden und feiernden Königs, Versailles als sein Monument und
Wirkungsort. Gerade dieses Schloss ist dabei ein Gedächtnisort
ersten Ranges, der die schlichte Gleichsetzung von Macht und
Prunk anscheinend perfekt eingängig macht. Was Versailles
nicht erkennen lässt, ist die Innovation, die es ausmachte, das
Alte, das es hinter sich ließ, oder die anderen Modelle, von denen es sich abgrenzte.

8 Ludwig XIV. und die Nachwelt

Das außerhalb von Paris gelegene Schloss von Versailles, hier eine Darstellung von Martin Pierre Denis von 1722, wurde als neue Residenz seit 1682 zum architektonischen Symbol Ludwigs XIV. und der französischen Monarchie.

Ludwig XIV. nötigt den Nachgeborenen Bewunderung ab. Eher selten findet sich eine harsche Verurteilung oder Ablehnung. Seine Kriege sind bekannt und haben in der Heidelberger Schlossruine bis heute ebenfalls ein materielles Zeugnis, das von Touristen aus aller Welt besichtigt wird. Bekannt ist das Schicksal der Hugenotten, deren Zahlen oft überschätzt wurden, die aber in Europa und darüber hinaus publik machten, was die Herrschaft Ludwigs XIV. bedeutete, und diese Erkenntnis über Generationen weitergaben. Bekannt ist ebenfalls, dass für die einfachen Untertanen das Leben unter Ludwig XIV. vor allem mühselig war, auch wenn dieses Wissen oft wenig konkret sein mag. Auf der anderen Seite steht Ludwig XIV. als der vermeintliche Schöpfer des modernen

Staates, der vor allem diesen Staat, der mit seinen Strukturen und Institutionen so wenig anschaulich ist, verkörpern konnte, so wie es das kolportierte Zitat »Der Staat bin ich!« auf den Punkt gebracht hat.

Ludwig XIV. war nicht der Staat: Der Staat, das waren neben dem König die rund 20 Millionen Franzosen, die er regierte, einschließlich der im Krieg neu erbeuteten Untertanen oder der aufständischen Kryptohugenotten in den Cevennen, und das waren Institutionen wie die Parlamente, das Heer oder die Polizei. Während der Französischen Revolution entledigte sich Frankreich, das sich nun als Nation und nicht mehr als gemeinsame Untertanen eines Monarchen verstand, auf makabre Weise ihrer alten Symbole. Der Leichnam Ludwigs XIV. wurde 1793 zusammen mit denen anderer französischer Könige und ihrer Familien aus der königlichen Grablege in Saint-Denis gezerrt und zerstört.

Die Idee des modernen Staats

Doch auch wenn Ludwig XIV. den Staat weder alleine geschaffen hat noch mit ihm identisch war, so personifiziert er doch jenen Moment in der Geschichte, in der der moderne Staat Gestalt annahm, ohne den wir uns unser Leben heute nicht mehr vorstellen können. Das ist keine reine Konstruktion jener, die die Komplexität von Strukturen, Institutionen und Entwicklungsprozessen in einer Person und ihrem Willen und Handel identifiziert sehen wollen: Ludwig XIV. selbst hat diese Identität geschaffen, und schon die Zeitgenossen, die seine Reformen nachahmten, identifizierten sich dabei mit mehr als nur strukturellen Prozessen: Sie übernahmen seine Herrscherpose, seine Architektur, seine Selbstdarstellung. Diese Idee, die Ludwig XIV. ausmachte, steckt darum in ganz Europa, und als Idee des modernen Staates ist sie global geworden. Seit Norbert Elias in seiner 1969 erschienenen Schrift *Die höfische Gesellschaft* den soziologischen Blick auf den Hof Ludwigs XIV. richtete, wird zudem diskutiert, inwieweit auch die Disziplinierung politischer Eliten und darüber hinaus der Zivilisationsprozess der modernen Gesellschaften mit diesem König in Verbindung gebracht werden kann.

8 Ludwig XIV. und die Nachwelt

Die Erinnerung an Ludwig XIV. ist mithin nicht minder komplex als die Geschichte des lebenden Königs. Historisch lässt sich aus dieser Gesamtwirkung Ludwigs XIV. schwerlich ein einzelner Aspekt herauslösen. Natürlich kann man angesichts dessen, dass das Zeitalter Ludwigs XIV. Aspekte der Literatur, von Musik, Tanz und anderen Bereichen umfasste, einzelne kulturelle Aspekte unabhängig vom Gesamtzusammenhang betrachten. Unhaltbar aber ist die Tendenz, einen vermeintlich guten Kulturförderer gegen den vermeintlich negativen Kriegspolitiker Ludwig XIV. abzuwägen.[4] Tatsächlich ist dies eine Tendenz, die aber breitenwirksamen Charme zu besitzen scheint, wollen sich dem modernen Betrachter die Einheit von barocker Schönheit und Expansionspolitik doch mitunter ebenso wenig erschließen wie die Tatsache, dass diese Politik nicht bloß individuelles Machtstreben war, sondern in einen größeren Entwicklungsrahmen eingeordnet werden muss.

Die historische Deutung

Historiker hat Ludwig XIV. seit jeher beschäftigt, und die Forschung über ihn hat ein Ausmaß, das eine Überblickdarstellung sprengen würde. Das liegt eben auch daran, dass dieser König so viele Impulse setzte, so viel bestimmte, dass man kaum ein europäisches Phänomen seiner weit mehr als ein halbes Jahrhundert umfassenden Epoche betrachten kann, ohne ihn grundlegend einzubeziehen. Konventionelle Biographien, Studien über Krieg, Politik und Diplomatie Ludwigs XIV. hatten seit jeher Konjunktur. Doch die Erforschung Ludwigs XIV. nimmt keineswegs ab, sondern immer weiter zu. Jeden Aspekt seines Lebens scheinen Historiker ausgeleuchtet zu haben, zu zahlreichen Details liegen nicht nur kleine Beiträge, sondern aktuelle monographische Studien vor. Thematische oder methodische Innovationen der letzten Jahrzehnte haben Ludwig XIV. keineswegs uninteressant werden lassen, sondern gerade seine immer wieder neue Aktualität bewiesen. Sei es der Zusammenhang von Kultur und Politik, sei es der moderne Staatsaufbau, seien es die personellen Netzwerke hinter dem vermeintlich individuellen Handeln in der Geschichte oder die enge Verflechtung von Religion und Politik auch in einer tendenziell säkular werdenden Welt – immer wieder rücken veränderte Fragestellungen und Betrachtungsweisen Ludwig XIV. erneut ins Zentrum, immer wieder entdeckt man in seinem Handeln und seiner historischen Situation überraschende Aspekte, die bislang übersehen oder marginalisiert wurden. Entsprechend unmöglich ist es, einen vollständigen Forschungsstand für einen Herrscher zu geben, der die Forschung in zahlreichen Ländern ständig beschäftigt. Doch Ludwig XIV. scheint sich mit seinen zahlreichen Facetten und einer breit angelegten Außendarstellung, die doch so wenig über den Menschen und seine Gedanken und Motive verrät, einem kohärenten Verständnis ohnehin zu entziehen. Aus der Fülle des Wissens über den König ergibt sich kein klares, schlüssiges Gesamtbild. Auch das macht seine Faszination aus.

Saint-Simon und Voltaire

Die Memoiren des Herzogs von Saint-Simon oder Voltaires 1752 erschienenes »Zeitalter Ludwigs XIV.« (*Le Siècle de Louis XIV*) hat die Forschung längst kritisch hinterfragt und überholt. Beide aber sind in mehrere Sprachen übersetzt und behaupten bis heute ihren Rang neben der Forschungsliteratur: Saint-Simon besitzt den Charme des plaudernden Zeitzeugen, der vermeintlich authentisch aus eigener Anschauung erzählt. Tatsächlich allerdings sind Saint-Simons Memoiren kein minutiöses Erlebnisprotokoll, sondern ein Zusammenspiel von Erinnerungen und Gerüchten, die ganz im Stil der frühneuzeitlichen Memoirengattung der kritischen Reflexion, der Unterhaltung und der Selbstvergewisserung, nicht so sehr der neutralen Berichterstattung dienten. Am nachhaltigsten aber hat sicher Voltaire die Wahrnehmung Ludwigs XIV. geprägt. Die literarische Schönheit des Werkes ist unbestreitbar, aber auch die meisterliche Darstellung unterschiedlichster Aspekte in einem konzisen Ganzen nötigt bis heute Respekt ab. Vor allem aber, dass es Voltaire erklärtermaßen gar nicht um die Person, sondern die Menschen im Zeitalter dieses Mannes ging, lässt sein Werk außerordentlich modern erscheinen. Doch auch Voltaire ging es nicht um eine absichtslose Darstellung: In der zeitgenössischen Tradition der Herrschermemoria idealisierte er die vergangene Zeit, um an seiner eigenen Gegenwart subtile Kritik zu üben. Tatsächlich kann man leicht den Eindruck gewinnen, das Zeitalter Ludwigs XIV. gewinne seine Größe gerade aus der Perspektive der späteren Epochen Ludwigs XV. und Ludwigs XVI., wobei man aber zugestehen muss, dass Ludwig XIV. seinen Nachfolgern Probleme hinterließ, an denen diese sich abzuarbeiten hatten.

Deutungen

Nennenswerte historiographische Kontroversen hat Ludwig XIV. trotz seiner starken Präsenz in der Geschichtswissenschaft nicht ausgelöst. Die Absolutismusdebatte ist vor allem eine Diskussion um die Angemessenheit eines anachronistischen Begriffs. Dass Ludwig XIV. kein Diktator, kein Alleinherrscher ohne Grenzen und Einflüsse war, dass um ihn herum Personen wirkten, deren Handeln unter dem Ludwigs XIV. subsumiert wird, darüber herrscht im Prinzip Konsens. Darüber hinaus waren und sind Kritiker wie Bewunderer des Königs in der Regel bereit, Licht und Schatten an der historischen Persönlichkeit und Wirkung Ludwigs XIV. zuzugestehen und gegeneinander abzuwägen. Die Leichenpredigt Massillons war insofern bereits zukunftsweisend für das weitere Urteil der Nachwelt. Es sind weniger Kontroversen als die disparate Fülle an Erkenntnissen, die es so schwer macht, ein geschlossenes Bild Ludwigs XIV. zu zeichnen. Auch darum greift selbst der moderne Historiker immer wieder gerne zu Voltaire, um sich klar zu machen, dass das Zeitalter Ludwigs XIV. von der nächsten Generation eben doch als eine Einheit wahrgenommen wurde, ein Zeitalter, das durch diesen einen Mann zusammengehalten wurde.

Fazit

Die Welt, in die Ludwig XIV. 1638 hinein geboren wurde, war eine deutlich andere als die, die er 1715 verließ. Sein Handeln hatte dazu mit beigetragen, auch wenn es nicht sein alleiniges Handeln war und er auf guten Grundlagen aufbauen konnte. Er wäre nicht zu dem geworden, als den wir ihn kennen, ohne seine Mutter Anna von Österreich, ohne die Kardinäle Richelieu und Mazarin, ohne seine Mitarbeiter wie Colbert und viele andere. Ludwig XIV. war ein aktiver Herrscher, der das, was er vorfand, in eine klare Richtung weiterentwickelte. Wer sich heute vom Glanz von Versailles blenden lässt, übersieht dabei leicht, dass die kulturelle Blüte im »Zeitalter Ludwigs XIV.« Teil eines größeren Ganzen war. Gerade weil Ludwig XIV. alles, was er aufgriff, in den Dienst seiner Autorität und seines Ruhms stellte, waren in seinem Zeitalter weder Architektur noch Gartenanlagen, weder Wissenschaft noch Musik oder Ballett unpolitisch. Eine genuine Begeisterung des Königs für Innovation, für Verbesserung und für die Zelebrierung von Schönheit war dabei offensichtlich und sicher überhaupt die Voraussetzung dafür, ein solch umfassendes System mit Leben erfüllen zu können. Das Ziel all dieses Strebens sollte nach seiner eigenen Rechtfertigung als christlicher Monarch ein ruhiges, glückliches Frankreich sein, ein Ziel, das allerdings immer mehr aus dem Blick geriet. Insbesondere stand der französische König in den letzten Jahren seines Lebens vor dem Dilemma, ob er Staatsoberhaupt im modernen Sinne oder traditionelles Oberhaupt seiner Dynastie war.

Dieses größere Ganze des Zeitalters Ludwigs XIV. hatte unterschiedliche Facetten, die sich in ihrer Bewertung kaum voneinander trennen lassen. Der moderne Staat, der durch feste Institutionen und Organisationsformen das Leben seiner Einwohner im positiven wie im negativen Sinn erfassen kann, ist ein Teil dieser Entwicklung. Für den einzelnen der rund 20 Millionen Franzosen unter Ludwig XIV. konnte seine Regierung eine spürbare Verbesserung oder – man denke nur an die Hugenotten – eine Katastrophe sein. Viele genossen die ungewohnte neue Ruhe und Sicherheit und anfänglich wachsenden Wohlstand als Teil einer in Europa kulturell und politisch dominierenden Nation. Erst allmählich zeigte sich der Preis dieser Regierung. Viele der späten Kritiker aber identifizierten sich durchaus mit Frankreich als Führungsnation wie Ludwig XIV. sie geschaffen hatte.

Der *Sonnenkönig* war zugleich ein Kriegskönig. Nicht nur seine Untertanen, sondern die politischen Akteure in ganz Europa ebenso wie die Bewohner der von ihm mit Krieg überzogenen Gebiete erfuhren die oft brutalen Schattenseiten seiner Regierung. Europa wurde durch ihn realpolitischer und definierte sich zugleich im Handeln gegen ihn als politische Gemeinschaft, ein Prozess, den zuvor bereits Bedrohungen wie das Osmanische Reich oder die habsburgische Universalmonarchie befördert hatten. Die Ergebnisse der Herrschaft Ludwigs XIV. liegen mithin weit über das von ihm intendierte Handeln hinaus auch in den Handlungen und Entwicklungen, die er ausgelöst hat.

Ludwig XIV. machte Machtpolitik und die Missachtung des Völkerrechts ein Stück weit hoffähiger als sie es zuvor gewesen waren, vielleicht gerade weil militärisch-politische Siege, geschmeidiges Auftreten und kultureller Glanz bei ihm perfekt Hand in Hand gingen. Der König gerierte sich nie als zynischer Machiavellist, sondern zelebrierte seine Erfolge attraktiv, charmant und im Rahmen eines christlichen Weltbildes. Er zerstörte nicht die Welt, die er vorgefunden hatte, zeigte jedoch, wie man ihre Grenzen bis auf das Äußerste ausreizen konnte. In letzter Instanz höhlte er völkerrechtliche, moralische und religiöse Normen aus, aber wenn er damit zum vielfach kopierten Vorbild wurde, so traf er offensichtlich den Nerv seiner Zeit. Es war eine Zeit des Neubeginns nach dem Westfälischen Frieden und dem Pyrenäenfrieden. Die spanischen Habsburger waren im Niedergang, die kaiserlich-österreichischen gebändigt. Eine Neuordnung Europas war möglich, und Ludwig XIV. griff beherzt zu.

Sein Wunsch nach Größe und Sicherheit im Inneren wie im Äußeren kann man aus den Erfahrungen seiner Jugend herleiten. Es war der Erfolg der frühen Jahre der Regierung Ludwigs XIV., aktiv zu gestalten, Probleme wahrzunehmen, zu analysieren und auf dieser Basis Veränderungen in Angriff zu nehmen. Später aber wurde er zunehmend zum Opfer des von ihm selbst geschaffenen Systems. Insbesondere Versailles war ein eigener Kosmos, der nur wenig Bezug zur Realität jenseits des Hofes, zu den Problemen der Weite des Landes, geschweige denn zu strukturellen Problemen bot. Der König selbst hatte hier für sich eine Rolle geschaffen, die er bis zum Tod spielte. Im Kreis seiner Familie war und blieb Ludwig XIV. jedoch immer auch erstaunlich menschlich. Hier ist er authentisch greifbar, jemand der liebte, trauerte und sich sorgte. Doch selbst die Menschen, die er liebte, ordnete er von Anfang an seiner Autorität und seinem Ruhm unter.

Die anonyme Darstellung zeigt Ludwig XIV. und den Dauphin mit weiterem Familienmitgliedern und Teilen des Hofes um 1684, kurz nach dem Umzug nach Versailles, in der Grotte der Thetys in der weiträumigen Gartenanlage des Schlosses.

Fazit

Außenpolitisch entfachte Ludwig XIV. eine Dynamik, die sich immer rapider entwickelte. Vielleicht gerade weil ihm die anderen zu spät Grenzen setzten, konnte er sich zum Schrecken Europas entwickeln mit der fatalen Konsequenz, zu einem Feindbild geworden zu sein, das er selbst nicht mehr revidieren konnte. Dabei zeigte sich Ludwig XIV. außenpolitisch gerade in seinen späten Jahren mitunter erstaunlich nachgiebig. Zeitlebens hat er sich hier das Gespür dafür bewahrt, was erreicht werden konnte, und dabei Krieg und Diplomatie meisterhaft in den Dienst derselben Sache gestellt. Im Innern aber folgte dem fulminanten Aufbruch die Stagnation. Der Zeit nach 1715 fehlte dann trotz verschiedener Reformansätze ein großer neuer Aufbruch, wie Frankreich ihn mit dem Herrschaftsbeginn Ludwigs XIV. erlebt hatte. Das »Große Zeitalter« war mit Ludwig XIV. vorbei.

Anmerkungen

1 Ludwig – der Gottgegebene, der Große, der Sonnenkönig

1 Klaus Malettke. Die Bourbonen, Bd. 1: Von Heinrich IV. bis Ludwig XIV., 1589–1715, Stuttgart 2008, S. 122f.
2 Lothar Schilling. Das Jahrhundert Ludwigs XIV. Frankreich im Grand Siècle. 1598–1715. Darmstadt 2010, S. 125.
3 Jean-Marie Apostolidès. Le Roi-Machine. Spectacle et politique au temps de Louis XIV. Paris 1981.
4 Lucien Bély. Louis XIV. Le plus grand roi du monde. Paris 2004, S. 5. Die einschlägige Studie zur Inszenierung Ludwigs XIV., von der zahlreiche weitere Forschungsimpulse ausgingen, stammt von Peter Burke. The Fabrication of Louis XIV, New Haven u. a. 1992 (Dt.: Ludwig XIV.: die Inszenierung des Sonnenkönigs. Berlin 1993.).
5 Christoph Kampmann, Katharina Krause, Eva Krems und Anuschka Tischer (Hrsg.). Bourbon – Habsburg – Oranien um 1700. Konkurrierende Modelle im dynastischen Europa. Köln/Weimar/Wien 2008; Hendrik Ziegler. Der Sonnenkönig und seine Feinde: die Bildpropaganda Ludwigs XIV. in der Kritik (= Studien zur internationalen Architektur- und Kunstgeschichte 79). Petersberg 2010.
6 Ludwig XIV. Memoiren. Basel/Leipzig 1931, S. 59f.
7 Jutta Schumann. Die andere Sonne. Kaiserbild und Medienstrategien im Zeitalter Leopolds I. (= Institut für Europäische Kulturgeschichte der Universität Augsburg, Colloquia Augustana 17). Berlin 2003.
8 Pierre Goubert. Ludwig XIV. und zwanzig Millionen Franzosen. Berlin 1973. Zum aktuellen Stand der demographischen und weiteren strukturellen Situation Frankreichs in der Zeit Ludwigs XIV. siehe Olivier Chaline. La règne de Louis XIV. Bd. 1, Paris 2005, S. 262–291.
9 Siehe dazu Christoph Kampmann, Katharina Krause, Eva Krems und Anuschka Tischer (Hrsg.). Bourbon – Habsburg – Oranien. Konkurrierende Modelle im dynastischen Europa um 1700. Köln u. a. 2008.

2 Ein junger König zwischen Krieg und Frieden (1643–1661)

1 Zur Kindheit, Erziehung und Ausbildung Ludwigs XIV.: Klaus Malettke. Die Bourbonen, Bd. 1: Von Heinrich IV. bis Ludwig XIV., 1589–1715, Stuttgart 2008, S. 136–161; Lucien Bély. Louis XIV. Le plus grand roi du monde. Paris 2004, S. 22–26.
2 Ézechiel Spanheim. Relation de la Cour de France en 1690. Hrsg. von C. Schefer. Paris 1882.
3 Journal de la santé du Roi Louis XIV de l'année 1647 à l'année 1711 écrit par Vallot, d'Aquin et Fagon. Hrsg. von J.-A. Le Roi. Paris 1862.
4 Eine Übersicht über die unterschiedlichen Regentschaften im frühneuzeitlichen Frankreich bietet Katherine Crawford. Perilous Performances: Gender and Regency in Early Modern France (= Harvard historical studies 145), Cambridge (Mass.) 2004. Zur aktuellen Bilanz der Regentschaft Annas siehe Jean-François Dubost. Anne d'Autriche, reine de France: mise en perspective et bilan politique du règne (1615–1666), in: Chantal Grell (Hrsg.). Anne d'Autriche. Infante d'Espagne et reine de France, Paris/Madrid/Versailles 2009, S. 41–109.
5 Zum Ideal des Fürsten im Frankreich des 17. Jahrhunderts siehe René Pillorget. L'image du prince dans la France du XVIIième siècle. In: Das Herrscherbild im 17. Jahrhundert, hrsg. von Konrad Repgen (= Schriftenreihe der Vereinigung zur Erforschung der Neueren Geschichte 19), Münster 1991, S. 43–57.
6 Ludwig XIV. Memoiren. Basel/Leipzig 1931, S. 45.
7 *[...]; les grands hommes ne sont pas nèz pour eux-mêmes: [...].* Jacques-Bénigne Bossuet. Politique tirée des propres paroles de l'Ecriture Sainte à Monseigneur le Dauphin. Paris 1709, S. 241f.
8 Zum habsburgischen Profil, insbesondere der spezifischen »österreichischen Frömmigkeit« siehe das Standardwerk von Anna Coreth. Pietas Austriaca. Österreichische Frömmigkeit im Barock. 2. Aufl. München 1982. Zur Erziehung siehe exemplarisch: Martha K. Hoffman. Raised to Rule. Educating Royalty at the Court of the Spanish Habsburgs, 1601–1634. Baton Rouge 2011.
9 Klaus Malettke. Die Bourbonen, Bd. 1: Von Heinrich IV. bis Ludwig XIV., 1589–1715, Stuttgart 2008, S. 136–161; Lucien Bély. Louis XIV. Le plus grand roi du monde, Paris 2005, S. 22–27; Mémoires de Mme de Motteville sur Anne d'Autriche et sa cour, hrsg. von M. F. Riaux, Bd. 1, Paris 1855, S. 263–266. Einen Eindruck der Talente Ludwigs XIV. in reifem Alter gab Ézechiel Spanheim. Relation de la Cour de France en 1690. Hrsg. von C. Schefer. Paris 1882, S. 3f.

10 Christoph Kampmann. Arbiter und Friedensstiftung. Die Auseinandersetzung um den politischen Schiedsrichter im Europa der Frühen Neuzeit (= Quellen und Forschungen aus dem Gebiet der Geschichte, Neue Folge 21), Paderborn u. a. 2001, S. 184–188.
11 Robert W. Berger und Thomas F. Hedin. Diplomatic Tours in the Gardens of Versailles. Philadelphia 2008, S. 55–65. Deutsche Übersetzung der Memoiren: Ludwig XIV. Memoiren. Basel/Leipzig 1931.
12 Gerrit Walther. Artikel »Honnête homme, Honnête femme.« In: Enzyklopädie der Neuzeit, im Auftrag des Kulturwissenschaftlichen Instituts (Essen) hrsg. von Friedrich Jäger, Bd. 5, Stuttgart und Weimar 2007, Sp. 643–646. Zur adeligen Erziehung im Frankreich des 17. Jahrhunderts siehe Mark Motley. Becoming a French Aristocrat. The Education of the Court Nobility 1580–1715. Princeton (New Jersey) 1990.
13 Ludwig XIV. Memoiren. Basel/Leipzig 1931, S. 11f.
14 Zum spanischen Hintergrund Annas von Österreich siehe: María José del Río Barredo. Enfance et éducation d'Anne d'Autriche à la cour d'Espagne (1601–1615), in: Chantal Grell (Hrsg.). Anne d'Autriche. Infante d'Espagne et reine de France, Paris/Madrid/Versailles 2009, S. 11–39; Martha K. Hoffman. Raised to Rule. Educating Royalty at the Court of the Spanish Habsburgs, 1601–1634. Baton Rouge 2011. – Zur Präsenz von Spaniern im Umfeld Annas als französischer Königin siehe María José del Río Barredo und Jean-François Dubost. La présence étrangère autour d'Anne d'Autriche (1615–1666), in: Chantal Grell (Hrsg.). Anne d'Autriche. Infante d'Espagne et reine de France, Paris/Madrid/Versailles 2009, S. 111–153, hier S. 112–125. – Zum komplizierten Verhältnis zwischen Ludwig XIII. und Anna in den letzten Jahren siehe A. Lloyd Moote. Louis XIII, the Just. Berkeley u. a. 1989, S. 277–283.
15 Zur Regentschaftsübernahme Annas siehe Jean-François Dubost. Anne d'Autriche, reine de France: mise en perspective et bilan politique du règne (1615–1666), in: Chantal Grell (Hrsg.). Anne d'Autriche. Infante d'Espagne et reine de France, Paris/Madrid/Versailles 2009, S. 41–109, hier S. 58f.
16 Zur politischen Entwicklung Annas siehe Jean-François Dubost. Anne d'Autriche, reine de France: mise en perspective et bilan politique du règne (1615–1666), in: Chantal Grell (Hrsg.). Anne d'Autriche. Infante d'Espagne et reine de France, Paris/Madrid/Versailles 2009, S. 41–109.
17 Orest Ranum. The Fronde. A French Revolution 1648–1652. New York / London 1993; Klaus Malettke (Hrsg.). Soziale und politische Konflikte im Frankreich des Ancien Régime (= Studien aus dem Forschungsschwerpunkt »Soziale Mobilität im frühmodernen Staat: Bürgertum und Ämterwesen« am Fachbereich 13 [Geschichtswisssenschaft]

der Freien Universität Berlin 2 / Einzelveröffentlichungen der Historischen Kommission zu Berlin 32). Berlin 1982.
18 Madame de Motteville schilderte das beklemmende Zusammentreffen der Regentin mit Henrietta Maria nach der Hinrichtung Karls I.: Mémoires de Mme de Motteville sur Anne d'Autriche et sa cour, hrsg. von M. F. Riaux, Bd. 3, Paris 1855, S. 18.
19 Ludwig XIV. Memoiren. Basel/Leipzig 1931, S. 13f. – Zur vielschichtigen Rolle der Dynastie Bourbon-Condé im 17. Jahrhundert siehe: Katia Béguin. Les princes de Condé: rebelles, courtisans et mécènes dans la France du Grand Siècle. Paris 1999.
20 Ludwig XIV. Memoiren. Basel/Leipzig 1931, S. 14.
21 Lucien Bély. Louis XIV. Le plus grand roi du monde. Paris 2004, S. 37–40. Orest Ranum. The Fronde. A French Revolution 1648–1652. New York / London 1993, S. 275f. Mazarin berichtete von der Anwesenheit des Königs bei Bellegarde und dem kalkulierten Effekt seiner persönlichen Anwesenheit in einem Brief vom 13. April 1650: Lettres du Cardinal Mazarin pendant son ministère, hrsg. von A. Chéruel, Bd. 3 (Januar 1648–Dezember 1650), Paris 1883, S. 527–535. Auch Madame de Motteville schilderte das Ereignis: Mémoires de Mme de Motteville sur Anne d'Autriche et sa cour, hrsg. von M. F. Riaux, Bd. 3, Paris 1855, S. 179f.
22 Ludwig XIV. Memoiren. Basel/Leipzig 1931, S. 13ff.
23 Ludwig XIV. Memoiren. Basel/Leipzig 1931, S. 45f.
24 Zur Opposition unter Ludwig XIV. nach 1661 siehe: Klaus Malettke. Opposition und Konspiration unter Ludwig XIV.: Studien zu Kritik und Widerstand gegen System und Politik des französischen Königs während der ersten Hälfte seiner persönlichen Regierung. Göttingen 1976. Zum Phänomen der französischen Bauernaufstände siehe in übergreifender Perspektive: Yves-Marie Bercé. Croquants et nu-pieds: les soulèvements paysans en France du XVIe au XIXe siècle. Paris 1974; René Pillorget. Die Bauernaufstände im Frankreich des 17. Jahrhunderts. In: Klaus Malettke. (Hrsg.). Soziale und politische Konflikte im Frankreich des Ancien Régime (= Studien aus dem Forschungsschwerpunkt »Soziale Mobilität im frühmodernen Staat: Bürgertum und Ämterwesen« am Fachbereich 13 [Geschichtswissenschaft] der Freien Universität Berlin 2 / Einzelveröffentlichungen der Historischen Kommission zu Berlin 32). Berlin 1982, S. 66–79. Eine solide Gesamtschau aller Erhebungen von der Ära Ludwigs XIV. bis zur Französischen Revolution bietet Jean Nicolas. La Rébellion Française. Mouvements populaires et conscience sociale 1661–1789. Paris 2002.
25 Klaus Malettke. Die Bourbonen, Bd. 1: Von Heinrich IV. bis Ludwig XIV., 1589–1715, Stuttgart 2008, S. 144ff.

26 Lucien Bély. Louis XIV. Le plus grand roi du monde. Paris 2004, S. 24 und S. 47–50.
27 Ludwig XIV. Memoiren. Basel/Leipzig 1931, S. 13f.
28 Anuschka Tischer. Französische Diplomatie und Diplomaten auf dem Westfälischen Friedenskongreß: Außenpolitik unter Richelieu und Mazarin (= Schriftenreihe der Vereinigung zur Erforschung der Neueren Geschichte e. V. 29). Münster 1999; Derek Croxton. Peacemaking in Early Modern Europe. Cardinal Mazarin and the Congress of Westphalia, 1643–1648. Selinsgrove / London 1999.
29 Georges Dethan. Mazarin. Un homme de paix à l'âge baroque. 1602–1661. Paris 1981.
30 Der Forschungsstand zum Rheinbund von 1658 ist unzureichend. Siehe dazu zuletzt mit einem Forschungsüberblick Tilman Haug. Ungleiche Außenbeziehungen und grenzüberschreitende Patronage. Die französische Krone und die geistlichen Kurfürsten (1648–1679) (= Externa. Geschichte der Außenbeziehungen in neuen Perspektiven 6), Köln/Weimar/Wien 2015, S. 55–63.
31 *Car si nous n'y avons que le simple droit de protection qui à le bien prendre est plus onéreux que profitable.* Acta Pacis Westphalicae. Serie II, Abt. B (Die französischen Korrespondenzen), Bd. 4, bearb. v. Clivia Kelch-Rade und Anuschka Tischer, Münster 1999, S. 251. Zur Tradition französischer Protektionspolitik siehe Rainer Babel. Garde et protection. Der Königsschutz in der französischen Außenpolitik vom 15. bis zum 17. Jahrhundert (= Beihefte der Francia 72), Ostfildern 2014. Vgl. darüber hinaus Anuschka Tischer. Artikel »Protektion«, in: Enzyklopädie der Neuzeit, im Auftrag des Kulturwissenschaftlichen Instituts (Essen) hrsg. von Friedrich Jäger, Bd. 10, Stuttgart und Weimar 2009, Sp. 471–474.
32 Dies arbeitet besonders die erste wissenschaftliche Gesamtdarstellung des Pyrenäenfriedens heraus: Daniel Séré. La paix des Pyrénées. Vingt-quatre ans de négociations entre la France et l'Espagne (1635–1659). Paris 2007. Siehe zu der langen Etappe vom Westfälischen Frieden zum Pyrenäenfrieden daneben: Anuschka Tischer. Von Westfalen in die Pyrenäen: französisch-spanische Friedensverhandlungen zwischen 1648 und 1659, in: Französisch-deutsche Beziehungen in der neueren Geschichte. Festschrift für Jean Laurent Meyer zum 80. Geburtstag. Hrsg. von Klaus Malettke und Christoph Kampmann (= Forschungen zur Geschichte der Neuzeit. Marburger Beiträge 10), Berlin 2007, S. 83–96.
33 Joël Cornette. Le roi de guerre. Essai sur la souveraineté dans la France du Grand Siècle. Paris 1993.
34 Zur Universalmonarchie siehe: Franz Bosbach. Monarchia Universalis. Ein politischer Leitbegriff der Frühen Neuzeit (= Schriftenreihe der Historischen Kommission bei der Bayerischen Akademie der Wissenschaf-

ten 32). Göttingen 1988; Peer Schmidt. Spanische Universalmonarchie oder »teutsche Libertet«. Das spanische Imperium in der Propaganda des Dreißigjährigen Krieges (= Studien zur modernen Geschichte 54). Stuttgart 2001. Zur bleibenden Angst vor den Habsburgern in der französischen Regierung noch in der Spätphase der Epoche Ludwigs XIV. siehe Jörg Ulbert. Die österreichischen Habsburger in bourbonischer Sicht am Vorabend des Spanischen Erbfolgekriegs. In: Bourbon – Habsburg – Oranien um 1700. Konkurrierende Modelle im dynastischen Europa. Hrsg. von Christoph Kampmann, Katharina Krause, Eva Krems und Anuschka Tischer, Köln/Weimar/Wien 2008, S. 241–254.
35 Peter Sahlins. Boundaries. The Making of France and Spain in the Pyrenees. Berkeley u. a. 1989.
36 Anuschka Tischer. Französische Diplomatie und Diplomaten auf dem Westfälischen Friedenskongreß: Außenpolitik unter Richelieu und Mazarin (= Schriftenreihe der Vereinigung zur Erforschung der Neueren Geschichte e. V. 29). Münster 1999, S. 327.
37 Jules Valfrey. Hugues de Lionne. Bd. 2: Ses ambassades en Espagne et en Allemagne, la Paix des Pyrénées. Paris 1881, S. 57.
38 Michael Rohrschneider. Der gescheiterte Frieden von Münster. Spaniens Ringen mit Frankreich auf dem Westfälischen Friedenskongress (1643–1649) (= Schriftenreihe der Vereinigung zur Erforschung der Neueren Geschichte e. V. 30). Münster 2007; Anuschka Tischer. Französische Diplomatie und Diplomaten auf dem Westfälischen Friedenskongreß: Außenpolitik unter Richelieu und Mazarin (= Schriftenreihe der Vereinigung zur Erforschung der Neueren Geschichte e. V. 29). Münster 1999; dies., Von Westfalen in die Pyrenäen: französisch-spanische Friedensverhandlungen zwischen 1648 und 1659, in: Französisch-deutsche Beziehungen in der neueren Geschichte. Festschrift für Jean Laurent Meyer zum 80. Geburtstag. Hrsg. von Klaus Malettke und Christoph Kampmann (= Forschungen zur Geschichte der Neuzeit. Marburger Beiträge 10), Berlin 2007, S. 83–96; Daniel Séré. La paix des Pyrénées. Vingt-quatre ans de négociations entre la France et l'Espagne (1635–1659). Paris 2007.
39 Annas Hofdame Madame de Motteville berichtet von entsprechenden Überlegungen: Mémoires de Mme de Motteville sur Anne d'Autriche et sa cour, hrsg. von M. F. Riaux, Bd. 1, Paris 1855, S. 294.
40 Lucien Bély. Louis XIV. Le plus grand roi du monde. Paris 2004, S. 54f; Klaus Malettke. Die Bourbonen, Bd. 1: Von Heinrich IV. bis Ludwig XIV., 1589–1715, Stuttgart 2008, S. 164–166; Mémoires de Mme de Motteville sur Anne d'Autriche et sa cour, hrsg. von M. F. Riaux, Bd. 4, Paris 1855, S. 81–165.
41 Die Geschehnisse in den Pyrenäen einschließlich der Hin- und Rückreise des Hofes sind geschildert in: Mémoires de Mme de Motteville sur Anne

d'Autriche et sa cour, hrsg. von M. F. Riaux, Bd. 4, Paris 1855, S. 193–223.
42 [...] *leur guard-Infante étoit une machine à demi rond et monstrueuse* [...]; Mémoires de Mme de Motteville sur Anne d'Autriche et sa cour, hrsg. von M. F. Riaux, Bd. 4, Paris 1855, S. 197.
43 Jeroen Duindam. Vienna and Versailles. The Courts of Europe's Dynastic Rivals, 1550–1780. Cambridge 2003, S. 290f.
44 Klaus Malettke. Die Bourbonen, Bd. 1: Von Heinrich IV. bis Ludwig XIV., 1589–1715, Stuttgart 2008, S. 249–256.
45 Die einzige moderne Biographie kompiliert lediglich Bekanntes: Joëlle Chevé. Marie-Thérèse d'Autriche. Épouse de Louis XIV. Paris 2008.
46 Ludwig XIV. Memoiren. Basel/Leipzig 1931, S. 132f.

3 Die Sonne Frankreichs, die Sonne Europas: Ludwig XIV. erfindet sich selbst

1 Mémoires de Mme de Motteville sur Anne d'Autriche et sa cour, hrsg. von M. F. Riaux, Bd. 4. Paris 1855, S. 251.
2 Zur gezielten Stilisierung Ludwigs XIV. als alleinigem Lenker der Regierung siehe Thierry Sarmant und Mathieu Stoll. Régner et gouverner: Louis XIV et ses ministres. Paris 2010, S. 145.
3 Zu Struktur und Wandel der französischen Regierung im 17. Jahrhundert siehe: Richard Bonney. Society and Government in France under Richelieu and Mazarin. 1624–61. Basingstoke 1988; Roger Mettam. Power and Faction in Louis XIV's France. New York 1988; Andrew Lossky. Louis XIV and the French Monarchy. New Brunswick (New Jersey) 1994. Zur Regierung Ludwigs XIV. und seiner Mitarbeiter auch im Kontext der französischen Regierungsentwicklung siehe Thierry Sarmant und Mathieu Stoll. Régner et gouverner: Louis XIV et ses ministres. Paris 2010.
4 Ludwig XIV. Memoiren. Basel/Leipzig 1931, S. 36f.
5 Christine Howald. Der Fall Nicolas Fouquet. Mäzenatentum als Mittel politischer Selbstdarstellung 1653–1661 (= Pariser Historische Studien 96). München 2011; Klaus Malettke. Die Bourbonen, Bd. 1: Von Heinrich IV. bis Ludwig XIV., 1589–1715. Stuttgart 2008, S. 182–186; Lucien Bély. Louis XIV: le plus grand roi du monde. Paris 2004, S. 58–64; Daniel Dessert. Argent, pouvoir et société au Grand Siècle. Paris 1984.
6 Ludwig XIV. Memoiren. Basel/Leipzig 1931, S. 14.
7 Ézéchiel Spanheim. Relation de la Cour de France en 1690. Hrsg. von C. Schefer. Paris 1882, S. 1f.

8 Ludwig XIV. Memoiren. Basel/Leipzig 1931, S. 13.
9 Ebd. S. 58.
10 Ludwig XIV. schilderte seinen Regierungsbeginn und Arbeitsabläufe in: Ludwig XIV. Memoiren. Basel/Leipzig 1931, S. 22–25.
11 Vergleiche der Tagesabläufe verschiedener französischer und habsburgischer Herrscher finden sich bei Jeroen Duindam. Vienna and Versailles. The Courts of Europe's Dynastic Rivals, 1550–1780. Cambridge 2003.
12 Eine entsprechende Absichtserklärung Leopolds I. findet sich in einem Brief an seinen Gesandten in Spanien von 1665: Privatbriefe Kaiser Leopold I. an den Grafen F. E. Pötting. 1662–1673. Hrsg. von Dr. Alfred Francis Pribram und Dr. Moriz Landwehr von Pragenau. Teil 1 (= Fontes Rerum Austriacarum, Diplomataria et Acta LVI). Wien 1903, S. 105. Zur dieser Absicht Leopolds und seiner weiteren, noch unzureichend erforschten Regierung siehe Jean Bérenger. Léopold Ier (1640–1705). Fondateur de la puissance autrichienne. Paris 2004, S. 207–211.
13 Klaus Malettke. Die Bourbonen, Bd. 1: Von Heinrich IV. bis Ludwig XIV., 1589–1715, Stuttgart 2008, S. 66ff.
14 Zu den entsprechenden Überlegungen siehe Louis XIV. Mémoires pour l'instruction du Dauphin, hrsg. von Pierre Goubert, Paris 1992, S. 63. Die deutsche Übersetzung (Ludwig XIV. Memoiren. Basel/Leipzig 1931, S. 41) ist in diesem Punkt unzureichend. – Zum Krieg als Ausdruck souveränen Handelns bei Ludwig XIV. siehe Joël Cornette. Le roi de guerre. Essai sur la souveraineté dans la France du Grand Siècle. Paris 1993. Zum Frieden siehe am Beispiel des Pyrenäenfriedens: Daniel Séré. La paix des Pyrénées. Vingt-quatre ans de négociations entre la France et l'Espagne (1635–1659). Paris 2007.
15 Zu dieser Diskussion siehe u. a.: Ronald G. Asch und Heinz Duchhardt (Hrsg.). Der Absolutismus – ein Mythos? Strukturwandel monarchischer Herrschaft in West- und Mitteleuropa (ca. 1550–1700) (= Münstersche historische Forschungen 9). Köln u. a. 1996; Lothar Schilling (Hrsg.). Absolutismus, ein unersetzliches Forschungskonzept? Eine deutsch-französische Bilanz. L'absolutisme, un concept irremplaçable? Une mise au point franco-allemande (= Pariser Historische Studien 79). München 2008.
16 *Mais comme la principale espérance de ces réformations était en ma volonté, leur premier fondement était de rendre ma volonté bien absolue* […]; Louis XIV. Mémoires pour l'instruction du Dauphin, hrsg. von Pierre Goubert, Paris 1992, S. 50. Die deutsche Übersetzung (Ludwig XIV. Memoiren. Basel/Leipzig 1931, S. 21) spricht hier davon, den »Willen unumschränkt« zu machen.
17 Darunter insbesondere die postum erschienene Schrift: Jacques-Bénigne Bossuet. Politique tirée des propres paroles de l'Ecriture Sainte à Monseigneur le Dauphin. Paris 1709.

18 Diese Tendenz analysierte jüngst am Beispiel der französischen und der englischen Monarchie Ronald G. Asch. Sacral Kingship between Disenchantment & Re-enchantment. The French and English Monarchies 1587–1688 (= Studies in British an Imperial History 2). New York/Oxford 2014.
19 Zum Verhältnis Ludwigs XIV. zu seiner Familie siehe u. a. Lucien Bély. Louis XIV: le plus grand roi du monde. Paris 2004, S. 64–68; Klaus Malettke. Die Bourbonen, Bd. 1: Von Heinrich IV. bis Ludwig XIV., 1589–1715, Stuttgart 2008, S. 242–262.
20 Zu Philippe d'Orléans siehe Nancy Nichols Barker. Brother to the Sun King. Philippe, Duke of Orléans. Baltimore/London 1989. Diese Biographie ist allerdings stark geprägt von psychologisierenden Deutungsversuchen in Kombination mit einer sehr konventionellen Sichtweise auf Familie und Sexualität.
21 Zur Homosexualität des Bruders Ludwigs XIV. siehe Christian Mühling. Homosexualität am französischen Königshof. Das Beispiel Philipps I. von Orléans (1640–1701), in: Norbert Finzsch/ Marcus Velke (Hrsg.), Queer/Gender/Historiographie. Aktuelle Tendenzen und Projekte (= Geschlecht – Kultur – Gesellschaft 20), Berlin / Münster 2016, S. 49–69.
22 Zu Henriettes Ehe mit Philippe d'Orléans siehe auf der Grundlage ihrer Briefe an ihren Bruder Karl II.: [Charles] Comte de Baillon. Henriette-Anne d'Angleterre, duchesse d'Orléans. Sa vie et sa correspondance avec son frère Charles II. Paris 1886.
23 [Charles] Comte de Baillon. Henriette-Anne d'Angleterre, duchesse d'Orléans. Sa vie et sa correspondance avec son frère Charles II. Paris 1886, S. 242.
24 Giora Sternberg. Status Interaction during the Reign of Louis XIV. Oxford 2014, S. 27–48.
25 Nancy Nichols Barker. Brother to the Sun King. Philippe, Duke of Orléans. Baltimore/London 1989, S. 114–118.
26 Nancy Nichols Barker. Brother to the Sun King. Philippe, Duke of Orléans. Baltimore/London 1989, S. 120–123.
27 Nancy Nichols Barker. Brother to the Sun King. Philippe, Duke of Orléans. Baltimore/London 1989, S. 128–137.
28 Nancy Nichols Barker. Brother to the Sun King. Philippe, Duke of Orléans. Baltimore/London 1989, S. 142f.
29 Nancy Nichols Barker. Brother to the Sun King. Philippe, Duke of Orléans. Baltimore/London 1989, S. 69f.
30 Nancy Nichols Barker. Brother to the Sun King. Philippe, Duke of Orléans. Baltimore/London 1989, S. 144–165.
31 Klaus Malettke. Die Bourbonen, Bd. 1: Von Heinrich IV. bis Ludwig XIV., 1589–1715, Stuttgart 2008, S. 244–246.

32 Zum Dauphin siehe Matthieu Lahaye. Le Fils de Louis XIV. Monseigneur le Grand Dauphin. Paris 2013.
33 Über die heiklen Verhandlungen darüber berichtete auch Bossuet einem Briefpartner: Correspondance de Bossuet. Hrsg. von Charles Urbain und Eugène Levesque. Bd. 1. Paris 1909 (Reprint 1965), S. 300f.
34 Klaus Malettke. Die Bourbonen, Bd. 1: Von Heinrich IV. bis Ludwig XIV., 1589–1715, Stuttgart 2008, S. 248–252; Mémoires de Mme de Motteville sur Anne d'Autriche et sa cour, hrsg. von M. F. Riaux, Bd. 4, Paris 1855, S. 321.
35 Nancy Nichols Barker. Brother to the Sun King. Philippe, Duke of Orléans. Baltimore/London 1989, S. 215–218.
36 Nancy Nichols Barker. Brother to the Sun King. Philippe, Duke of Orléans. Baltimore/London 1989, S. 91f. Mémoires de Mme de Motteville sur Anne d'Autriche et sa cour, hrsg. von M. F. Riaux, Bd. 4, Paris 1855, S. 343, 363–367, 378–456.
37 Pierre Goubert. Ludwig XIV. und zwanzig Millionen Franzosen. Berlin 1973. Für einen detaillierteren Überblick über die Bevölkerungsentwicklung siehe Klaus Malettke. Hegemonie – multipolares System – Gleichgewicht. 1648/1659–1713/1714 (= Handbuch der Geschichte der Internationalen Beziehungen 3), Paderborn u. a. 2012, S. 124f.
38 Zur vor allem politischen Rolle Ludwigs XIV. in Europa ist nach wie vor relevant: Ragnhild Hatton (Hrsg.). Louis XIV and Europe. London 1976. Zu den Kriegen und Kriegsbegründungen Ludwigs XIV. insgesamt: John A. Lynn. The Wars of Louis XIV. 1667–1714. London 1999; ders. The French Wars 1667–1714. The Sun King at War. Oxford 2002; Heinz Duchhardt. Krieg und Frieden im Zeitalter Ludwigs XIV. (= Historisches Seminar 4). Düsseldorf 1987; Anuschka Tischer. Mars oder Jupiter? Konkurrierende Legitimationsstrategien im Kriegsfall. In: Bourbon – Habsburg – Oranien um 1700. Konkurrierende Modelle im dynastischen Europa. Hrsg. von Christoph Kampmann, Katharina Krause, Eva Krems und Anuschka Tischer, Köln/Weimar/Wien 2008, S. 196–211.
39 Michael Rohrschneider. Friedenskongress und Präzedenzstreit: Frankreich, Spanien und das Streben nach zeremoniellem Vorrang in Münster, Nijmegen und Rijswijk (1642/44–1697). In: Bourbon – Habsburg – Oranien um 1700. Konkurrierende Modelle im dynastischen Europa. Hrsg. von Christoph Kampmann, Katharina Krause, Eva Krems und Anuschka Tischer, Köln/Weimar/Wien 2008, S. 228–240, hier S. 235.
40 Zum Devolutionskrieg siehe John A. Lynn. The Wars of Louis XIV. 1667–1714. London 1999, S. 105–112. Diverse Quellen dazu sind abgedruckt bei Arsène Legrelle. La diplomatie française et la succession d'Espagne. Bd. 1. Paris 1888; François-Auguste Alexis Mignet. Négotiations relatives à la Succession d'Espagne sous Louis XIV […]. Bd. 2.

Paris 1835. Bei Mignet, S. 58–61, findet sich auch der von Ludwig XIV. an die spanische Regentin übersandte Brief.
41 Siehe dazu für die Grenze zum Rhein hin: Laurent Jalabert. Catholiques et protestants sur la rive gauche du Rhin. Droits, confessions et coexistence religieuse de 1648 à 1789. Brüssel u. a. 2010. Sowie für die Pyrenäengrenze: Peter Sahlins. Boundaries. The Making of France and Spain in the Pyrenees. Berkeley u. a. 1989.
42 Siehe dazu künftig Christoph Kampmann. Leopold I: Imperial Policy, Dynastic Claims and the Spanish Succession. In: David Martín Marcos u. a. (Hrsg.). Europa y los tratados de reparto de la Monarquía de España / The Partition Treaties of the Spanish Monarchy, 1668–1700. Madrid [2016].
43 Abgedruckt in: Deutsche Geschichte in Quellen und Darstellungen. Band 5: Zeitalter des Absolutismus. 1648–1789. Hrsg. von Helmut Neuhaus, Stuttgart 1997, S. 52–71.
44 Zur langfristigen Entwicklung des Universalmonarchie-Vorwurfs siehe Franz Bosbach. Monarchia Universalis. Ein politischer Leitbegriff der Frühen Neuzeit (= Schriftenreihe der Historischen Kommission bei der Bayerischen Akademie der Wissenschaften 32). Göttingen 1988. Zu Lisola: Markus Baumanns. Das publizistische Werk des kaiserlichen Diplomaten Franz Paul Freiherr von Lisola (1613–1674). Ein Beitrag zum Verhältnis von Absolutistischem Staat, Öffentlichkeit und Mächtepolitik in der frühen Neuzeit (= Historische Forschungen 51). Berlin 1994. Zum langfristigen Wandel der deutsch-französischen Beziehungen dieser Epoche siehe auch unter dem Aspekt der politischen Wahrnehmung: Guido Braun. Von der politischen zur kulturellen Hegemonie Frankreichs 1648–1789 (= Deutsch-Französische Geschichte 4). Darmstadt 2008.
45 Ein Memorandum im Namen Ludwigs XIV. für die Gesandten beim Westfälischen Friedenskongress strich 1646 angesichts verhandlungsstrategischer Überlegungen in Bezug auf Katalonien heraus, man riskiere »selbst die Sicherheit von Paris, für die es erforderlich ist, ein mächtiges Bollwerk gegen die Feinde nach Flandern hin zu formieren« (*la seureté propre de Paris, à qui il importe tant de former un puissant boulevard contre les ennemis du costé de Flandre*); Acta Pacis Westphalicae, hrsg. von Max Braubach (†) und Konrad Repgen, Serie II B (Die französischen Korrespondenzen), Bd. 4, bearb. von Clivia Kelch-Rade und Anuschka Tischer, Münster 1999, S. 261.
46 Anuschka Tischer. Französische Diplomatie und Diplomaten auf dem Westfälischen Friedenskongreß: Außenpolitik unter Richelieu und Mazarin (= Schriftenreihe der Vereinigung zur Erforschung der Neueren Geschichte e. V. 29). Münster 1999, S. 322–332.

47 Zum Zusammenhang zwischen dem Devolutionskrieg und dem folgenden Krieg gegen die Niederlande siehe Paul Sonnino. Louis XIV and the origins of the Dutch War. Cambridge u. a. 1988.
48 Eine Chronologie findet sich bei John A. Lynn. The Wars of Louis XIV. 1667–1714. London 1999, S. 377–384. Den Krieg von 1666 rechnet ders., S. 106, allerdings nur als Vorgeschichte des Devolutionskrieges. Je nach Sichtweise könnte man zudem den 1688 ausgebrochenen Krieg als Fortsetzung des Reunionskrieges von 1683/84 rechnen, da dieser nur mit einem Waffenstillstand beendet wurde.
49 Joël Cornette. Le roi de guerre. Essai sur la souveraineté dans la France du Grand Siècle. Paris 1993; Jean-Pierre Labatut. Louis XIV. Roi de gloire. Paris 1984; John A. Lynn. The French Wars 1667–1714. The Sun King at War. Oxford 2002, hier besonders S. 16ff, 33 und 90f; Heinz Duchhardt. Krieg und Frieden im Zeitalter Ludwigs XIV. (= Historisches Seminar 4). Düsseldorf 1987; Anuschka Tischer. Mars oder Jupiter? Konkurrierende Legitimationsstrategien im Kriegsfall. In: Bourbon – Habsburg – Oranien um 1700. Konkurrierende Modelle im dynastischen Europa. Hrsg. von Christoph Kampmann, Katharina Krause, Eva Krems und Anuschka Tischer, Köln/Weimar/Wien 2008, S. 196–211.
50 Eine quantitative Aufschlüsselung von Kriegsjahren und Bürgerkriegsjahren bietet für verschiedene Epochen der französischen Geschichte vergleichend John A. Lynn. The French Wars 1667–1714. The Sun King at War. Oxford 2002, S. 364.
51 Zur wirtschaftlichen Entwicklung: Guy Rowlands. The Financial Decline of a Great Power. War, Influence, and Money in Louis XIV's France. Oxford 2012. Zur Bevölkerungsentwicklung: Klaus Malettke. Hegemonie – multipolares System – Gleichgewicht. 1648/1659–1713/1714 (= Handbuch der Geschichte der Internationalen Beziehungen 3), Paderborn u. a. 2012, S. 124. Zur Entwicklung des französischen Militärwesens im 17. Jahrhundert grundlegend: John A. Lynn. Giant of the Grand Siècle. The French Army 1610–1715. Cambridge 1997.
52 Lucien Bély. Louis XIV: le plus grand roi du monde. Paris 2004, S. 187–198.
53 Zur Diplomatie Ludwigs XIV. siehe: Lucien Bély. Espions et ambassadeurs au temps de Louis XIV, Paris 1990. Zur vorausgegangenen Institutionalisierung der französischen Außenpolitik: Madeleine Haehl. Les Affaires étrangères au temps de Richelieu. Le secrétariat d'État, les agents diplomatiques (1624–1642). Brüssel/Paris 2006. Für einen kurzen Überblick über den zeitgenössischen Stand der Diplomatie: Anuschka Tischer. Diplomatie. In: Enzyklopädie der Neuzeit, im Auftrag des Kulturwissenschaftlichen Instituts (Essen) hrsg. von Friedrich Jäger, Bd. 2, Stuttgart und Weimar 2005, Sp. 1027–1041.

54 Katharina Krause. Versailles als Monument Ludwigs XIV. In: Christoph Kampmann, Katharina Krause, Eva Krems und Anuschka Tischer (Hrsg.). Bourbon – Habsburg – Oranien. Konkurrierende Modelle im dynastischen Europa um 1700. Köln u. a. 2008, S. 85–95.

4 Ein ständiges Streben nach Ruhm

1 Andrew Trout. City on the Seine. Paris in the Time of Richelieu and Louis XIV, 1614–1715. New York 1996; Katharina Krause. Louis XIV und die Erfindung des Boulevards. In: Christoph Kampmann, Katharina Krause, Eva Krems und Anuschka Tischer (Hrsg.). Neue Modelle im alten Europa. Traditionsbruch und Innovation als Herausforderung der Frühen Neuzeit. Köln u. a. 2012, S. 164–175.
2 Zum Louvre unter Ludwig XIV. siehe ausführlich Robert W. Berger. The Palace of the Sun. The Louvre of Louis XIV. University Park (Pennsylvania) 1993. Zu den Baumaßnahmen in Paris und am Louvre siehe auch Katharina Krause. Versailles als Monument Ludwigs XIV. In: Christoph Kampmann, Katharina Krause, Eva Krems und Anuschka Tischer (Hrsg.). Bourbon – Habsburg – Oranien. Konkurrierende Modelle im dynastischen Europa um 1700. Köln u. a. 2008, S. 85–95. Zu Versailles als architektonischer Repräsentation Ludwigs XIV. siehe Gérard Sabatier. Versailles ou la figure du Roi. Paris 1999.
3 So ist einer der einschlägigen zeitgenössischen Reiseführer für Versailles primär ein Reiseführer für Paris: Joachim Christoph Nemeitz. Sejour de Paris, Oder Getreue Anleitung Welchergestalt Reisende von Condition sich zu verhalten haben, wenn sie ihre Zeit und Geld nützlich und wohl zu Paris anwenden wollen. 3. Aufl. Frankfurt 1728.
4 Zu den verschiedenen Reformen siehe: Klaus Malettke. Die Bourbonen, Bd. 1: Von Heinrich IV. bis Ludwig XIV., 1589–1715, Stuttgart 2008, S. 186–200; François Bluche. Louis XIV. Paris 1986, S. 196–224. Zum Finanzwesen grundsätzlich: Guy Rowlands. The Financial Decline of a Great Power. War, Influence, and Money in Louis XIV's France. Oxford 2012.
5 Ludwig XIV. Memoiren. Basel/Leipzig 1931, S. 192ff.
6 Jean Meyer. Marine de Guerre. In: Dictionnaire de l'Ancien Régime, hrsg. von Lucien Bély, Paris 1996, S. 802ff.
7 Herbert Pahl. Die Kolonialpolitik Richelieus und ihre Beziehungen zu seiner Gesamtpolitik (Diss. phil.). Berlin/Heidelberg 1932.
8 Zur Funktion der Überseepolitik im Herrschaftssystem Ludwigs XIV. siehe Benjamin Steiner. Colberts Afrika. München 2014. Eine Edition des Code Noir zusammen mit einer historischen Einordnung bietet Louis Sala-Molins. Le Code Noir ou la calvaire de Canaan. Paris 2002. Für

einen Überblick über die Kolonialpolitik und die außereuropäische Handelspolitik dieser Epoche vgl. darüber hinaus Klaus Malettke. Hegemonie – multipolares System – Gleichgewicht. 1648/1659–1713/ 1714 (= Handbuch der Geschichte der Internationalen Beziehungen 3). Paderborn u. a. 2012, S. 411–414; Jean-Michel Deveau. Colonies. In: Dictionnaire de l'Ancien Régime, hrsg. von Lucien Bély. Paris 1996, S. 286–289.

9 Zur Positionierung Ludwigs XIV. in der Frage der Freiheit der Meere siehe Anuschka Tischer. Offizielle Kriegsbegründungen in der Frühen Neuzeit: Herrscherkommunikation in Europa zwischen Souveränität und korporativem Selbstverständnis (= Herrschaft und soziale Systeme in der Frühen Neuzeit 12). Münster 2012, S. 202–207. Zu dieser Frage im englisch-niederländisch-französischen Beziehungsdreieck vgl. auch Charles-Edouard Levillain. Vaincre Louis XIV. Angleterre – Hollande – France. Histoire d'une relation triangulaire 1665–1688. Paris 2010, S. 42–58. Zur fehlenden Unterstützung für die Ostindienkompanie siehe Benjamin Steiner. Colberts Afrika. München 2014, S. 74f.

10 Zu den Grenzen einer solchen Handelspolitik ohne breite gesellschaftliche Beteiligung in Übersee siehe Benjamin Steiner. Colberts Afrika. München 2014. S. 190ff.

11 Aktuelle Werke, die Colberts Rolle würdigen, sind Jacob Soll. The Information Master: Jean-Baptiste Colbert's Secret State Intelligence System. Ann Arbor 2009; Benjamin Steiner. Colberts Afrika. München 2014.

12 Dazu auch Ludwigs XIV. eigene Darlegungen: Ludwig XIV. Memoiren. Basel/Leipzig 1931, S. 42.

13 Gerhard Sälter. Polizei und soziale Ordnung in Paris. Frankfurt a. M. 2004; Pierre Clément. La police sous Louis XIV. 2. Aufl. Paris 1866.

14 Friedrich Wilhelm von Winterfeld. Der teutschen Ceremonial–Politica. Teil 3. Frankfurt a. M. / Leipzig 1702, S. 84–86.

15 Offizieller Druck: Ordonnance Du Roy: Par laquelle Sa Majesté, aprés avoir resolu de faire la Guerre aux Estats de Hollande, deffend à ses Sujets d'y avoir aucune communication ny Commerce. Du 6. Avril 1672. Paris 1672; Bibliothèque Nationale de France (Paris): NF: F-23613 (289).

16 Zu dem Krieg und seinem größeren Kontext siehe: Paul Sonnino. Louis XIV and the origins of the Dutch War. Cambridge u. a. 1988; J.R. Jones. The Anglo-Dutch Wars of the Seventeenth Century. London / New York 1996; John A. Lynn. The Wars of Louis XIV. 1667–1714. London 1999, S. 109–159; Klaus Malettke. Hegemonie – multipolares System – Gleichgewicht. 1648/1659–1713/1714 (= Handbuch der Geschichte der Internationalen Beziehungen 3). Paderborn u. a. 2012, S. 347–377.

17 Zur Neutralitätspolitik verschiedener Reichsstände während des Niederländischen Krieges und der Entwicklung bis zum Reichskrieg siehe Axel Gotthard. Der liebe vnd werthe Fried. Kriegskonzepte und Neutralitätsvorstellungen in der Frühen Neuzeit (= Forschungen zur kirchlichen Rechtsgeschichte und zum Kirchenrecht 32). Köln u. a. 2014, S. 582–587. Zur diplomatischen Vorbereitung des Krieges und der weiteren Entwicklung der Beziehungen siehe Tilman Haug. Ungleiche Außenbeziehungen und grenzüberschreitende Patronage. Die französische Krone und die geistlichen Kurfürsten (1648–1679) (= Externa. Geschichte der Außenbeziehungen in neuen Perspektiven 6), Köln/Weimar/Wien 2015, S. 69–78.
18 Klaus Peter Decker. Frankreich und die Reichsstände 1672–1675. Die Ansätze zur Bildung einer »Dritten Partei« in den Anfangsjahren des Holländischen Krieges (= Pariser Historische Studien 18). Bonn 1981.
19 Tilman Haug. Ungleiche Außenbeziehungen und grenzüberschreitende Patronage. Die französische Krone und die geistlichen Kurfürsten (1648–1679) (= Externa. Geschichte der Außenbeziehungen in neuen Perspektiven 6), Köln/Weimar/Wien 2015, S. 11ff, 417–450.
20 Christoph Kampmann. Rivale und Antipode Ludwigs: Kaiser Leopold I. – Stratege der Macht. In: Michael Erbe u. a. Das Zeitalter des Sonnenkönigs, Darmstadt 2015, S. 83–86.
21 Dazu grundlegend Jutta Schumann. Die andere Sonne. Kaiserbild und Medienstrategien im Zeitalter Leopolds I. (= Institut für Europäische Kulturgeschichte der Universität Augsburg, Colloquia Augustana 17). Berlin 2003.
22 An Biographien zu Leopold I. siehe John P. Spielman. Leopold I of Austria. London u. a. 1977 (Dt.: Leopold I. Zur Macht nicht geboren. Graz 1981); Jean Bérenger. Léopold Ier (1640–1705). Fondateur de la puissance autrichienne. Paris 2004.
23 Zur revidierten Bewertung der habsburgischen Politik am Beginn des 18. Jahrhunderts siehe Guido Braun: Der Immerwährende Reichstag aus französischer Sicht in der ersten Hälfte des 18. Jahrhunderts, in: Michael Rohrschneider (Hrsg.): Der Immerwährende Reichstag im 18. Jahrhundert. Bilanz, Neuansätze und Perspektiven der Forschung. Zeitenblicke 11 (2012), Nr. 2: http://www.zeitenblicke.de/2012/2/Braun (29.12. 2015).
24 Zur rechtlichen Form des Reichskrieges von 1674 siehe Christoph Kampmann: Reichstag und Reichskriegserklärung im Zeitalter Ludwigs XIV., in: Historisches Jahrbuch 113 (1993), S. 41–59.
25 Klaus Malettke. Hegemonie – multipolares System – Gleichgewicht. 1648/1659–1713/1714 (= Handbuch der Geschichte der Internationalen Beziehungen 3). Paderborn u. a. 2012, S. 361f. Eine Revision der These vom mit Ludwig XIV. befriedeten Frankreich unternahm bereits

ders. Opposition und Konspiration unter Ludwig XIV. Studien zu Kritik und Widerstand gegen System und Politik des französischen Königs während der ersten Hälfte seiner persönlichen Regierung (= Veröffentlichungen des Max-Planck-Instituts für Geschichte 49). Göttingen 1976.
26 Klaus Malettke. Die Bourbonen, Bd. 1: Von Heinrich IV. bis Ludwig XIV., 1589–1715. Stuttgart 2008, S. 196–198.
27 Zur französischen Motivlage im Niederländischen Krieg siehe Benjamin Steiner. Colberts Afrika. München 2014, S. 72–75.
28 Zu den niederländisch-habsburgischen Beziehungen vor dem Hintergrund der Wahrnehmung der Generalstaaten siehe Volker Jarren. Die Vereinigten Niederlande und das Haus Österreich 1648–1748: Fremdbildwahrnehmung und politisches Handeln kaiserlicher Gesandter und Minister. In: Helmut Gabel und Volker Jarren. Kaufleute und Fürsten. Außenpolitik und politisch-kulturelle Perzeption im Spiegel niederländisch-deutscher Beziehungen 1648–1748. Mit einer Einleitung von Heinz Duchhardt und Horst Lademacher (= Niederlande-Studien 18). München/Berlin 1998, S. 39–354.
29 Klaus Malettke. Hegemonie – multipolares System – Gleichgewicht. 1648/1659–1713/1714 (= Handbuch der Geschichte der Internationalen Beziehungen 3). Paderborn u. a. 2012, S. 362–377.
30 Peter Burke. The Fabrication of Louis XIV, New Haven u. a. 1992, S. 83ff und 155.
31 Christoph Kampmann. Arbiter und Friedensstiftung. Die Auseinandersetzung um den politischen Schiedsrichter im Europa der Frühen Neuzeit (= Quellen und Forschungen aus dem Gebiet der Geschichte, Neue Folge 21), Paderborn u. a. 2001, S. 184–241; Charles-Edouard Levillain. Vaincre Louis XIV. Angleterre – Hollande – France. Histoire d'une relation triangulaire 1665–1688. Paris 2010, S. 76f.
32 Einen Überblick über die Forschungsdiskussion gibt Klaus Malettke. Hegemonie – multipolares System – Gleichgewicht. 1648/1659–1713/ 1714 (= Handbuch der Geschichte der Internationalen Beziehungen 3). Paderborn u. a. 2012, S. 373f.
33 Siehe dazu verschiedene Beiträge in: Christoph Kampmann, Katharina Krause, Eva Krems und Anuschka Tischer (Hrsg.). Bourbon – Habsburg – Oranien. Konkurrierende Modelle im dynastischen Europa um 1700. Köln u. a. 2008.
34 Dazu Klaus Malettke. Hegemonie – multipolares System – Gleichgewicht. 1648/1659–1713/1714 (= Handbuch der Geschichte der Internationalen Beziehungen 3). Paderborn u. a. 2012, S. 385–401; Guido Braun. Von der politischen zur kulturellen Hegemonie Frankreichs 1648–1789 (= Deutsch-Französische Geschichte 4). Darmstadt 2008, S. 43–50; John A. Lynn. The Wars of Louis XIV. 1667–1714. London 1999, S. 160–174.

35 Martin Wrede. Türkenkrieger, Türkensieger. Leopold I. und Ludwig XIV. als Retter und Ritter der Christenheit. In: Christoph Kampmann, Katharina Krause, Eva Krems und Anuschka Tischer (Hrsg.). Bourbon – Habsburg – Oranien. Konkurrierende Modelle im dynastischen Europa um 1700. Köln u. a. 2008, S. 149–165.
36 Zu den Kindern Ludwigs XIV. mit Louise de La Vallière und der Marquise von Montespan siehe François Bluche. Louis XIV. Paris 1986, S. 392ff.
37 Zum Verhältnis zwischen Maria Teresa, Louise de La Vallière, der Marquise von Montespan und der Marquise von Maintenon siehe ausführlich Joëlle Chevé. Marie-Thérèse d'Autriche. Épouse de Louis XIV. Paris 2008.
38 Anna Coreth. Pietas Austriaca. Österreichische Frömmigkeit im Barock. 2. Aufl. München 1982.
39 Corina Bastian. Verhandeln in Briefen. Frauen in der höfischen Diplomatie des frühen 18. Jahrhunderts (= Externa. Geschichte der Außenbeziehungen in neuen Perspektiven 4). Köln u. a. 2013, S. 39.
40 Leonhard Horowski. Das Erbe des Favoriten. Minister, Mätressen und Günstlinge am Hof Ludwigs XIV. In: Jan Hirschbiegel und Werner Paravicini (Hrsg.). Der Fall des Günstlings. Hofparteien in Europa vom 13. bis zum 17. Jahrhundert (= Residenzforschung 17). Ostfildern 2004, S. 77–125.
41 Ézechiel Spanheim. Relation de la Cour de France en 1690. Hrsg. von C. Schefer. Paris 1882, S. 6–22, 100–104.
42 Ludwig XIV. Memoiren. Basel/Leipzig 1931, S. 273–276.
43 Joëlle Chevé. Marie-Thérèse d'Autriche. Épouse de Louis XIV. Paris 2008, S. 505; Corina Bastian. Verhandeln in Briefen. Frauen in der höfischen Diplomatie des frühen 18. Jahrhunderts (= Externa. Geschichte der Außenbeziehungen in neuen Perspektiven 4). Köln u. a. 2013, S. 38.
44 Zum Einfluss der späteren Marquise von Maintenon auf die Regierung siehe Mark Bryant. Françoise d'Aubigné, Marquise de Maintenon: Religion, Power and Politics – A Study in Circles of Influence during the Later Reign of Louis XIV, 1684–1715. University of London 2001; Corina Bastian. Verhandeln in Briefen. Frauen in der höfischen Diplomatie des frühen 18. Jahrhunderts (= Externa. Geschichte der Außenbeziehungen in neuen Perspektiven 4). Köln u. a. 2013.
45 François Bluche. Louis XIV. Paris 1986, S. 400–411.
46 Eine kleine Schilderung der Dauphine lieferte 1690 Ezechiel Spanheim, der zwar noch vor ihrem Tod abgereist war, aber bereits von ihrem delikaten Gesundheitszustand berichtete; Ézechiel Spanheim. Relation de la Cour de France en 1690. Hrsg. von C. Schefer. Paris 1882, S. 48–55. Zu der Ehe zwischen dem Dauphin und Maria-Anna von Bayern

siehe Matthieu Lahaye. Le Fils de Louis XIV. Monseigneur le Grand Dauphin. Paris 2013, S. 188–207.
47 Katharina Krause. Versailles als Monument Ludwigs XIV. In: Christoph Kampmann, Katharina Krause, Eva Krems und Anuschka Tischer (Hrsg.). Bourbon – Habsburg – Oranien. Konkurrierende Modelle im dynastischen Europa um 1700. Köln u. a. 2008, S. 85–95.
48 Elisabeth Charlotte Herzogin von Orléans. Briefe aus den Jahren 1676–1722. Hrsg. von Wilhelm Ludwig Holland. Bd. 1: 1676–1706. Stuttgart 1867 (Reprint 1988), S. 154f und 247. Siehe auch Christian Mühling. Homosexualität am französischen Königshof. Das Beispiel Philipps I. von Orléans (1640–1701), in: Norbert Finzsch/Marcus Velke (Hrsg.), Queer/Gender/Historiographie. Aktuelle Tendenzen und Projekte (= Geschlecht – Kultur – Gesellschaft 20), Berlin / Münster 2016, S. 49–69.
49 Elisabeth Charlotte Herzogin von Orléans. Briefe aus den Jahren 1676–1722. Hrsg. von Wilhelm Ludwig Holland. Bd. 1: 1676–1706. Stuttgart 1867 (Reprint 1988), S. 426f.
50 Elisabeth Charlotte Herzogin von Orléans. Briefe aus den Jahren 1676–1722. Hrsg. von Wilhelm Ludwig Holland. Bd. 1: 1676–1706. Stuttgart 1867 (Reprint 1988), S. 33.
51 Lothar Schilling. Das Jahrhundert Ludwigs XIV. Frankreich im Grand Siècle. 1598–1715. Darmstadt 2010, S. 135–139. Zur Festkultur unter Ludwig XIV. siehe grundlegend Marie-Christine Moine. Les fêtes à la cour du Roi Soleil. Paris 1984. Einen knappen Überblick über die Festkultur am französischen Hof der Frühen Neuzeit gibt Jean-François Solnon in dem Artikel »Fêtes et divertissements de Cour« in: Dictionnaire de l'Ancien Régime, hrsg. von Lucien Bély. Paris 1996, S. 545–548.
52 Ludwig XIV. Memoiren. Basel/Leipzig 1931, S. 135.
53 Guido Braun. Von der politischen zur kulturellen Hegemonie Frankreichs 1648–1789 (= Deutsch-Französische Geschichte 4). Darmstadt 2008, S. 149. Die grundlegende, wenn auch im Einzelnen nicht unumstrittene, Darstellung des Hofes Ludwigs XIV. als Ort der adeligen Disziplinierung ist Norbert Elias. Die höfische Gesellschaft. Untersuchungen zur Soziologie des Königtums und der höfischen Aristokratie mit einer Einleitung: Soziologie und Geschichtswissenschaft. Frankfurt a. M. 1969. Zur Statusinteraktion im Umfeld Ludwigs XIV. siehe Giora Sternberg. Status Interaction during the Reign of Louis XIV. Oxford 2014.
54 Zu Versailles als Schloss und höfisch-kulturellem Gesamtsystem siehe Katharina Krause. Versailles als Monument Ludwigs XIV. In: Christoph Kampmann, Katharina Krause, Eva Krems und Anuschka Tischer (Hrsg.). Bourbon – Habsburg – Oranien. Konkurrierende Modelle im dynastischen Europa um 1700. Köln u. a. 2008, S. 85–95; Jeroen Duin-

dam. Vienna and Versailles. The Courts of Europe's Dynastic Rivals, 1550–1780. Cambridge 2003; Guido Braun. Von der politischen zur kulturellen Hegemonie Frankreichs 1648–1789 (= Deutsch-Französische Geschichte 4). Darmstadt 2008, S. 148–159.

55 Guido Braun. Von der politischen zur kulturellen Hegemonie Frankreichs 1648–1789 (= Deutsch-Französische Geschichte 4). Darmstadt 2008, S. 149.

56 Jacques-Bénigne Bossuet. Politique tirée des propres paroles de l'Ecriture Sainte à Monseigneur le Dauphin. Paris 1709, S. 246f.

57 Zur Programmatik von Versailles siehe Gérard Sabatier. Versailles ou la figure du Roi. Paris 1999. Zur Rolle der Gartenanlage: Robert W. Berger und Thomas F. Hedin. Diplomatic Tours in the Gardens of Versailles. Philadelphia 2008.

58 Siehe dazu Jeroen Duindam. Vienna and Versailles. The Courts of Europe's Dynastic Rivals, 1550–1780. Cambridge 2003, S. 290f.

59 Ludwig XIV. Memoiren. Basel/Leipzig 1931, S. 133ff.

60 Joachim Christoph Nemeitz. Sejour de Paris, Oder Getreue Anleitung Welchergestalt Reisende von Condition sich zu verhalten haben, wenn sie ihre Zeit und Geld nützlich und wohl zu Paris anwenden wollen. 3. Aufl. Frankfurt 1728, S. 37.

61 Jürgen Habermas. Strukturwandel der Öffentlichkeit. Untersuchungen zu einer Kategorie der bürgerlichen Gesellschaft. Mit einem Vorwort zur Neuauflage 1990. Frankfurt/M. 1990 (unveränderter Nachdruck der zuerst 1962 erschienen Ausgabe).

62 Zur Propaganda und Öffentlichkeitspolitik Ludwigs XIV. siehe Michèle Fogel. Les cérémonies de l'information dans la France du XVIe au XVIIIe siècle. Paris 1989 ; Joseph Klaits. Printed Propaganda under Louis XIV. Absolute Monarchy and Public Opinion. Princeton, NJ 1976. Zur Kritik und Gegenpublizistik siehe Hendrik Ziegler. Der Sonnenkönig und seine Feinde: die Bildpropaganda Ludwigs XIV. in der Kritik (= Studien zur internationalen Architektur- und Kunstgeschichte 79). Petersberg 2010; Jean Schillinger. Les pamphlétaires allemands et la France de Louis XIV. (Contacts. Series Gallo-Germanica 27). Bern u. a. 1999.

63 Ludwig XIV. Memoiren. Basel/Leipzig 1931, S. 45.

64 Claudia Hartmann. Das Schloss Marly. Eine mythologische Kartause. Form und Funktion der Retraite Ludwigs XIV. (= Manuskripte zur Kunstwissenschaft in der Wernerschen Verlagsgesellschaft 47). Worms 1995. Für eine ausführliche Dokumentation der Geschichte von Marly mit Bildmaterial und Rekonstruktionen siehe Stéphane Castelluccio. Marly. Art de vivre et pouvoir de Louis XIV à Louis XVI. Montreuil 2014.

65 Joël Cornette. Le roi de guerre. Essai sur la souveraineté dans la France du Grand Siècle. Paris 1993, S. 231.

5 Der Allerchristlichste König

1 Zu den Baukosten bis 1683 siehe Guido Braun. Von der politischen zur kulturellen Hegemonie Frankreichs 1648–1789 (= Deutsch-Französische Geschichte 4). Darmstadt 2008, S. 149.
2 Zur Religiosität und Religionspolitik Ludwigs XIV. siehe Alexandre Maral. Le Roi-Soleil et Dieu. Essai sur la religion de Louis XIV. Courtabœuf 2012.
3 Siehe zum Jansenismus grundlegend und mit Verweisen auf die ältere Literatur: William Doyle. Jansenism. Catholic Resistance to Authority from the Reformation to the French Revolution. Basingstoke u. a. 2000; Dominik Burkhard und Tanja Thanner (Hrsg.). Der Jansenismus – eine »katholische Häresie«? Das Ringen um Gnade, Rechtfertigung und die Autorität Augustins in der frühen Neuzeit (= Reformationsgeschichtliche Studien und Texte 159). Münster 2014.
4 Dale K. Van Kley. The Religious Origins of the French Revolution: from Calvin to the Civil Constitution. Yale 1999.
5 Für einen Überblick über das Verhältnis der einzelnen Päpste zu Frankreich in der Zeit Ludwigs XIV. siehe Burkhart Schneider. Das Papsttum zur Zeit der französischen Hegemonie. In: Hubert Jedin (Hrsg.). Handbuch der Kirchengeschichte. Bd. 5. Freiburg u. a. 1970, S. 120–151.
6 Olivier Chaline. La règne de Louis XIV. Bd. 1. Paris 2005, S. 248–254; Pierre Goubert. Ludwig XIV. und zwanzig Millionen Franzosen. Berlin 1973, S. 144–147; François Bluche. Louis XIV. Paris 1986, S. 442–447.
7 Dietrich Erben. Paris und Rom: die staatlich gelenkten Kunstbeziehungen unter Ludwig XIV. (= Studien aus dem Warburg-Haus 9). Berlin 2004, S. 341f.
8 Elisabeth Charlotte Herzogin von Orléans. Briefe aus den Jahren 1676–1722. Hrsg. von Wilhelm Ludwig Holland. Bd. 1: 1676–1706. Stuttgart 1867 (Reprint 1988), S. 187.
9 Elisabeth Charlotte Herzogin von Orléans. Briefe aus den Jahren 1676–1722. Hrsg. von Wilhelm Ludwig Holland. Bd. 1: 1676–1706. Stuttgart 1867 (Reprint 1988), S. 247; vgl. auch ebd., S. 382.
10 Monique Cottret. Quiétisme. In: Dictionnaire de l'Ancien Régime, hrsg. von Lucien Bély, Paris 1996, S. 1041f; Alexandre Maral. Le Roi-Soleil et Dieu. Essai sur la religion de Louis XIV. Courtabœuf 2012, S. 159–165.
11 Aus der umfassenden Literatur zu den Hugenotten sowie zum Edikt von Fontainebleau und seinen Folgen siehe Ulrich Niggemann. Hugenotten. Köln u. a. 2011; Guido Braun und Susanne Lachenicht (Hrsg.).

Hugenotten und deutsche Territorialstaaten. Immigrationspolitik und Integrationsprozesse. – Les États allemands et les huguenots. Politique d'immigration et processus d'intégration (= Pariser Historische Studien 82). München 2007.
12 Das 1924 erstmals erschienene Werk von Mark Bloch über *Les rois thaumaturges* ist ein Klassiker der Geschichtswissenschaft. Zum *Toucher Royal* seit Heinrich IV. siehe Hermann Weber. Das »Toucher Royal« in Frankreich zur Zeit Heinrichs IV. und Ludwigs XIII. In: Heinz Duchhardt, Richard A. Jackson, David Sturdy (Hrsg.). European Monarchy: its evolution and practice from Roman antiquitiy to modern times, Stuttgart 1992, S. 155–170. Zur postumen Glorifizierung Heinrichs IV.: Christoph Kampmann. Arbiter und Friedensstiftung. Die Auseinandersetzung um den politischen Schiedsrichter im Europa der Frühen Neuzeit (= Quellen und Forschungen aus dem Gebiet der Geschichte, Neue Folge 21). Paderborn u. a. 2001, S. 107–125. Einen Überblick über die komplexe Entwicklung der Ent- und Re-Sakralisierung des Königtums im englisch-französischen Vergleich bietet Ronald G. Asch. Sacral Kingship between Disenchantment & Re-enchantment. The French and English Monarchies 1587–1688 (= Studies in British an Imperial History 2). New York, Oxford 2014.
13 Elisabeth Israels Perry. From Theology to History: French Religious Controversy and the Revocation of the Edict of Nantes (= International Archives of the History of Ideas / Archives internationales d'histoire des idées 67). Den Haag 1973.
14 Ulrich Niggemann. Hugenotten. Köln u. a. 2011, S. 26ff.
15 Dazu ausführlich Johannes Burkhardt. Die Friedlosigkeit der Frühen Neuzeit. Grundlegung einer Theorie der Bellizität Europas. In: Zeitschrift für historische Forschung 24 (1997), S. 509–574.
16 Vgl. entsprechend auch den Überblick bei Lucien Bély. Louis XIV: le plus grand roi du monde. Paris 2004, S. 199–209.
17 Hubert Jedin. Das Papsttum und die Durchführung des Tridentinums (1565 bis 1605). In: Ders. Handbuch der Kirchengeschichte. Bd. 6. 2. Aufl. Freiburg u. a. 1979, S. 521–560, hier S. 538; Burkhart Schneider. Das Papsttum zur Zeit der französischen Hegemonie. In: Ebd. Bd. 5. Freiburg u. a. 1970, S. 120–151, hier S. 137.
18 Ulrich Niggemann. Hugenotten. Köln u. a. 2011, S. 31–36.
19 Vgl. Guido Braun. Von der politischen zur kulturellen Hegemonie Frankreichs 1648–1789 (= Deutsch-Französische Geschichte 4). Darmstadt 2008, S. 53.
20 Ulrich Niggemann. Hugenotten. Köln u. a. 2011, S. 59ff.
21 Ulrich Niggemann. Hugenotten. Köln u. a. 2011, S. 91; Guido Braun. Von der politischen zur kulturellen Hegemonie Frankreichs 1648–1789 (= Deutsch-Französische Geschichte 4). Darmstadt 2008, S. 53.

22 Marion Brétéché. Les compagnons de Mercure. Journalisme et politique dans l'Europe de Louis XIV. Paris 2015.
23 Christine Vogel. «Piemontesische Ostern»: Mediale Inszenierungen des Waldenser-Massakers von 1655. In: Dies. (Hrsg.). Bilder des Schreckens. Die mediale Inszenierung von Massakern seit dem 16. Jahrhundert, Frankfurt/M., New York 2006, S. 74–92.
24 Geoffrey Symcox. Victor Amadeus II. Absolutism in the Savoyard State 1675–1730. Berkeley/Los Angeles 1983, S. 97.
25 Joëlle Chevé. Marie-Thérèse d'Autriche. Épouse de Louis XIV. Paris 2008.
26 Ludwig XIV. Memoiren. Basel/Leipzig 1931, S. 232f.
27 Für einen kurzen biographischen Überblick und Verweise auf die weitere Literatur siehe insbesondere die beiden vor allem für Madame von Maintenons Rolle im politischen und höfischen Kontext einschlägigen Studien: Mark Bryant. Françoise d'Aubigné, Marquise de Maintenon: Religion, Power and Politics – A Study in Circles of Influence during the Later Reign of Louis XIV, 1684–1715. University of London 2001; Corina Bastian. Verhandeln in Briefen. Frauen in der höfischen Diplomatie des frühen 18. Jahrhunderts (= Externa. Geschichte der Außenbeziehungen in neuen Perspektiven 4). Köln u. a. 2013.
28 Vgl. zu bereits zeitgenössischen Überlegungen Mark Bryant. Françoise d'Aubigné, Marquise de Maintenon: Religion, Power and Politics – A Study in Circles of Influence during the Later Reign of Louis XIV, 1684–1715. University of London 2001, S. 141.
29 *tant de raisons opposées à un pareil engagement d'un grand roi, et si jaloux d'ailleurs de sa gloire*; Ézechiel Spanheim. Relation de la Cour de France en 1690. Hrsg. von C. Schefer. Paris 1882, S. 20.
30 Mark Bryant. Françoise d'Aubigné, Marquise de Maintenon: Religion, Power and Politics – A Study in Circles of Influence during the Later Reign of Louis XIV, 1684–1715. University of London 2001, S. 40f.
31 Mark Bryant. Françoise d'Aubigné, Marquise de Maintenon: Religion, Power and Politics – A Study in Circles of Influence during the Later Reign of Louis XIV, 1684–1715. University of London 2001, S. 40f und 141ff.
32 Siehe entsprechende Zitate bei Mark Bryant. Françoise d'Aubigné, Marquise de Maintenon: Religion, Power and Politics – A Study in Circles of Influence during the Later Reign of Louis XIV, 1684–1715. University of London 2001, S. 61f.
33 Nancy Nichols Barker. Brother to the Sun King. Philippe, Duke of Orléans. Baltimore/London 1989, S. 212ff.
34 Mark Bryant. Françoise d'Aubigné, Marquise de Maintenon: Religion, Power and Politics – A Study in Circles of Influence during the Later Reign of Louis XIV, 1684–1715. University of London 2001, S. 62.

35 Thierry Sarmant und Mathieu Stoll. Régner et gouverner: Louis XIV et ses ministres. Paris 2010, S. 106. Zur Person des Grand Dauphin siehe Matthieu Lahaye. Le Fils de Louis XIV. Monseigneur le Grand Dauphin (1661–1711). Paris 2013. Vgl. auch Klaus Malettke. Die Bourbonen, Bd. 1: Von Heinrich IV. bis Ludwig XIV., 1589–1715, Stuttgart 2008, S. 242–246.
36 Zur Nachfolge-Repräsentation der Habsburger siehe Jutta Schumann. Die andere Sonne. Kaiserbild und Medienstrategien im Zeitalter Leopolds I. (= Institut für Europäische Kulturgeschichte der Universität Augsburg, Colloquia Augustana 17). Berlin 2003, S. 203ff.

6 Der Schrecken Europas

1 Matthieu Lahaye. Le Fils de Louis XIV. Monseigneur le Grand Dauphin (1661–1711). Paris 2013, S. 68f.
2 Jörg Ulbert. Die österreichischen Habsburger in bourbonischer Sicht am Vorabend des Spanischen Erbfolgekriegs. In: Bourbon – Habsburg – Oranien um 1700. Konkurrierende Modelle im dynastischen Europa. Hrsg. von Christoph Kampmann, Katharina Krause, Eva Krems und Anuschka Tischer, Köln/Weimar/Wien 2008, S. 241–254; Klaus Malettke. Der Friede von Rijswijk (1697) im Kontext der Mächtepolitik und der Entwicklung des europäischen Staatensystems. In: Heinz Duchhardt (Hrsg.). Der Friede von Rijswijk 1697 (= Veröffentlichungen des Instituts für Europäische Geschichte Mainz, Abt. Universalgeschichte, Beiheft 47). Mainz 1998, S. 1–45, hier S. 5.
3 Jean DuMont. Corps Universel Diplomatique du Droit des Gens. Bd. VII,2. Amsterdam / Den Haag 1731, S. 127–130, 131–139.
4 *Les avantages de sa personne se peuvent tirer de sa taille, du port, de l'air, de la bonne mine, d'un dehors plein de grandeur et de majesté, et la constitution d'un corps propre à soutenir les fatigues et le poids d'un si grand poste.* Ézéchiel Spanheim. Relation de la Cour de France en 1690. Hrsg. von C. Schefer. Paris 1882, S. 1.
5 Journal de la santé du Roi Louis XIV de l'année 1647 à l'année 1711 écrit par Vallot, d'Aquin et Fagon. Hrsg. von J.-A. Le Roi. Paris 1862, S. 162ff, 166–175.
6 Ézéchiel Spanheim. Relation de la Cour de France en 1690. Hrsg. von C. Schefer. Paris 1882, S. 7.
7 Mémoire des Raisons, qui ont obligé le Roy de France Louis XIV. à reprendre les Armes & qui doivent persuader toute la Chrétienté des sinceres Intentions de Sa Majesté, pour l'affermissement de la tranquilité publique. Datiert Versailles, den 24. September 1688. Gedruckt zu Paris

u. a. 1688. Zu dem damit begonnenen Kriege siehe John A. Lynn. The Wars of Louis XIV. 1667–1714. London 1999, S. 189–265; Klaus Malettke. Hegemonie – multipolares System – Gleichgewicht. 1648/1659–1713/1714 (= Handbuch der Geschichte der Internationalen Beziehungen 3), Paderborn u. a. 2012, S. 419–447.

8 Michael Caspar Londorp. Der Römischen Kayserlichen Majestät Und Deß Heiligen Römischen Reichs Geist- und Weltlicher Stände / Chur- und Fürsten / Grafen / Herren und Städte Acta Publica [...]. Teil 14, Frankfurt a. M. 1716, S. 167.

9 Zum Verfahren siehe Christoph Kampmann. Reichstag und Reichskriegserklärung im Zeitalter Ludwigs XIV., in: Historisches Jahrbuch 113 (1993), S. 41–59.

10 Johann Joseph Pachner von Eggenstorff. Vollständige Sammlung Aller Von Anfang des noch fürwährenden Teutschen Reichs-Tags de Anno 1663 biß anhero abgefaßten Reichs-Schlüsse, [...]. Regensburg 1740. Teil 2, S. 674f.

11 Jean-Philippe Cénat. Le ravage du Palatinat: politique de destruction, stratégie de cabinet et propagande au début de la guerre de la Ligue d'Augsbourg. In: Revue Historique 633 (2005), S. 97–132.

12 Zur Entwicklung der englisch-niederländisch-französischen Beziehungen siehe Charles-Edouard Levillain. Vaincre Louis XIV. Angleterre – Hollande – France. Histoire d'une relation triangulaire 1665–1688. Paris 2010.

13 John A. Lynn. Giant of the Grand Siècle. The French Army 1610–1715. Cambridge 1997, S. 55.

14 Heinz Duchhardt (Hrsg.). Der Friede von Rijswijk 1697 (= Veröffentlichungen des Instituts für Europäische Geschichte Mainz, Abt. Universalgeschichte, Beiheft 47). Mainz 1998.

15 Zum französisch-deutschen Grenzgebiet als einer langfristigen Verflechtungsregion siehe Laurent Jalabert. Catholiques et protestants sur la rive gauche du Rhin. Droits, confessions et coexistence religieuse de 1648 à 1789. Brüssel u. a. 2010.

16 Zur Entstehung der Rijswijker Klausel sowie ihrer Aufnahme bei den Reichsständen siehe Werner Buchholz. Zwischen Glanz und Ohnmacht. Schweden als Vermittler des Friedens von Rijswijk. In: Heinz Duchhardt (Hrsg.). Der Friede von Rijswijk 1697 (= Veröffentlichungen des Instituts für Europäische Geschichte Mainz, Abt. Universalgeschichte, Beiheft 47). Mainz 1998, S. 219–255; Laurent Jalabert. Catholiques et protestants sur la rive gauche du Rhin. Droits, confessions et coexistence religieuse de 1648 à 1789. Brüssel u. a. 2010, S. 321–339.

17 Zur Politik Ludwigs XIV. beim Frieden von Rijskwijk siehe Jean Béranger. Die Politik Frankreichs bei den Rijswijker Verhandlungen. In: Heinz Duchhardt (Hrsg.). Der Friede von Rijswijk 1697 (= Veröffentli-

chungen des Instituts für Europäische Geschichte Mainz, Abt. Universalgeschichte, Beiheft 47). Mainz 1998, S. 93–113.
18 Gary Evans. Partisan politics, history and the national interest (1700–1748). In: David Onnekink und Gijs Rommelse (Hrsg.). Ideology and Foreign Policy in Early Modern Europe (1650–1750). Farnham 2011, S. 55–92, hier S. 87.
19 Guy Rowlands. The Financial Decline of a Great Power. War, Influence, and Money in Louis XIV's France. Oxford 2012, S. 1; Lothar Schilling. Das Jahrhundert Ludwigs XIV. Frankreich im Grand Siècle. 1598–1715. Darmstadt 2010, S. 135ff.
20 Lothar Schilling. Das Jahrhundert Ludwigs XIV. Frankreich im Grand Siècle. 1598–1715. Darmstadt 2010, S. 136.
21 Guy Rowlands. The Financial Decline of a Great Power. War, Influence, and Money in Louis XIV's France. Oxford 2012, S. 1ff, 28ff, 47, 54, 90f.
22 Klaus Malettke. Die Bourbonen, Bd. 1: Von Heinrich IV. bis Ludwig XIV., 1589–1715, Stuttgart 2008, S. 234f.
23 *Projet d'une Dixme Royale* […]. O. O. 1707. Vgl. auch Lothar Schilling. Das Jahrhundert Ludwigs XIV. Frankreich im Grand Siècle. 1598–1715. Darmstadt 2010, S. 134–137.
24 Übersetzung von Fritz Dickmann (Bearb.), Renaissance, Glaubenskämpfe, Absolutismus (= Geschichte in Quellen III), München 1966, S. 463.
25 Lothar Schilling. Das Jahrhundert Ludwigs XIV. Frankreich im Grand Siècle. 1598–1715. Darmstadt 2010, S. 138f.
26 W. Gregory Monahan. Let God Arise. The War and Rebellion of the Camisards. Oxford 2014; John A. Lynn. The Wars of Louis XIV. 1667–1714. London 1999, S. 277ff, 297ff.
27 Für einen konzisen Überblick über den Spanischen Erbfolgekrieg siehe Matthias Schnettger. Der Spanische Erbfolgekrieg. 1701–1713/14. München 2014. Siehe darüber hinaus Linda Frey und Marsha Frey (Hrsg.). The Treaties of the War of the Spanish Succession. An Historical and Critical Dictionary. Westport/London 1995; dies. A Question of Empire. Leopold I and the War of Spanish Succession. New York 1983; John A. Lynn. The Wars of Louis XIV. 1667–1714. London 1999, S. 266–360; Klaus Malettke. Hegemonie – multipolares System – Gleichgewicht. 1648/1659–1713/1714 (= Handbuch der Geschichte der Internationalen Beziehungen 3). Paderborn u. a. 2012, S. 461–510. Diverse Quellen zur langfristigen Geschichte des Konflikts, beginnend mit der Eheschließung Ludwigs XIV. mit Maria Teresa, sind abgedruckt bei Arsène Legrelle. La Diplomatie Française et la Succession d'Espagne. 4 Bde. Paris 1888–1892; François-Auguste Alexis Mignet. Négotiations relatives à la Succession d'Espagne sous Louis XIV […]. 4 Bde.

Paris 1835–1842. Zu den verschiedenen Teilungsverträgen siehe künftig Christoph Kampmann. Leopold I: Imperial Policy, Dynastic Claims and the Spanish Succession. In: David Martín Marcos u. a. (Hrsg.). Europa y los tratados de reparto de la Monarquía de España/The Partition Treaties of the Spanish Monarchy, 1668–1700. Madrid [2016].
28 Peer Schmidt. Spanische Universalmonarchie oder »teutsche Libertet«: das spanische Imperium in der Propaganda des Dreißigjährigen Krieges (= Studien zur modernen Geschichte 54). Stuttgart 2001; Franz Bosbach. Monarchia Universalis. Ein politischer Leitbegriff der Frühen Neuzeit (= Schriftenreihe der Historischen Kommission bei der Bayerischen Akademie der Wissenschaften 32). Göttingen 1988.
29 Zur Legitimierungs- und Durchsetzungsproblematik Wilhelms III. siehe die Beiträge von Raingard Esser, Frank Druffner und Wouter Troost in: Christoph Kampmann, Katharina Krause, Eva Krems und Anuschka Tischer (Hrsg.). Bourbon – Habsburg – Oranien um 1700. Konkurrierende Modelle im dynastischen Europa. Köln/Weimar/Wien 2008.
30 Zur französischen Entscheidungsfindung siehe ausführlich Jörg Ulbert. Die österreichischen Habsburger in bourbonischer Sicht am Vorabend des Spanischen Erbfolgekriegs. In: Bourbon – Habsburg – Oranien um 1700. Konkurrierende Modelle im dynastischen Europa. Hrsg. von Christoph Kampmann, Katharina Krause, Eva Krems und Anuschka Tischer, Köln/Weimar/Wien 2008, S. 241–254.
31 Elisabeth Charlotte Herzogin von Orléans. Briefe aus den Jahren 1676–1722. Hrsg. von Wilhelm Ludwig Holland. Bd. 1: 1676–1706. Stuttgart 1867 (Reprint 1988), S. 229. Zum Tod Philippes siehe darüber hinaus Nancy Nichols Barker. Brother to the Sun King. Philippe, Duke of Orléans. Baltimore/London 1989, S. 227–234; Saint-Simon. Mémoires I, hrsg. von Yves Coirault, Paris 1990, S. 58–79.
32 Jean DuMont. Corps Universel Diplomatique du Droit des Gens. Bd. VIII, Amsterdam/Den Haag 1731, S. 90.
33 Jean DuMont. Corps Universel Diplomatique du Droit des Gens. Bd. VIII, Amsterdam/Den Haag 1731, S. 112–114 (Generalstaaten), 115 (Anna), 115f (Leopold I.), 118 (Ludwig XIV.). Vgl. auch Klaus Malettke. Hegemonie – multipolares System – Gleichgewicht. 1648/1659–1713/1714 (= Handbuch der Geschichte der Internationalen Beziehungen 3). Paderborn u. a. 2012, S. 483.
34 Matthias Schnettger. Der Spanische Erbfolgekrieg. 1701–1713/14. München 2014, S. 40–49.
35 Linda Frey und Marsha Frey. Sicily. In: Dies. (Hrsg.). The Treaties of the War of the Spanish Succession. An Historical and Critical Dictionary. Westport/London 1995, S. 408–410; Geoffrey W. Simcox. Victor

Amadeus II (1666–1732), Duke of Savoy, King of Sicily (1713–1720) and Sardinia (1720–1730). In: Ebd., S. 469–472.
36 John A. Lynn. The Wars of Louis XIV. 1667–1714. London 1999, S. 274; Klaus Malettke. Die Bourbonen, Bd. 1: Von Heinrich IV. bis Ludwig XIV., 1589–1715, Stuttgart 2008, S. 232f. Zur Biographie Chamillarts siehe insgesamt: Emmanuel Pénicaut. Faveur et pouvoir au tournant du Grand siècle. Michel Chamillart. Ministre et secrétaire d'État de la guerre de Louis XIV. (= Mémoires et Documents de l'École de Chartes 76). Paris 2004.
37 John A. Lynn. The Wars of Louis XIV. 1667–1714. London 1999, S. 277ff.
38 Matthias Schnettger. Der Spanische Erbfolgekrieg. 1701–1713/14. München 2014, S. 90ff.
39 Elisabeth Charlotte Herzogin von Orléans. Briefe aus den Jahren 1676–1722. Hrsg. von Wilhelm Ludwig Holland. Bd. 2: 1707–1715. Stuttgart 1871 (Reprint 1988), S. 107.
40 Gleichlautende Formulierungen finden sich in gedruckten offenen Briefen an französische Amtsträger wie den Oberbefehlshaber im Languedoc vom 12. Juni 1709: *Lettre du Roy A Monsieur le duc de Roquelaure, Lieutenant general des Armées de Sa Majesté, Commandant en Chef en sa Province de Languedoc. Au sujet des Propositions extraordinaires qui avoient été faites pour la Paix de la part des puissances alliées* (Bibliothèque Nationale de France, Paris: Lb 37 4344).
41 Heinz Duchhardt und Martin Espenhorst (Hrsg.). Utrecht – Rastatt – Baden, 1712–1714. Ein europäisches Friedenswerk am Ende des Zeitalters Ludwigs XIV. Göttingen 2013; Rolf Stücheli. Der Friede von Baden. Ein europäischer Diplomatenkongress und Friedensschluss des «Ancien Régime» (= Historische Schriften der Universität Freiburg 15). Freiburg 1997.
42 Ludolf Pelizaeus. Warum Mallorca nicht bayerisch wurde. Die Verhandlungen um ein Mittelmeerkönigreich für Kurfürst Max Emanuel von Bayern 1711–1714. In: Rainer Babel, Guido Braun, Thomas Nicklas (Hrsg.), Bourbon und Wittelsbach. Neuere Forschungen zur Dynastiegeschichte (= Schriftenreihe der Vereinigung zur Erforschung der Neueren Geschichte e. V. 33), Münster 2010, S. 263–289.

7 Der König stirbt

1 Les Papiers de Richelieu. Section politique Intérieure. Correspondance et Papiers d'Etat. Bd. 4 (1629). Hrsg. von Pierre Grillon. Paris 1980, S. 24.

2 *ALMANACH ROYAL Representant l'Vnion des Princes, par la Paix generale, conclüe à Bade, le 7. Septembre, et publiée le 8. Novembe [!]* 1714. Paris 1715.

3 Für ein Resümee des neuen europäischen Systems nach dem Spanischen Erbfolgekrieg und im Kontext der Entwicklung seit dem Westfälischen Frieden siehe Klaus Malettke. Hegemonie – multipolares System – Gleichgewicht. 1648/1659–1713/1714 (= Handbuch der Geschichte der Internationalen Beziehungen 3), Paderborn u. a. 2012, S. 523–526.

4 Olaf Asbach. Staat und Politik zwischen Absolutismus und Aufklärung: der Abbé de Saint-Pierre und die Herausbildung der französischen Aufklärung bis zur Mitte des 18. Jahrhunderts. Hildesheim/Zürich/New York 2005. Vgl. auch Lothar Schilling. Das Jahrhundert Ludwigs XIV. Frankreich im Grand Siècle. 1598–1715. Darmstadt 2010, S. 139; Guido Braun. Von der politischen zur kulturellen Hegemonie Frankreichs 1648–1789 (= Deutsch-Französische Geschichte 4). Darmstadt 2008, S. 73.

5 Zu den Ludwig XIV.-Bildern außerhalb Frankreichs siehe ausführlich Tony Claydon und Charles-Édouard Levillain (Hrsg.). Louis XIV Outside In. Images of the Sun King Beyond France, 1661–1715. Farnham 2015.

6 Klaus Malettke. Die Bourbonen, Bd. 1: Von Heinrich IV. bis Ludwig XIV., 1589–1715, Stuttgart 2008, S. 272f.

7 Matthieu Lahaye. Le Fils de Louis XIV. Monseigneur le Grand Dauphin (1661–1711). Paris 2013, S. 379–382.

8 Lothar Schilling. Das Jahrhundert Ludwigs XIV. Frankreich im Grand Siècle. 1598–1715. Darmstadt 2010, S. 137f.

9 Elisabeth Charlotte Herzogin von Orléans. Briefe aus den Jahren 1676–1722. Hrsg. von Wilhelm Ludwig Holland. Bd. 2: 1707–1715. Stuttgart 1871 (Reprint 1988), S. 390f.

10 *Edit du Roy, qui appelle à la succession de la Couronne M. le duc du Maine, & M. le comte de Toulouse, & leurs Descendans mâles, au défaut de tous les Princes du Sang Royal; & ordonne qu'ils joüiront des mesmes rangs, honneurs & preseances que lesdits Princes du Sang, aprés tous lesdits Princes.* Paris 1714 (Bibliothèque Nationale de France, Paris: 8603142). Vgl. dazu François Bluche. Louis XIV. Paris 1986, S. 872f; Klaus Malettke. Die Bourbonen, Bd. 1: Von Heinrich IV. bis Ludwig XIV., 1589–1715, Stuttgart 2008, S. 270.

11 Saint-Simon. Mémoires I, hrsg. von Yves Coirault, Paris 1990, S. 111–115.

12 Journal de la santé du Roi Louis XIV de l'année 1647 à l'année 1711 écrit par Vallot, d'Aquin et Fagon. Hrsg. von J.-A. Le Roi. Paris 1862, S. 339–348. Zur Todesursache siehe die Ausführungen des Herausgebers ebd., S. 353f. Darstellungen der letzten Tage und des Todes finden

sich von Elisabeth Charlotte Herzogin von Orléans. Briefe aus den Jahren 1676–1722. Hrsg. von Wilhelm Ludwig Holland. Bd. 2: 1707–1715. Stuttgart 1871 (Reprint 1988), S. 614–628; Saint-Simon. Mémoires III (La Mort de Louis XIV), revidierte Version der von Gonzague Truc 1952 hrsg. Ausgabe, Paris 2007, S. 335–358.
13 Siehe dazu ausführlich Alexandre Maral. Les derniers jours de Louis XIV. Courtabœuf 2014.

8 Ludwig XIV. und die Nachwelt

1 Alexandre Maral. Les derniers jours de Louis XIV. Courtabœuf 2014, S. 276f.
2 *Dieu seul est grand, mes Frères, et dans ces derniers moments surtout où il préside à la mort des rois de la terre ; plus leur gloire et leur puissance ont éclaté, plus, en s'évanouissant alors, elles rendent hommage à sa grandeur suprême: Dieu paraît tout ce qu'il est et l'homme n'est plus rien de tout ce qu'il croyait être. Heureux le prince dont le cœur ne s'est point élevé au milieu de ses prospérités et de sa gloire, [...].* Der Druck der Leichenpredigt von 1715 ist wieder abgedruckt in einer Ausgabe mit dem Bericht über die Gedenkmesse und einem Vorwort von Paul Aizpurua unter dem Titel: François Massillon. Oraison funèbre de Louis XIV, Grenoble 2004, Zitat hier S. 39f. Der Vorname Massillons lautet allerdings Jean-Baptiste. Die englische Übersetzung eines Auszugs findet sich bei Roger Mettam. Power and Faction in Louis XIV's France. New York 1988, S. 320–322.
3 *Ce roi, la terreur de ses voisins, l'étonnement de l'univers, le père des rois, plus grand que tous ses ancêtres, plus magnifique que Salomon dans toute sa gloire, a reconnu comme lui que tout était vanité.* François Massillon. Oraison funèbre de Louis XIV, Grenoble 2004, S. 40.
4 So z. B. bei Ingrid Sammler. Höfische Festkultur im Zeitalter Ludwigs XIV. (= Dialoghi / Dialogues. Literatur und Kultur Italiens und Frankreichs 12), Bern / Frankfurt a. M. 2009.

Register

Personenregister

A

Alexander VIII., Papst   120
Anna von Österreich, Königin von Frankreich   11, 15, 21 f., 27 f., 32–34, 41 f., 44, 46, 50, 59, 62 f., 66, 68, 71, 96, 103–105, 140, 169, 204
Anna, Königin von England   170, 179, 185
Anne Marie d'Orléans, Herzogin von Savoyen   64, 66, 138
Anne Marie Louise d'Orléans, Herzogin von Montpensier   34, 64 f.
Anne-Geneviève de Bourbon-Condé, Herzogin von Longueville   118
Antoine III. de Gramont, Herzog von Gramont   42
Anton Ulrich, Herzog von Braunschweig-Wolfenbüttel   180
Apostolidès, Jean-Marie   12
Armand de Bourbon, Fürst von Conti   11, 34
Arnauld, Angélique   118
Aubigné, Constant d'   133

B

Baltasar Carlos, spanischer Infant   41
Barbezieux, Louis-François Le Tellier, marquis de   183
Bély, Lucien   12, 198
Bodin, Jean   58
Bossuet, Jacques-Bénigne   23, 59–61, 107, 111, 119, 124 f.

C

Calvin, Johannes   122
Cardilhac-d'Aubigné, Jeanne de   133
Chamillart, Michel   183
Champaigne, Philippe de   55
Choin, Marie-Émilie Joly de   141
Christoph Bernhard von Galen, Fürstbischof von Münster   90, 93
Colbert, Jean-Baptiste   24, 51 f., 54 f., 80–84, 86–88, 92, 97, 132, 204
Colonna, Lorenzo Onofrio   42
Corneille, Pierre   98
Cornette, Joël   39, 115
Croissy, Charles Colbert de   52

E

Elias, Norbert   200
Elisabeth Charlotte d'Orléans, Herzogin von Lothringen   66, 156

Elisabeth Charlotte von der Pfalz, Herzogin von Orléans 19 f., 65, 109, 120, 135, 137 f., 147, 156, 175–177, 195 f.
Elisabeth von Frankreich, Königin von Spanien 48
Ernst-August Herzog von Braunschweig-Lüneburg, seit 1692 Kurfürst 153
Eugen von Savoyen 182, 184

F

Fénelon, François 161, 164
Ferdinand II., Kaiser 15
Ferdinand III., Kaiser 27, 100
Fontanges, Marie-Angélique de 105
Fouquet, Nicolas 53–55, 81, 87, 109
Françoise Marie de Bourbon, Herzogin von Orléans 68, 175, 192
Franz Stephan, Kaiser 156
Friedrich I., Kurfürst von Brandenburg, König in Preußen 181
Friedrich Wilhelm, Kurfürst von Brandenburg 96 f., 129, 144
Frontenac, Louis de 83
Fürstenberg, Wilhelm Egon von 91, 94 f., 145, 157

G

Gardie, Magnus de la 90
Gaston, Herzog von Orléans 11 f., 22, 34, 62–64
Goubert, Pierre 17
Gregor XIII., Papst 128
Guyon, Jeanne-Marie Bouvier de la Motte 121

H

Habermas, Jürgen 114
Harcourt, Henri d' 173
Hardouin-Mansart, Jules 136
Hartmann, Claudia 115
Heinrich IV., König von Frankreich 11, 15, 24, 57, 74, 122–124
Henri II. d'Orléans, Herzog von Longueville 34
Henri II. de Bourbon, Fürst von Condé 11
Henrietta Maria von Frankreich, Königin von England 32, 150 f.
Henriette von England, Herzogin von Orléans 59, 63–65, 68, 90, 138, 150, 177

I

Innozenz XI., Papst 119 f., 128, 144 f.
Innozenz XII., Papst 173

J

Jakob I., König von England 25
Jakob II., König von England 128, 150 f., 157
Jakob Stuart (der Old Pretender) 151
Jansen, Cornelius 117
Johann III. Sobieski, König von Polen 101
Johann Philipp von Schönborn, seit 1647 Erzbischof und Kurfürst von Mainz 74
Johann Wilhelm, Kurfürst von der Pfalz 156 f.
Joseph Clemens von Bayern, Erzbischof und Kurfürst von

Köln 144 f., 148, 157, 170, 180, 186
Joseph Ferdinand von Bayern 168, 171, 180
Joseph I., Kaiser 140, 184
Joseph II., Kaiser 127

K

Kampmann, Christoph 7, 94
Karl Emanuel II., Herzog von Savoyen 131
Karl I., König von England 32, 150
Karl II., König von England 63 f., 90, 95 f., 150
Karl II., König von Spanien 64, 68, 71–73, 97, 144, 154, 167 f., 170–173, 182 f.
Karl II., Kurfürst von der Pfalz 147
Karl V., Herzog von Lothringen 100
Karl V., Kaiser 167
Karl VI., Kaiser 170, 172 f., 179, 181–183, 185
Karl VII., König von Frankreich 118
Karl X., König von Frankreich 65
Karl XI., König von Schweden 90, 94, 96 f., 144
Karl, Herzog von Berry 135, 139, 178, 191

L

La Reynie, Gabriel-Nicolas de 88
La Vallière, Louise de 49, 67 f., 103–105, 192 f.
Le Brun, Charles 52, 54
Le Nôtre, André 54
Le Tellier, Michel 51
Le Vau, Louis 54
Leibniz, Gottfried Wilhelm 74

Lely, Peter 177
Leopold I., Kaiser 7, 14, 25, 39, 47, 57, 73, 90, 92, 94 f., 97, 99, 101, 111, 113, 140, 143–149, 151, 153 f., 157, 166, 168–174, 178–182, 184
Leopold, Herzog von Lothringen 156, 172
Lionne, Hugues de 41, 52
Lisola, Franz von 74
Louis-Alexandre de Bourbon, comte de Toulouse 103, 192 f.
Louis-Auguste de Bourbon, Herzog von Maine 192–194
Louise Françoise de Bourbon, Fürstin von Condé 192
Louise-Bénédicte de Bourbon, Herzogin von Maine 192, 194
Louis-Philippe, König von Frankreich 65
Louvois, François-Michel Le Tellier de 52, 149, 157, 182
Ludwig II. de Bourbon, ab 1646 Fürst von Condé 11, 31, 33 f.
Ludwig III. de Bourbon, Fürst von Condé 192
Ludwig IX., König von Frankreich 11, 120, 194
Ludwig XIII., König von Frankreich 11, 15, 22, 25, 27 f., 32 f., 37, 53, 57, 63, 109, 111, 123, 150, 188, 194
Ludwig XV., König von Frankreich 24, 36, 65, 105, 108, 141, 154, 177 f., 185, 191, 195–197, 203
Ludwig XVI., König von Frankreich 24, 203
Ludwig, Dauphin von Frankreich 25, 36, 50, 56, 59, 66 f., 82, 103 f., 108, 132, 135, 139–141, 144, 162, 164, 170–172, 178, 183, 185, 191, 206

Ludwig, Herzog von Burgund, Dauphin von Frankreich seit 1711 108, 135, 138 f., 141, 154, 161, 164, 178, 183, 185, 191

Ludwig, Herzog von der Bretagne 185, 191

M

Machiavelli, Niccolò 23
Maintenon, Madame de 49, 105, 107–109, 121, 125, 131–139, 141, 143, 195
Mancini, Maria 42 f., 134
Mancini, Olympia 42
Margarete von Savoyen, Herzogin von Parma 42
Margarita Teresa von Österreich, Kaiserin 47, 73, 168 f.
Maria Anna von Österreich, Kaiserin 27, 169
Maria Anna, Erzherzogin, Königin von Spanien 72
Maria Antonia, Erzherzogin, Kurfürstin von Bayern 168
Maria II., Königin von England 150, 170
Maria Luisa Gabriella von Savoyen, Königin von Spanien 178, 180
Maria Teresa von Österreich, Königin von Frankreich 40–42, 44–50, 59, 62, 67 f., 71–73, 103, 105, 108, 131–134, 137, 139, 167–169, 178
Maria Theresia, Königin von Böhmen und Ungarn, Kaiserin 156, 172
Maria von Medici, Königin von Frankreich 22, 28, 63
Maria-Anna von Bayern, Dauphine von Frankreich 108, 137, 141, 144, 178

Marie Adélaïde von Savoyen, Herzogin von Burgund 138, 154, 191
Marie Anne de Bourbon, Fürstin von Conti 192
Marie Louise d'Orléans, Königin von Spanien 64, 66, 68, 167, 178
Marie-Louise-Elisabeth d'Orléans, Herzogin von Berry 191
Marlborough, John Churchill, Herzog von 182, 184
Martin, Pierre-Denis 199
Massillon, Jean-Baptiste 197 f., 203
Mauvoisin, Catherine 106 f.
Maximilian Heinrich von Bayern, Erzbischof und Kurfürst von Köln 90, 93
Maximilian II. Emanuel, Kurfürst von Bayern 108, 168, 171, 180, 186
Mazarin, Jules, Kardinal 15, 18, 21 f., 26, 32–34, 36–42, 51, 53, 56 f., 68, 74, 140, 204
Mignard, Pierre 178, 192
Molière 54
Montespan, Françoise-Athénaïs de 49, 67 f., 103 f., 106 f., 133, 192 f.
Motteville, Françoise de 21, 45

P

Péréfixe, Hardouin de 24
Philipp IV. von Spanien 15, 27, 40, 42, 44–46, 50, 71
Philipp Prosper, spanischer Infant 41
Philipp von Anjou, König Philipp V. von Spanien 135, 139, 172 f., 178–185, 191

Philipp von Sötern, seit 1623 Erzbischof und Kurfürst von Trier 38
Philipp Wilhelm, Kurfürst von der Pfalz 147, 149
Philippe II., Herzog von Orléans seit 1701 65, 68, 175, 177, 192, 196 f.
Philippe, 1640–1668 Herzog von Anjou, seit 1660 Herzog von Orléans 12, 22, 33, 62–66, 68, 108, 137 f., 140, 150, 156, 175–178, 196
Philippe, Chevalier de Lorraine 63
Pomponne, Simon Arnauld de 52, 90

R

Richelieu, Armand Jean du Plessis, Kardinal 15, 27, 32 f., 36, 51, 53, 57, 77, 82, 84, 100, 188 f., 204
Rigaud, Hyacinthe 61, 158, 177, 198

S

Saint-Pierre, Charles-Irénée Castel de 189

Saint-Simon, Louis de Rouvroy, Herzog von 19 f., 193, 202
Scarron, Paul 133
Schilling, Lothar 12
Servien, Abel 39
Soll, Jacob 86
Spanheim, Ezechiel 19 f., 104, 110, 134 f., 145 f.
Sully, Maximilien de 189

T

Turenne, Henri de 124

V

Vauban, Sébastien Le Prestre, Seigneur de 72, 155, 161 f., 164 f.
Velázquez, Diego 168
Viktor Amadeus II., Herzog von Savoyen 64, 131, 154, 180 f., 185 f.
Voltaire 13, 202 f.

W

Wilhelm I. von Oranien 124
Wilhelm III. von Oranien, König von England seit 1689 92, 99, 150 f., 157, 169 f., 178 f., 185

Ortsregister

A

Aachen, Friede von, 1668 72 f., 98, 109
Afrika 84
Alès, Gnadenedikt von, 1629 122
Amerika 83, 85, 122, 133
Asien 85

Augsburg, Liga 144 f., 147
Avignon 120

B

Baden im Aargau, Friede von, 1714 185, 188
Bar, Herzogtum 155

Barcelona 155, 182
Bayern 108, 180
Bellegarde 35
Bidasoa 44
Bordeaux 47
Bordeaux, Parlament 31
Bourges 118
Boyne 151
Brabant 71
Braunschweig-Lüneburg, Kurfürstentum 95, 153, 180 f.
Breda, Frieden von, 1667 90
Breisach 38, 154 f.
Brühl 32

C

Cassel 66
Cateau-Cambrésis, Friede von, 1559 14
Cerdagne 40
Cevennen 129, 200

D

Den Haag 154, 170, 178 f.
Dover, Vertrag von, 1670 64, 90

E

Elsass 38, 100, 154 f.
Escorial 47

F

Fasaneninsel 44 f.
Fontainebleau 80
Fontainebleau, Edikt von, 1685 122 f., 125 f., 128 f., 131, 144, 165
Franche-Comté 73 f., 98, 100
Freiburg im Breisgau 98, 155
Fuenterrabía (baskisch Hondarribia) 44

H

Heidelberg 148, 199
Höchstädt 182

I

Irland 151
Italien 169–172, 181

K

Kanada 83
Katalonien 40, 182
Köln, Kongress 1673/74 94, 145
Köln, Kurfürstentum 145, 157, 180

L

La Rochelle 122
Lens 34
Lille 72
London 71
Lothringen, Herzogtum 63, 66, 155, 172
Louisiana 83 f.

M

Madrid 41 f., 172, 174, 181 f.
Marly 115
Marokko 78
Metz 38
Meudon 141, 191
Münster 37

N

Nantes, Edikt von, 1598 122
Neapel, Königreich 171, 185
Neu-Breisach (Neuf-Brisach) 155
Nimwegen, Friede von, 1678/79 98 f., 155

P

Paris 11, 31–34, 37, 44, 47, 54, 74 f., 80 f., 88, 111, 120, 136, 141, 196 f., 199
Paris, Parlament 21, 28, 31 f., 34 f., 193
Persien 78
Pfalz, Kurfürstentum 138, 147 f., 156
Philippsburg 38, 98, 155
Piemont 131
Pinerolo 38, 53
Port-Royal 118
Potsdam, Edikt von, 1685 130

R

Rastatt, Friede von, 1714 185
Regensburg, Immerwährender Reichstag 146
Regensburg, Waffenstillstand 1684 101, 144, 147
Reims 36
Rhein 38, 155
Rijswijk, Friede von, 1697 153–157
Rocroi 34
Rom 118–120, 151
Roussillon 40

S

Saint-Cloud 175, 177
Saint-Cyr 136 f.
Saint-Denis 200
Saint-Germain-en-Laye 11, 32, 80, 151
Saint-Jean-de-Luz 44, 47
Salzburg, Fürsterzbistum 127
Sardinien 181
Savoyen 131
Siam (Ayutthaya) 78 f.
Sizilien, Königreich 171, 181
Spanische Niederlande 40, 71–75, 98, 100, 169, 171, 180, 185
Speyer 98, 148
Straßburg 100, 145, 154
Sundgau 38

T

Toul 38

U

Ungarn 95, 97, 101, 116
Utrecht, Frieden von, 1713 185, 189

V

Vaux-le-Vicomte 54, 109
Verdun 38
Versailles 19 f., 25 f., 52, 54, 78–81, 101, 103–105, 108–116, 132, 134 f., 137–139, 141, 143, 145, 165 f., 174 f., 177, 196, 198 f., 204, 206

W

Wien 89, 101, 111, 113, 116, 120, 148, 174

Angela Taeger

Die Guillotine und die Erfindung der Humanität

2016. 143 Seiten,
11 Abb. Kart. € 29,-
ISBN 978-3-17-029278-9

1791 wird in Frankreich beschlossen, die Todesstrafe beizubehalten; allerdings wird verlangt, sie zu humanisieren. Mit der Guillotine steht ab 1792 ein Gerät bereit, das dieser Anforderung Genüge tun sollte. Erst 1977 kommt die Guillotine zum letzten Mal zum Einsatz. Was veranlasst Joseph-Ignace Guillotin 1789, sich als Sachkundiger in der Frage staatlich veranlassten humanen Tötens zu profilieren? Welche Bedeutung kommt der Guillotine als Requisit auf der Bühne macht- und herrschaftspolitischer Zwistigkeiten ab 1791 bis zur Beseitigung der Todesstrafe 1981 zu? Und welche Rolle spielt das Publikum bei der Debatte um die Todesstrafe und deren Vollzug? Das Buch liefert dazu Erklärungen sowie ein Panorama der Kulturgeschichte der Todesstrafe in Frankreich.

Dr. Angela Taeger ist apl. Professorin für Neuere Geschichte an der Universität Oldenburg.

W. Kohlhammer GmbH · 70549 Stuttgart
vertrieb@kohlhammer.de · www.kohlhammer.de